中国刑法における
犯罪概念と犯罪の構成
日本刑法との比較を交えて

張 光雲 〔著〕
Zhang Guangyun

専修大学出版局

恩師日髙義博先生に捧げる
献给恩师日高义博先生

はしがき

　本書は、平成23年度に専修大学に提出した同名の博士学位請求論文に必要最小限の修正を加えたものである*。現代中国刑法における犯罪概念規定および犯罪成立要件の基礎理論を分析・検討し、その問題点を指摘しつつ、日本刑法を対照しながら中国において罪刑法定主義の定着化を図るための理論的方向性を提示することが、本書の狙いである。

　中国刑法はいま、転換期にある。1997年の新刑法典は、第3条に初めて罪刑法定主義を導入したが、第13条には旧法と変わらない実質的犯罪概念を規定しており、刑法理論の再構築が迫られている。現代中国刑法は、罪刑法定主義と実質的犯罪概念の対抗と妥協の産物であると言えるが、犯罪概念の歴史的な経緯を解明することによって、中国刑法が抱えている問題がより明晰になる。そこで、本書ではまず、犯罪概念の歴史的背景を出発点とした。次に、実質的犯罪概念を担っている社会的危害性論を究明し、犯罪概念の中核というべき問題に迫った。そして、犯罪概念の中で罪刑法定主義の担い手としての意味合いを含み持っている刑事違法性と社会的危害性との関係を検討し、犯罪構成論の問題に移って論じた。刑事違法性論と犯罪構成論は、いずれも社会的危害性論を克服するための理論ではないことを明らかにした上で、罪刑法定主義の定着を図るために、形式的犯罪概念一元論および形式的犯罪論を提示した。最後に補論として、犯罪概念の例外である刑法第13条の「犯罪概念規定但書」を検討した。「例外にこそ物事の本質の現れ」という言葉があるように、犯罪概念規定但書の受け皿の一つである治安管理処罰法を検討することにより、社会的危害性論の性質を一層明確にした。

　多くの方々に支えられなかったら、本書をまとめることは不可能であり、13

---

*博士論文の刊行という性格上、法規や文献は2011年9月以前のままであることをお断りしたい。

年間におよんだ滞日生活も無事に過ごすことができなかったであろう。この場を借りてご支援してくださった方々に満腔の謝意を表したい。

お世話になったすべての方のお名前を挙げ尽くすことはできないが、特に次の方々を記しておきたい。城西大学別科において、日本語・日本文化の蒙を啓いてくださった山本隆治先生に、心から御礼申し上げたい。日本大学法学部において、学部のゼミナール・博士前期課程を通じて長い間はかりしれない暖かいご指導を賜った恩師船山泰範先生、長尾龍一先生に、心から御礼申し上げたい。専修大学大学院において、博士後期課程へ進学し、日髙研究室への入室をお許しいただき、その後も公私にわたって身に余る暖かいご指導を賜ってきた恩師日髙義博先生に、心から御礼申し上げたい。公務にご多忙の身であったにもかかわらず、休日を返上して的確なご指導を賜った。このような形で研究成果を発表できるのは、ひとえに日髙先生のおかげである。本書を深甚の謝意とともに謹んで先生に捧げたい。

このほか、博士論文審査に副査として携わっていただいた岩井宜子先生、岡田好史先生に心から御礼申し上げたい。また、博士論文の執筆過程において、アドバイスをいただいた森住信人先生、一緒に検討していただいた日髙研究室の友人稲垣悠一さん（専修大学法学部非常勤講師、弁護士）、清水俊佑さん（司法修習生）にも深謝したい。

本書は、専修大学課程博士論文刊行助成を受けて出版される。本書の出版にあたっては、専修大学および専修大学出版局の笹岡五郎氏に格別のご高配をいただいた。深く御礼申し上げたい。なお、友人宮川英一さん（専修大学大学院文学研究科博士後期課程）には日本語の校正などにご助力をいただいた。記して心から感謝の念を申し上げたい。

私事になるが、日本での研究生活を支えてくれた妻徐秀清、そして日本で生まれ育った息子の澄に感謝したい。

2013年1月　中国福州にて

張　光雲

〈目　次〉

はしがき

序　章　中国刑法の問題状況とその課題 …………………………… 1
　1. 中国刑法の問題状況 ………………………………………………… 1
　2. 解明すべき課題 ……………………………………………………… 2

第 1 章　犯罪概念の歴史的概観 ……………………………………… 5
　1. 問題設定 ……………………………………………………………… 5
　2. 中国における犯罪概念の前史——旧ソ連の犯罪概念 …………… 6
　　(1) 初期の犯罪概念規定 …………………………………………… 6
　　(2) 形式的犯罪概念要素の導入 ……………………………………10
　3. 1979 年刑法典制定前の犯罪概念 …………………………………12
　　(1) 旧法の不継受とその影響 ………………………………………12
　　(2) 1979 年刑法典制定前の刑罰法規 ………………………………14
　　(3) 刑法草案とその犯罪概念 ………………………………………20
　4. 1979 年刑法典における犯罪概念 …………………………………29
　　(1) 1979 年刑法典の制定 ……………………………………………29
　　(2) 犯罪概念規定と罪刑法定主義 …………………………………31
　5. 現行刑法典における犯罪概念 ……………………………………38
　　(1) 1979 年刑法典の全面改正 ………………………………………38
　　(2) 罪刑法定主義の導入 ……………………………………………40
　　(3) 犯罪概念規定 ……………………………………………………42
　6. 結語 …………………………………………………………………44

iii

第2章　社会的危害性論 …… 57
1. 問題設定 …… 57
2. 社会的危害性論の思想的背景 …… 59
   (1) 社会的危害性論における「社会」 …… 59
   (2) 人民民主主義専政（独裁） …… 64
   (3) 人民民主主義専政と司法の独立 …… 69
   (4) 小括 …… 71
3. 社会的危害性論と犯罪概念規定但書 …… 73
   (1) 犯罪概念規定但書の意義と社会的危害性論 …… 73
   (2) 犯罪概念規定但書の射程範囲——行政による自由の拘束を伴う制裁 …… 75
   (3) 小括 …… 82
4. 社会的危害性の存廃をめぐる論争 …… 83
   (1) 廃棄論 …… 83
   (2) 擁護論 …… 89
   (3) 修正的擁護論 …… 94
   (4) 小括 …… 96
5. 結語 …… 97

第3章　犯罪概念特徴論 …… 107
1. 問題設定 …… 107
2. 三特徴説（高銘暄説） …… 108
3. 二特徴説 …… 110
   (1) 馬克昌説 …… 110
   (2) 何秉松説 …… 111
   (3) 張明楷説 …… 113
   (4) 李居全説 …… 116
   (5) 周光権説 …… 118
4. 四特徴説（候国雲説） …… 120

iv

5. 一特徴説 ………………………………………………………… 122
　　（1）陳興良説 ……………………………………………………… 122
　　（2）黎宏説 ………………………………………………………… 125
　6. 結語 ……………………………………………………………… 126
　　（1）犯罪概念特徴論の議論の傾向 ……………………………… 126
　　（2）犯罪概念特徴論の限界 ……………………………………… 129

第4章　犯罪概念と犯罪構成論 ………………………………… 137
　1. 問題設定 ………………………………………………………… 137
　2. 犯罪構成論の概説 ……………………………………………… 138
　　（1）犯罪構成論の歴史的概観 …………………………………… 138
　　（2）犯罪構成論の基本内容 ……………………………………… 143
　3. 犯罪構成論と犯罪概念の関係 ………………………………… 149
　　（1）概観 …………………………………………………………… 150
　　（2）犯罪阻却事由から見た場合 ………………………………… 152
　　（3）犯罪構成論と形式的犯罪概念 ……………………………… 154
　　（4）犯罪構成論と実質的犯罪概念 ……………………………… 155
　4. 伝統的犯罪論体系の再構成論 ………………………………… 157
　　（1）犯罪の客体による改善論 …………………………………… 157
　　（2）全面的再構成論 ……………………………………………… 165
　5. 三段階的犯罪論体系の導入に向かって ……………………… 170
　　（1）形式的犯罪概念一元論体系の提唱 ………………………… 171
　　（2）形式的犯罪論の提唱 ………………………………………… 173
　6. 結語 ……………………………………………………………… 177

第5章　犯罪概念規定但書の射程範囲
　　　　――治安管理処罰法を中心に―― ……………………… 187
　1. 問題設定 ………………………………………………………… 187

- 2. 中国における治安管理処罰法規の変遷 …………………………… 188
  - (1) 建国以前 ………………………………………………………… 189
  - (2) 57年条例 ………………………………………………………… 190
  - (3) 86年条例 ………………………………………………………… 191
  - (4) 94年改正条例 …………………………………………………… 193
  - (5) 05年新法 ………………………………………………………… 194
- 3. 05年新法の主な改正点 …………………………………………… 195
  - (1) 「条例」から「一般法」へ …………………………………… 195
  - (2) 立法の目的 ……………………………………………………… 196
  - (3) 基本原則 ………………………………………………………… 196
  - (4) 処罰の種類 ……………………………………………………… 200
  - (5) 治安管理違反行為の拡大と整理 ……………………………… 202
  - (6) 処罰手続の厳格化 ……………………………………………… 204
- 4. 05年新法の主な内容 ……………………………………………… 206
  - (1) 総則 ……………………………………………………………… 207
  - (2) 人道的配慮 ……………………………………………………… 209
  - (3) 治安管理違反行為の類型 ……………………………………… 209
  - (4) 処罰の手続 ……………………………………………………… 216
  - (5) 警察活動に対する監督 ………………………………………… 217
- 5. 若干の考察 ………………………………………………………… 218
  - (1) 治安管理処罰法の性格 ………………………………………… 218
  - (2) 処罰についての法定主義 ……………………………………… 220
  - (3) 犯罪概念規定但書の意義 ……………………………………… 220
- 6. 結語 ………………………………………………………………… 222

終 章 総括と展望 ……………………………………………………… 231
1. 本書の総括 …………………………………………………………… 231
2. 今後の課題の展望 …………………………………………………… 232

序　章　中国刑法の問題状況とその課題

1. 中国刑法の問題状況

　本書は、現代中国刑法における犯罪概念規定および犯罪成立要件の基礎理論を解明し、その問題点を指摘しつつ、罪刑法定主義の定着を図るために、幾つかの提言を行おうとするものである。

　今、中国社会は大きな転換期にある。そこでは、あらゆる領域において価値の衝突する場面が見られる。刑法分野もその例外ではない。

　1997年、中国は、1980年に施行された旧刑法（1979年刑法）を全面的に改正した。新刑法（1997年刑法）において、最も脚光を浴びたのは、類推適用制度や政策の法源性を廃棄して、罪刑法定主義の原則（第3条）を導入したことにあろう。これには、これまで拒絶し続けられてきた近代刑法の基本原則である罪刑法定主義を受容するという意味が含まれている。しかし、その一方、罪刑法定主義と調和しにくい中国の法制度や刑法理論体系は、大きく変動するようには見られない。いかに罪刑法定主義を法制度や刑法理論に取り込むかは、なお課題として残っている。その障害を一つ挙げるならば、まずは中国刑法における犯罪概念規定（第13条）およびその理論を挙げることができよう。1997年刑法の犯罪概念規定は、1979年刑法の犯罪概念規定をおおよそ同じ形式で踏襲している。犯罪概念、とりわけ実質的犯罪概念である社会的危害性は、中国の刑罰法規や刑法理論の中心的位置に据えられており、刑罰法規の正

当化根拠や刑法理論の展開の出発点にされている。

このように、1997年刑法には、罪刑法定主義に象徴される近代刑法の基本原則と社会的危害性論に代表されるソビエトの刑法原理（マルクス主義刑法理論）が、併存している。この二つの異なる法体系から導き出される法理念については、矛盾が生じているかどうかも考察する。

2. 解明すべき課題

（1）現代中国刑法の歴史は、実質的犯罪概念と罪刑法定主義の対抗と妥協の歴史であった。犯罪概念の歴史的な流れを解明することによって、中国刑法が抱えている問題がより明晰になるであろう。その意味で、まずは、犯罪概念の歴史的背景を出発点としなければならない（第1章）。次に、実質的犯罪概念を担っている社会的危害性論を究明し、犯罪概念の中核というべき問題に迫る必要がある（第2章）。そして、犯罪概念の中において罪刑法定主義の担い手としての意味合いを含み持っている刑事違法性と社会的危害性との関係を検討し（第3章）、犯罪構成論の問題に移る。刑事違法性と犯罪構成論は、いずれも社会的危害性論を克服するための理論ではないことを明らかにした上で、罪刑法定主義の定着を図るための提言を試みたい（第4章）。最後に、犯罪概念の例外である刑法第13条の「犯罪概念規定但書」を検討する必要がある。「例外にこそ物事の本質の現れ」という言葉があるように、犯罪概念規定但書の受け皿の一つである治安管理処罰法を検討することにより、社会的危害性論の性質が一層明確になる（第5章）。

（2）具体的な考察の手順として、第1に、犯罪概念の規定およびその理論の歴史的展開を明らかにする。犯罪概念規定の歴史を叙述する場合には、旧ソ連刑法との接点まで遡らなければならない。旧ソ連刑法では、犯罪概念規定は、犯罪を実質的に規定することを出発点としており、初期においては、社会的危害性（社会的危険性）のみによって規定される一元的構造であったが、その後、刑事違法性を取り入れて二元的構造になり、今日に至っている。犯罪概念

規定の立法化の歴史的経緯および内的構造の変遷を辿ることにより、形式的犯罪概念たる刑事違法性の導入と罪刑法定主義との関連性を明らかにし、そして実質的犯罪概念たる社会的危害性と類推適用の関連性を明らかにする。旧ソ連刑法から強く影響を受けていた中国刑法においては、旧ソ連とは政治的背景等の事情を多少異にしていることから、中国的特異性も存在するが、犯罪概念規定に関してはその基本的な内容は変わらないことを明らかにする。

第2に、犯罪概念の核心に据えられている社会的危害性の基礎理論を考察する。社会的危害性の概念の思想的背景および内容を明らかにした上、社会的危害性の概念の存廃をめぐる論争を考察しつつ、法益論との相違点をも検討する。社会的危害性論は中国刑法第13条の但書規定の正当化根拠となっているが、この理論が批判されるようになった昨今では、但書規定をもって社会的危害性論を正当化しようとする議論さえ登場している。この状態は皮肉な結果であることを指摘したい。

第3に、犯罪概念規定の解釈、すなわち犯罪がどのような特徴を持っているのかという犯罪概念特徴論について検討する。ここでは、犯罪概念規定の内的構造、つまりその各要素間の関係、とりわけ社会的危害性と刑事違法性との関係をめぐる論議を検証する。ここでは犯罪概念特徴論の主な学説を取り上げ、その内容を分析する。この分析によって、犯罪概念特徴論においては、犯罪の本質を究明しようとするものであって、犯罪論体系を構築するという機能を持っていないことを明らかにする。一方、罪刑法定主義の担い手としての意味合いを持っている形式的犯罪概念は、それ自体が無内容で、犯罪論体系を構築する機能を持っていないことも明らかにする。

第4に、犯罪構成論の基本的内容、犯罪概念との関係および伝統的犯罪論体系の再構成論を検証した上で、中国に罪刑法定主義の定着を図るために提案をする。中国刑法における犯罪成立要件の理論である犯罪構成論の構造は、段階的・順次的な構造ではなく、平面的・総合的な構造である。中国の伝統的犯罪論体系は、犯罪構成論のみによって構築される体系ではない。この体系は、社会的危害性論（ないし犯罪概念論）と犯罪構成論との上下関係にある二つの理

論によって構築されている「二重構造的犯罪論体系」であることを指摘する。また、伝統的犯罪論体系の問題点を解決するために提起されている改善論や全面的再構成論を検討し、それらの見解は抜本的なものではないことを指摘する。そこでここでは、中国に罪刑法定主義の定着を図るために、伝統的犯罪論体系を放棄して、ドイツや日本のような犯罪論体系を直接に導入すべきだと提案したい。なお、導入するに際しては、形式的犯罪概念一元論と形式的犯罪論を強調すべきだと提言したい。

　第5に、犯罪概念規定但書の射程範囲を検討する。ここでは、主に犯罪概念規定但書の受け皿の一つである治安管理処罰法を考察対象とする。この法律は刑法典との関係において、周辺刑法の役割を果たしているにもかかわらず、罪刑法定主義の射程範囲に入っていないことを明らかにした上で、治安管理処罰法の性格は、刑法の謙抑性や非犯罪化の理念とは背離していることを指摘する。

第 1 章　犯罪概念の歴史的概観

1. 問題設定

　犯罪とは何か、それを定義するのは、至難の業である。アプローチを変えれば、おのずから定義も変わってくるし、同一アプローチにおいても、論者によってまた違ってくる。犯罪概念が刑法典上に規定されていることはまれである。

　ところが、社会主義国家と言われる国々では、実質的犯罪概念を条文化するというアプローチを採っている。犯罪の法的要件を認識することより、その背後にある「本質」を究明することが、遥かに重要であるとしているからであろう[1]。実質的犯罪概念を刑法典上に規定することは、いわゆる社会主義型刑法の一つの特徴とされている[2]。自他ともに認めている社会主義国家の中国（少なくとも政治制度において）では、刑法典に実質的犯罪概念を設けることは、当然の成り行きである。中国の現行刑法典の第13条がそれである。

　周知のごとく、中国を含む社会主義の国々における実質的犯罪概念の規定は、旧ソ連のそれを範としたものである。実質的犯罪概念を刑法に設けることが社会主義刑法の特徴とされるが、そのような立法方式は、そもそも、帝政ロシア期の遺制を由来としたものにすぎなかったのではなかろうか[3]。つまり、新生社会主義国家であった旧ソ連は、実質的犯罪概念を刑法に設けるという立法方式を採った点において帝政ロシア刑法を承継したと言えよう。しかし、社

会主義国家がこの数十年間、一貫して刑法典に実質的犯罪概念を設けてきたことから、実質的犯罪概念を刑法に設ける立法方式は、一種の社会主義刑法の伝統になっているといっても過言ではなかろう。近年、中国において、旧ソ連から導入された刑法理論が伝統的刑法理論と位置付けられているのは、そのためであろう[4]。

　本章では、中国刑法における実質的犯罪概念の歴史を概観し、その規定およびその理論の歴史的展開を明らかにする。犯罪概念規定の歴史を叙述する場合は、その前史である旧ソ連刑法との接点まで遡らなければならない。旧ソ連刑法では、犯罪概念規定は、犯罪を実質的に規定することを出発点としており、初期においては、社会的危害性（社会的危険性）のみによって規定される一元的構造であったが、その後、刑事違法性を取り入れて二元的構造になり、今日に至っている。犯罪概念規定の立法化の歴史的経緯および内的構造の変遷を辿ることにより、第一に形式的犯罪概念たる刑事違法性の導入と罪刑法定主義との関連性を明らかにし、第二に実質的犯罪概念たる社会的危害性と類推適用の関連性を明らかにする。旧ソ連刑法から強く影響を受けていた中国刑法においては、旧ソ連とは政治的背景等の事情を多少異にしていることから、中国的特異性も存在するが、犯罪概念規定に関してはその基本的な内容は両国で変わらないことを明らかにする。

2. 中国における犯罪概念の前史——旧ソ連の犯罪概念

（1）初期の犯罪概念規定

　1917年の十月革命によって世界で最初に誕生した社会主義国家のソ連は、旧政権下の法体系を全面的に継受することを拒否した[5]。革命の1ヵ月後に、人民委員会議が「裁判所に関する布告」（1917年11月24日）を公布した。この布告第1条は、既存の裁判機関を廃止し、民主的選挙に基づいて構成される裁判所[6]をもってこれらの機関に代わるものと規定した[7]。また、検察制度、

弁護士制度も廃止されることになった[8]。そして、旧法の適用は、「革命的良心」と「革命的法意識」に反しない限りにおいて認められていたのである[9]。やがて 1918 年 7 月 20 日に人民委員会議によって公布された第 3 号の「裁判所に関する布告」においては、旧法の適用が全面的に禁止されることになり、適用すべき革命法令がなかった場合は、「革命的」・「社会主義的」法意識に基づいて裁判を行うべきであると規定されていた[10]。しかし、当初は革命法令が僅少であり、準拠すべき成文法がそれほど多くはなく[11]、実定法のみに基づいて裁判できる状況にはなかったのが実状であった。そのため、結局、大多数の事件に対しては、「革命的」・「社会主義的」法意識に基づいて裁判が行われた[12]。

しかし、革命的法意識はそもそも自明的なものではなく、客観性を持っていたわけでもないため、法的安定性が大きく損なわれることになることは言うまでもない。それだけでなく、各地において支離滅裂な判決がなされたことは、国家の統合にとっても望ましい状態ではなかったのである[13]。ソビエト政権による国家的統合への志向が強化されるにつれ、革命的法意識に代えて全ロシアに普遍的に妥当する安定的な成文法典が要求された[14]。1918 年以後、憲法をはじめとして、重要な分野において法典が制定されるに至った。

1）1919 年「指導原理」

刑法に関しては、最初に出来上がったのは、刑法の総則に相当する「指導原理」であり、具体的な犯罪類型を規定する各則については、全く設けられていなかった。ロシア革命から 2 年後の 1919 年 11 月に、ロシア共和国司法人民委員部[15]が制定した「ロシア共和国刑法の指導原理」（前文と 27 カ条からなる）が、それである。法令を適用する際の基本な基準を裁判所に提供するのが、この「指導原理」の目的であったという。にもかかわらず、この指導原理は、刑法に関する最初の社会主義の成文法規として、社会主義刑法の原点となり、後世の社会主義刑法の形成に絶大な影響を及ぼした。多くの社会主義型刑法の特徴と言われるものは、この法令から由来している。その第 5、6 条に規定され

ていた犯罪の実質的概念は、社会主義型刑法の特徴の一つを形成した。第5条には、「犯罪とは、刑法によって保護される社会関係の秩序の侵犯を言う。」[16]と規定され、第6条では、「当該の社会関係の体系にとって危険な作為又は不作為としての犯罪」[17]という文言が見られる。この二つの規定は、社会主義国家において、「刑法の指導原理」の名の下に初めて犯罪概念を法規化したものであり[18]、社会主義型刑法の特徴の一つとして取り上げられる犯罪概念の実質的規定の源流となった。

ところが、第5条規定の中の「刑法によって保護されている」という文言から見ると、「刑法によって」という文言により限定されているので、形式的犯罪概念の要素が含まれていたと言えなくはない。しかし第5条の規定を全体から見ると、これは、保護の客体（犯罪の客体）ないし侵害の客体に関する規定であって、犯罪の実質的規定である。特に、「社会関係の秩序」という文言は、生産と交換関係に係わる体系を指しており、法の階級性原理と深く係わりを持っているものである。

なお、1919年の「指導原理」には、類推適用についての規定が設けられていない。この「指導原理」自体には各則が設けられず、当時はわずかな法令しか存在していなかったため、旧法の適用を全面的に禁止することにより法秩序の空白が生じてしまっていた。そのため、当時の新生社会主義政権においては、類推の余地さえもなかったのである。

2）1922年と1926年のロシア刑法典

社会主義国家の最初の刑法典は、1922年6月にロシア共和国が制定した「ロシア・ソビエト連邦社会主義共和国刑法典」（全218カ条）であった。この刑法典の総則規定の多くは、1919年の「指導原理」を踏襲したものであり、第6条の犯罪概念の実質的規定は、その1つであった。第6条には、「ソビエト体制の基礎及び共産主義体制への移行期において労働者・農民権力によって確立された法秩序を脅かすすべての社会的に危険な作為または不作為は犯罪とみなされる。」[19]と規定されている。

第6条の実質的犯罪概念規定と相まって、第10条に類推適用の規定が設けられていた。その第10条には、「個々の種類の犯罪に対する直接の規定が刑法典の中に存在しない場合には、刑罰又は社会防衛処分は、本法典総則の諸規則にもとづいて、その重大性及び性質において最も類似した犯罪を規定する刑法典の諸条項に従って適用される。」[20]と規定されていた。

　しかし、1922年のロシア共和国刑法典を制定する際に、犯罪概念の実質的規定や類推適用の問題については、すんなりと受け入れられたわけではなかった。これらの問題については、大議論が交わされた。議論のなかでそれらの規定を刑法典に設けることに対しては、反対の意見が出された。ある人民委員会では、1922年ロシア共和国刑法典の草案を審査した際に、多くの修正を加えた。実質的犯罪概念を放棄して、その代わりに専ら形式的犯罪概念を導入し、類推適用規定も設けないという修正の内容が盛り込まれていた[21]。しかし、これらの反対意見は、「あらゆる種類の新しい犯罪を包括することは不可能である。」[22]という理由により、退けられた。

　また、ソ連邦の領域拡大に伴い、1924年に全ソビエト連邦に妥当する「ソ連邦と連邦構成共和国刑事立法の基本原理」[23]が制定された。それを受け、1926年にロシア刑法典の改正が行われたが、改正後の「ロシア共和国刑法典」の第6条には、犯罪概念の実質的規定が踏襲されている。つまり、同法典では犯罪とは、「社会的に危険な行為とは、ソヴェト体制に向けられ、または労働者＝農民の権力が共産主義体制への移行期にあたって設定した法秩序に違反するところの、すべての作為もしくは不作為をいう。」[24]と規定している。

　また、実質的犯罪概念の規定と相まって、類推適用の規定も踏襲されることになった。第16条には、「何らかの社会的に危険な行為が本法典に直接に規定されていない場合は、それに対する責任の根拠および範囲は、本法典のうちその種類において最も近似する罪を規定している条項にしたがって、定められる。」[25]という類推適用の許容規定が設けられていた。

　1922年と1926年のロシア刑法典の犯罪概念規定では、1919年の「指導原理」にあった階級性を全面的に表す「社会関係の体系」という文言が消され

た。その一方、1919年の「指導原理」にあった形式的な要素である「刑法によって」という表現も削除されてしまい、その代わりにより抽象的な文言である「法秩序」が導入された。

以上のように、最初の社会主義国家であるソ連の初期段階の刑法における犯罪概念規定は、実質的犯罪概念のみが規定されていたと解される。さらに、実質的犯罪概念と合わせて、類推許容の規定も設けられていた。1924年の「基本原理」と1926年のロシア共和国刑法典は、1958年の「ソ連邦および加盟共和国刑事立法の基礎」及び1960年のロシア共和国刑法典の全面改正まで、約35年の間、効力を有し続けたのである。

(2) 形式的犯罪概念要素の導入

1930年代の末期から、ソ連では、犯罪の実質的側面を強調するだけではなく、形式的側面も次第に重視されるようになった。1938年に開かれた全ソ法学研究所の第一次科学大会において、新しい刑法典の制定に向けて討論が交わされた。同大会では類推適用は廃止されるべきという主張が展開されたが、このような主張は、当時のソ連検事総長のヴィシンスキー（А. Я. Вышинский）が強く反対したため、実を結ばなかった[26]。ただし、犯罪概念の唯一特徴とされてきた社会的危害性のほかに、罪過、刑事応罰性を犯罪概念に導入する見解が現れた[27]。とりわけ、ドゥルマノフ（Н. Д. Дурманов）が1943年に書いた博士論文である『犯罪概念』（1948年公刊）においては、犯罪の特徴を社会的危害性、違法性、罪過、刑事応罰性、不道徳性の五つの要素を挙げている[28]。1940年末期から、犯罪概念の基本特徴として、刑事違法性の要素が注目され始めた[29]。

1953年にスターリンが死去し、そして彼に対する批判が行われたことが、刑法改正を可能にする直接の転機となった。法学においては、類推適用の強力な支持者であるヴィシンスキーに対する批判も行われた。

1956年に開かれた第20回党大会においては、「社会主義的合法性[30]の強化」と「市民権利の保障」の議決が採択された。それが、類推適用の規定を廃止し

て罪刑法定主義を導入する刑法改正の要因となった。

　1958年に新たに制定された「ソ連邦および加盟共和国刑事立法の基礎」に罪刑法定主義が導入された一方で、犯罪概念の規定は廃棄されるに至らなかった。ただし、1958年の「刑事立法の基礎」における犯罪概念の規定は、従来のような実質的犯罪概念だけを設けたのではなく、形式的犯罪概念の要素も採りいれられていた。その犯罪概念規定は、次の通りである。つまり、第7条の第1項に、「犯罪とは、ソヴェトの社会または国家体制、社会主義経済制度、社会主義的所有、市民の人格、政治上・労働上・財産上、およびその他の諸権利を侵害する社会的に危険な行為（作為または不作為）であって、刑法に規定されているもの、ならびに、社会主義的法秩序を侵害するその他の社会的に危険な行為であって、刑法に規定されているものをいう。」[31]という犯罪の概念が規定され、そして第2項に「形式的には刑法に規定されているいずれかの行為の徴表を有している作為または不作為であっても、その軽微なため社会的危険性を有しないものは犯罪ではない。」という犯罪概念の例外が設けられていた。

　また、1958年の「刑事立法の基礎」に基づき、1960年には「ロシア共和国刑法典」が全面的に改正された。当該刑法典の第7条は、「刑事立法の基礎」の第7条の規定を踏襲し、次のように犯罪概念を規定した。つまり、それは、「①犯罪とは、ソビエトの社会的または国家的体制、社会主義的経済制度、社会主義的所有、市民の人格、政治上、労働上、財産上、およびその他の権利を侵害する社会的に危険な行為（作為または不作為）であって、本法典各則に規定されているもの、ならびに、社会主義的法秩序を侵害するその他の社会的に危険な行為であって、本法典各則に規定されているものをいう。②形式的には、本法典各則に規定されているいずれかの行為の徴候を有している作為または不作為であっても、その軽微なため社会的危険性を示さないものは、犯罪ではない。」[32]という規定であった。

　これらの犯罪概念の規定をみると、1958年の「刑事立法の基礎」第7条における「刑法に規定されているもの」と1960年のロシア共和国刑法典第7条

における「本法典各則に規定されているもの」の内容は、犯罪概念の形式的要素を反映したものであると解される。犯罪を刑法に規定されているものに限定することは、罪刑法定主義を受容しているとも言えるであろう。なぜなら、形式的犯罪概念は、罪刑法定主義の受容を前提にしているからである。罪刑法定主義を受容しなければ、形式的犯罪概念が無意味である。

　1958年の「刑事立法の基礎」では、第7条の犯罪概念規定の前に、第6条において罪刑法定主義の規定が設けられていた[33]。加えて1960年の「ロシア共和国刑法典」は、1958年の「刑事立法の基礎」第6条とほぼ同じ内容の罪刑法定主義規定（第6条）が設けられていた。これが、「①行為の犯罪性と可罰性は犯行時に行われていた法律によって決定される。②行為の可罰性を除去し、または刑を減軽する法律は遡及効を有する。すなわち、その法律の公布以前に行われた行為に対しても適用される。③行為の可罰性を定め、または刑を加重する法律は遡及効を有しない。」[34]という規定であった。

　以上のように、1958年の「刑事立法の基礎」と1960年のロシア共和国刑法典は、犯罪概念の実質的な規定が廃止されなかったが、罪刑法定主義の受容により、形式的犯罪概念が導入された。実質的犯罪概念と罪刑法定主義とがどのような関係を持つのかという問題が残るが、罪刑法定主義の受容と形式的犯罪概念の導入とは関連性を持つと考えられる。

3. 1979年刑法典制定前の犯罪概念

（1）旧法の不継受とその影響

　1949年10月1日の中華人民共和国の建国に先立ち、中国共産党中央委員会が国民党政権下の法令を一切継受しないと宣言するとともに、解放区の「綱領、法律、命令、条例、決議」を適用し、またはこれらの適用すべき法令がなかった場合は、政策に従うべきであると表明した[35]。国民党政権下の法律（旧法）について暫定的に適用する方法を採らず、最初から一切継受しないという

措置は、ソ連や他の社会主義国家よりも革命の徹底ぶりを示すものであった[36]。

しかしながら、解放区において整然とした法体系があったわけではなく、刑法典に当たるものも存在していなかった。加えて、解放区における刑罰法規は、その数がそれほど多くあったわけでもなかった。しかもこれらの刑罰法規は、戦時期という非常時に制定されたものであって、それを反映して戦時緊急立法の性格[37]が現れており、平時の社会秩序維持には適さないと思われる規定が多く含まれていた。実際の裁判においては、党や政府の政策に頼らざるを得ないのが当時の現状であったため、罪刑法定の適用ができるというような状態にはなかったと言える。

また、旧法適用の全面禁止措置は、「六法全書」等の旧法制度の廃棄のみならず、法理論など他の面にも及んでいた。例えば、法教育に対しては、その内容の変更が行われた。華北高等教育委員会が公布した「各大学、専科学校、文法学院各系課程暫行規定」（1949年10月11日）においては、「反動の科目（国民党の党義、六法全書等）を廃止し、マルクス・レーニン主義に関する科目を増設する」という規定のように、学校のカリキュラムが改訂された。また、旧法観念に対する徹底的な批判や旧司法人員に対する改造なども行われた。1952年6月から翌年2月にかけて発動された司法改革運動においては、国民党政権下の旧司法人員に対する改造が行われ、大多数の法的技術を持つ旧司法人員が追放された。それの代わりに、思想的には共産党に忠実であるが法的技能を持たない人員が司法機関に配置された。

旧法適用の全面禁止の措置は、清朝末期以来作り上げられてきた法制度や法理論の近代化の成果[38]を無に帰しただけでなく、反旧法のイデオロギーを背景に、近代法を選択する余地をも遮断することを意味した。そのため、新生社会主義政権の中国にとって、その法の継受の対象は、社会主義国家の模範であるソ連のもの以外に選択肢はなかった[39]。ソ連から法を継受することは、建国以前にも革命根拠地などにおいて行われていたが、中華人民共和国の成立後、それは一層本格的に行われた。加えて、ソ連からの法継受は、法制度の面

だけではなく、法理論も同時に継受することとなった。今日においては、中国がソ連法から継受した法制度や法理論を中国の伝統法と位置付けるのは、このような歴史経緯があったからであろう。

ところが、ソ連法の導入は、法制度であれ法理論であれ、その成果の部分を導入するだけに留まり、成果に至る背景や議論等については、ほとんど紹介されていなかったのである[40]。それらのソ連法から継受した成果は、すべて社会主義のものと位置づけられ、イデオロギー的に硬直化した議論が進められることになった。また、ソ連法の継受は、主に初期段階の成果に限るという嫌いがあり、その後期の発展についてまでに及んでいなかった。

中国刑法も、上述した背景の下で、ソ連刑法を全面的に継受した。しかし、少数の事例に止まるが、中国の独自のものもある。例えば、刑罰種類に管制、死刑執行猶予制度は、ソ連刑法になかった制度である。また、ソ連刑法にあった刑罰の目的という規定については、最初の刑法草案だけに設けられていたが、その後、そのような規定は、中国では設けられなくなった。そして、理論的には、二種類の性質の異なった犯罪を区分しようとする論説が見られた[41]。

(2) 1979年刑法典制定前の刑罰法規

新生社会主義政権の中国は、ソ連法を継受することになったが、法整備は政治運動に翻弄された険しい道のりを歩んだ。刑法典の制定も同様、後に述べるように、順調ではなかった。実際、刑法典が制定されたのは、建国から約30年後の1979年7月（1980年1月から施行された）であった。この約30年間、刑事実体法に関しては、刑法典がなかったにもかかわらず、制定されたその他の刑罰法規もごくわずかにすぎなかった[42]。

1）単行刑罰法規

単行刑罰法規は、建国初期に当時の立法機関でもある中央人民政府が制定した中華人民共和国反革命懲治条例（1951年2月21日）と中華人民共和国汚職懲治条例（1952年4月21日）、およびその下位機関である政務院が制定した

国家貨幣妨害懲治暫行条例（1951年4月19日）の三つの条例があるにすぎなかった。これらの法規は、いずれも政治運動の産物で、内容が極めて簡潔的であった[43]。その他、刑の個別事項に関する法規としては、政務院が制定した反革命犯罪者の財産没収に関する規定（1951年6月22日）、公安部が制定した反革命分子を管制する暫行弁法[44]（1952年7月17日）があった。

その中の反革命懲罰条例には、明確に類推適用の許容規定と遡及処罰規定が設けられていた。つまり、類推適用の許容については、16条に「反革命の目的を持って、その他の本条例に規定していない罪を犯した者は、本条例の類似の罪に照らして処する」と規定した。遡及処罰については、18条に「本条例が施行される前の反革命者についても、本条例を適用する。」と規定した。

2）特別刑法

特別刑法としては、中華人民共和国婚姻法（1950年4月30日）第26条、政務院が制定した国営企業内部労働規則綱要（1954年7月14日）の第16条および第23条、中華人民共和国逮捕拘留条例（1954年12月20日）の第12条、中華人民共和国国境衛生検疫条例（1957年12月23日）の第7条などのような各法令に設けられている罰則規定があった。しかし、これらの法令における罰則規定は、例えば、国境衛生検疫条例の第7条「本条例と本条例実施規則に違反することによって検疫伝染病の伝播を引き起こし、又は検疫伝染病を伝播しかねない重大な危険を引き起こした場合は、人民法院が事態の軽重により、法に基づいて二年以下の有期懲役あるいは拘役に処し、あるいは一千元以上五千元以下の罰金を併科し、又は単に罰金を科することができる。」のように、明確な法定刑を設ける規定がまれにあったが、多くの特別刑法は、そのような規定がなかった。罪状としての禁止事項が設けられているものの、それに違反した場合はどのような法定刑になるのかについては、単なる「刑事責任を追及しなければならない」や、「人民法院に送致して処分しなければならない」などのような極めて一般的な指令を示すに止まっていた。当時の大多数の特別刑法では、このような立法形式が通例であった。

3）周辺刑法からの比附[45]

　1957年10月22日に周辺刑法である中華人民共和国治安管理処罰条例[46]が規定された。その後、治安管理処罰条例に類型化された治安管理違反行為を比附して、中核刑法の犯罪類型を定めようとすることがあった。治安管理処罰条例の第2条第1項「公共の秩序を攪乱し、公共の安全を妨害し、公民の人身の権利を侵害し、公私の財産を損壊し、情節が軽微で刑事処分に及ばず、本条例に基づいて処罰を受けなければならない行為は、治安管理違反行為である。」との定義規定から、治安管理違反行為は、刑事処罰に及ばない行為であるとしているので、治安管理処罰と刑事処罰とは補充関係にある。そこで、この治安管理違反行為の定義規定を反対解釈すると、治安管理違反行為より危害性の高い行為は、刑事処罰を与えるべきであり、犯罪概念とすることもできるのである。

　例えば、個人の法益に関しては、第10条第2号の「他人を殴打した」という人身の権利を侵害する治安管理違反行為を比附して、これよりも高い社会的危害性のある殺人や傷害行為に対しては、刑罰を科さなければならないことになり[47]、第11条第1号の「少量の公共財物または他人の財物を窃取し、詐取しまたは横領した場合」を比附して、これよりも財物の量が多い場合には、占有侵害罪として刑罰が科せられる[48]、などが挙げられる。また同様の手法で、国家の作用に関しては、第5条第4号「国家治安管理工作要員の法による職務の執行を拒否しまたは妨害し、未だ暴力による抗拒の程度に至らなかった場合」を手がかりに公務妨害罪としての処罰を肯定した[49]。

　このように治安管理違反行為を比附することで、一定程度の犯罪の類型は、導かれていた。しかし、上記のような比附適用を行ったとしても、統一的な適用が得られるわけではなく、罪名の統一を得ることさえもできなかった[50]。加えて指摘すれば、犯罪類型が得られたとしても、なお法定刑に関する規定が白紙であったため、比附しようもないのである。比附を用いても刑罰法規の完全な形を整えることができなかった。

4）党や政府の指示文書など

共産党中央の指示文書や中央・地方政府の法令、指示文書や司法機関の司法解釈なども刑罰法規として用いられていた[51]。公式の法令集である『中央人民政府法令彙編』（1949年9月-1954年8月）[52]、『中華人民共和国法規彙編』（1954年9月-1963年12月、1964年から1978年までは中断）[53]においては、法令のほかに、党の指示文書や政治指導者の重要な報告などもまるで法令に準ずるものとして同様に収録されていた。とりわけ、1958年以降から文化大革命が終了する1978年までは、立法機関であるはずの全国人民代表大会およびその常務委員会の立法機能[54]が、ほぼ停止してしまい、党がそれを代位した。その間に法的拘束力を持つ指令は、中共中央（あるいはその政治局）の決定などの形で現れていた。さらに文化大革命期間中は、党の機関紙の社説や政治指導者の語録が法源として用いられたケースさえもあったという[55]。

その他、中国では刑事罰として認められていないが、裁判さえも経ずに長期間の自由を拘束できる制度としては、労働教養制度[56]と収容審査制度[57]がある。

5）検討

（イ）新生社会主義政権の中国では、その誕生後間もないうちに、後述するように刑法典を制定する試みがあったが、それは失敗に終わった。建国から1979年の刑法典（1980年1月1日から施行）が制定されるまで、約30年間の歳月を要した。この約30年の間の中国社会は、上に検討したように、まともな刑罰法規と言えるものがほとんど存在しておらず、実は刑事無法に近い社会であった。

当該時期は、刑罰法規を含む成文法はあまり制定されていなかったが、不文法主義が採用されていたわけでもなかった[58]。かかる時期においては、罪刑法定主義が適用され得る状況になかったことは言うまでもない。それどころか、最低限の法律が整備されていなかったため、類推適用や比附適用さえもできる状況になっていなかったと言っても過言ではない。処罰の基準と言い得る

ものは、「法律の魂」たる政策、ときには政策を代位する党の命令・権力者の命令であった。これは、2千年以上の歴史を有する中国法制史において例のない事態であった。

（ロ）法律は支配階級の道具であるというマルクス主義法理論のテーゼがあるが、当時の権力者は、「法律」という道具を創って用いるのに消極的であった。「法律」という道具は、安定性を持つため、支配者が必ずしも好き勝手に行使できないと感じた[59]ことが、その要因の一つであろう。無法状態は、権力を行使する側にとっては制限を受けずに権力が行使できるという点で好都合であるが、一般の人々にとっては災害そのものであった。とりわけ、文化大革命時期では、「革命無罪、造反有理」（「革命に罪なし、造反に理あり」）のスローガンの下、もともと僅少だった法資源がさらに徹底的な破壊を受け、中国は完全な無法社会に陥っていた。その代価は、法的安定性が欠けたことにより社会秩序の崩壊を招いたのである。そして、一般の人々の無保護状態を作りだしてしまい、冤罪事件が蔓延して[60]、中国社会に深刻な災害をもたらしたことは、周知のとおりであろう。実定法を介在しない秩序づくりは、国家運営の失敗のもとであった。

この約30年間、特に1957年の「反右派闘争」[61]以降は、法ニヒリズムが横行した時代であった。しかしながら、当時においても、法に対する「敬虔」の念は全くないわけではなかったようである。準拠すべき法律もないにもかかわらず、何らかの処罰をしようとするときには、皮肉にも、文書に「依法」（「法に基づいて」）や「依照法律」（「法律に基づいて」）という決まり文言が必ず採り入れられた。文化大革命の期間中に、中共中央と国務院が連名で制定した悪名高い「プロレタリア階級文化大革命中の公安業務強化に関する若干規定」[62]（1967年1月13日）でさえ、「依法」という文言が頻繁に用いられた。この指令は、6カ条にすぎなかったが、「依法」の文言が5度も登場する。例えば、その第2条には、「反動的スローガンを叫んで偉大なる領袖であられる毛沢東主席と、彼の親密な戦友であられる林彪同志を攻撃し中傷したものは、すべて現行の反革命罪行為であり、法に基づいて厳しく処罰しなければならない。」

（下線は筆者による）と規定していた。この「法」が何を指していたのかは、知るすべがなかったが、実定法でなかったことは確かである。権力行使がそのまま「法」の執行に変身し、権力と法を同一視していたことが見受けられる。このような「法」に基づく権力の行使は、「法」の正当性だけを享受しながら、法律の拘束を受けなくてよいというようなものである[63]。また、このような「法」に基づいて罪を定めて刑を下すことができたのは、実定法上の形式的犯罪概念ではなくて、離実定法的・超越的な実質的犯罪概念にその正当性を求め得たからであろう。

（ハ）実質的犯罪概念の考えは、建国前にすでに存在したものであって、このような規定もあった。1949年初期に華北人民政府が発布した「重大案件量刑基準に関する通達」[64]という成文的訓令は、犯罪概念規定をいち早く採り入れた法規であった。最初に犯罪概念規定を導入したのは、この「通達」であろう。

通達の第2条には、犯罪概念等の規定が設けられていた。第2条は、「どのような行為が犯罪であるのか、犯罪はどのように処罰すべきか」という条文の見出しが付けられており、同条第1項には、次のような犯罪概念の規定が設けられていた。すなわち、「新民主主義国家及び国家の制定する法律秩序に危害を与え、又は個人の権益に危害を与えて社会に重大な影響をもたらしたすべてのものは、犯罪である。」と規定していた。この制定の形式および内容から見ると、本条は、ソ連を範として、犯罪概念を実質的に規定したものだと言える。

また、この実質的犯罪概念規定の次の第2項には、量刑についての一般基準が設けられていた。つまり、それは、「犯罪を処罰するにあたっては、国家・社会・人民の利益に対する危害の重大さをもって、その科刑の基準とする。」[65]というものであった。犯罪概念の実質的規定は、量刑の一般基準とも対応しており、量刑にも重要な役割を果たすことが窺える。

(3) 刑法草案とその犯罪概念

1) 起草作業[66]と挫折

　旧法を継受しない措置は、旧法に対する否定ではあったが、法自体に対する否定ではなかった。建国後約30年間、刑事無法であったが、新生社会主義政権は、旧ソ連刑法を模範にした法整備の努力をしなかったわけではない。刑法典の起草の準備作業は、建国の翌年の1950年という早い段階に着手され、同年7月25日には早くもその第1稿が出来上がった。しかし、第2稿を仕上げるには、3年以上の時間を要したため、1954年9月までには、二つの刑法草案が起草されるに止まった。この状況を一変したのは、1954年9月に開催された第1期全国人民代表大会第1回会議において、憲法をはじめ全国人民代表大会組織法等の五つの組織法が制定されたことである。そのことに象徴されるように、新政権は法整備に力を入れ始めたのである。

　第1期全国人民代表大会第1回会議の終了後、刑法の起草作業は、中央人民政府法制委員会から全国人民代表大会常務委員会弁公庁法律室の所管に移り[67]、1954年10月頃に、同室による本格的な活動がなされた。1956年11月には、順調に第13稿が出来上がった。同年11月に、中国共産党第8期全国代表大会が開催されたが、この大会において、社会主義革命が基本的に完了したという歴史認識に立って、社会主義建設の秩序を強固なものにするため、系統的な「法制」の構築に力を注ぐべきだとして、法律制定の重要性が強調された[68]。

　この認識の下、起草作業はさらに押し進められた。1957年6月までに、草案は、順調に第22稿まで重ねられてきたのである。第22稿が各関係機関の意見を徴した上で、それを基礎に公布して試行しようとする直前までの段階に進んでいたが、結局のところ、草案の公布には至らなかった[69]。その原因は、1957年6月8日に「反右派闘争」が突如開始されたため、起草作業それ自体が中断を余儀なくされたからである[70]。起草作業は、その後も政治運動に翻弄され、中断したり、再開したりせざるを得なかった。

1962年3月、毛沢東から「法律はなくてはならず、刑法、民法は必ず作らなければならない。」[71]との指示を受け、ようやく同年5月に起草作業が再開されたが、1963年10月に起草された第33稿を最後に、その後始まった「四清運動」によって、起草作業が再び中断を余儀なくされた。この第33稿の草案は、中共中央政治局の常務委員と毛沢東の審査を経てはいたが、結局公布さえもされなかった。そして、「四清運動」に引き続き、1966年に「文化大革命」が開始され、起草作業は棚上げされてしまった。起草作業が再開されたのは、15年後の1978年であった。

2）刑法草案における犯罪概念

上述したように、文化大革命前に33稿の刑法草案が起草された[72]。それらの刑法草案においては、犯罪概念に関する規定は、その内容が多少の相違があるものの、例外なく一貫して設けられていた。犯罪概念規定を設けることは、それらの刑法草案の一つの大きな特徴として挙げられる。また、類推適用と遡及処罰規定ももれなく取り入れられていた。以下では、幾つか重要な転換点にあったと思われる草案の犯罪概念規定を取り上げる。

① 第1次稿[73]

最初の刑法草案は、1950年7月25日に中央人民政府法制委員会刑法大綱起草委員会が起草した「中華人民共和国刑法大綱草案」（157ヵ条からなる）である。その草案の第7条第1項に犯罪概念が規定されていた。つまり、「人民政権及びその樹立した人民民主主義の法律秩序に違背する一切の社会に危害を与える行為は、すべて犯罪とする。」としていた。この規定は、実質的犯罪概念のみが設けられており、初期のソ連における犯罪概念と類似していた。しかし、ソ連の犯罪概念規定にあった犯罪の例外規定は設けられていなかった。

類推適用の許容規定（第4条）は、犯罪概念より上位にある通則の1つとして規定された。つまり、第4条は、「①犯罪行為が明文に規定されていないものは、その性質により、本大綱の最も類似した条文に照らして処罰する。照ら

すべき最も類似した条文がない場合は、法院が人民民主主義の政策に基づいてこれを処罰する。②法律を類推して適用し、又は人民民主主義の政策に基づいて罪となすべきときは、その行為が重大な社会的危険性を有し又は重大な結果が生じたものに限り、かつ一級上の法院に指示を請い、その上で判決を下さなければならない。」と規定されていた。この規定から、第1次稿が類推適用を許容したことは明らかである。そして、類推すべき法律さえもなかった場合は、政策の適用が認められている。ここでは、政策に対し法律の優位性が認められてはいるが、安定性を欠く政策にも法源性を認めたことになる。

また、同草案には遡及処罰が認められていた。つまり、第2条には「①本大綱は、その施行後、又は解放後あるいは解放前の犯罪行為に対し、すべて適用する。ただし、解放前の犯罪には、国家又は人民の権益に対し重大な損害を生じさせたもので、法院がそれを処罰する必要があると認めるものに限る。②本大綱の施行前の犯罪行為が、法院の判決がなお未確定、又は執行が完了していないものにつき、本大綱において不処罰なもの又はその処罰が原判決よりも軽いものは、本大綱に基づいて判決を改める。」と、ある程度限定的ではあるが、遡及処罰の規定が設けられていた。

② 第2次稿[74]

実質的犯罪概念だけではなく、いわゆる形式的犯罪概念の要素も規定の中に取り込みを始めたのは、第2次稿の刑法草案である。これが、1954年9月30日に同法制委員会によって起草された「中華人民共和国刑法指導原則草案（初稿）」（76カ条からなる）である。同草案では、本文の前に序言を加える形式を採用し、序言において基本原則に関する規定が置かれていた。犯罪概念の規定は、序言に続いて設けられていたのであるが、その規定の方式については、二つの案が同時に用意されていた。

第1の案は、第1条第1項に、「祖国を裏切り、人民民主制度に危害を与え、公民の人身及び権利を侵害し、過渡期の法律秩序を破壊し、社会に対し危険性を有する、法律において刑事制裁を受けなければならない行為（行為は作為と

不作為を含む）は、すべて犯罪と認める。」という内容を定めるものの規定であった。この文言の中の「法律において刑事制裁を受けなければならない」という部分は、形式的犯罪概念の要素に関するものであると認められる。そして、第1条第2項には、「情節が明らかに軽微でかつ危害の結果を欠くもので、したがって社会に危険性を有すると認め得ない行為は、犯罪と認めない。」という例外規定が設けられていた。この犯罪の例外規定は、第1次稿になかった内容で、第2次稿において初めて導入されたものである。

　もう1つの案の犯罪概念の規定は、第1の案での第1条と第2条の故意、過失に関する規定を合体し、1カ条に収めたものである。この案は、責任要素についても犯罪概念規定の中に収めるという形式を採っている。その犯罪概念規定の内容は、「国家の利益、公共秩序及び公民の権利に対し、危害をもたらし又は著しい危害性を有する一切の故意行為は、すべて犯罪行為であり、本刑法指導原則及びその他の法律、法令の規定に基づいて、刑事責任を追及すべきものとする。」というものであった。この規定方式には、ソ連刑法の犯罪概念規定にもなかった責任要素を導入していたことが分かる。しかし、この責任要素を犯罪概念に取り込む規定方式の試みは、後の草案に継承されることはなかった。継承されたのは、ソ連式の第1の案であった。

　第1の案と第2の案とは、もう一つ大きな相違点がある。すなわち、実質的犯罪概念を表す用語は、第1の案では「危険性」を用いたが、第2案では「危害性」を用いたのである。

　第2次稿では、形式的な要素が犯罪概念の規定に導入されたわけであるが、その一方、類推適用の許容規定と遡及処罰規定も設けられていた。ただし、類推適用の許容規定の体系上の位置付けは、第1次稿において基本原則として位置付けられたことと異なり、第20条の量刑基準の後方に置かれ、一般的な規定として条文の位置が下げられた。また、第1次稿にあった政策の法源性に関する文言も削られた。すなわち、類推適用の許容が規定されていた第21条は、「本刑法指導原則又はその他の法律、法令に明文で規定されていない犯罪行為は、本刑法指導原則又はその他の法律、法令に最も類似した規定に照らして処

理する。」というような内容であった。なお、この規定から、類推適用の権限については、第1次稿にみられる一級上の法院の許可を要する制限が付けられていないことから、すべての法院に類推適用の権限を与えたものと解される。

また、遡及処罰については、それに関する単独の条項はないが、時効に関する第26条の規定には、遡及処罰に関する内容が存在する。つまり、第26条の「①中華人民共和国が成立する以前の犯罪行為は、一般には訴追しない。ただし、殺人罪については、犯罪が行なわれたときから10年以内に検挙された場合は、訴追することができる。

②中華人民共和国が成立した後の犯罪は、犯罪が行われた時から、次の期限を経過した場合は訴追しない。

　(1) 死刑、無期懲役に処せられるものは、20年を経過したとき。
　［中略］
　(5) 労役又は罰金に処せられるものは、1年を経過したとき。
③反革命罪は、訴追期限の制限を受けない。」
の時効規定から、刑法が施行される前の行為についても、訴追し得ることになっていた。確かに訴追できることしか規定されていないが、これは処罰し得ることをも意味するに他ならない。

③ 第13次稿[75]

第13次稿は、1956年11月12日に全国人民代表大会常務委員会弁公庁法律室が起草した「中華人民共和国刑法草案（草稿）」（全261ヵ条）である。この草案の第8条には、犯罪概念の規定が設けられていた。すなわち、これは、「人民民主制度に危害を与え、法律秩序を破壊し、社会に対し危害性を有したもので、法律に基づいて刑罰による処罰を受けなければならない行為（作為と不作為を含む）は、すべて犯罪である。②行為が形式上本法の分則の条文に該当するが、情節が著しく軽くかつ社会的危害性を欠く場合は、犯罪と認めない。」という規定であった。

類推適用を許容することは、あくまで例外という意味で附則に置かれること

となった。この類推許容規定は、附則の最初の条文として第88条に設けられていた。また、類推適用するには、最高人民法院の許可が必要とするという条件が付け加えられていた。つまり、第88条は、「本法の分則に明文に規定されていない犯罪は、本法の分則に最も類似した条文に照らして罪を定めて刑を下すことができる。ただし、これは最高人民法院の許可を受けなければならない。」と規定されていた。

また、遡及処罰規定は、第7条に設けられていた。これは、「①本法施行前の犯罪分子につき、裁判されておらず又は判決がまだ確定されていないものは、すべて本法を適用する。②中華人民共和国成立後本法施行前の行為は、当時の法律、法令が犯罪と認めず又は本法よりも処罰が軽いものは、当時の法律、法令を適用しなければならない。」という規定であった。

④ 第22次稿[76]

第22次稿は、1957年6月28日に全国人民代表大会常務委員会弁公庁が起草した「中華人民共和国刑法草案（初稿）」（全215カ条）である。本刑法草案は、実務において、実際に裁判規範の参考基準として機能していたとされていた草案である。本草案の第9条には、次の通り犯罪概念規定が設けられていた。つまり、「労働者階級が指導する人民民主専政制度に危害を与え、社会秩序を破壊し、社会に対し危害を有するもので、法律に基づいて刑罰による処罰を受けなければならない行為は、すべて犯罪である。但し、情節が著しく軽く危害が大きくない場合は、犯罪として論じない。」という規定であった。この草案では、犯罪概念の例外は、「但書」という形式で採用された。なお、上述の三つの草案と異なり、刑法任務の規定が挿入されるようになった[77]。

類推適用の許容規定は、第13次稿と同様、附則の規定（第90条）として設けられていたが、最高人民法院の許可という類推適用の権限に関する限定的条件が外された。すなわち、第22次稿の第90条の規定は、「本法の分則が明文に規定していない犯罪は、本法の分則に最も類似した条文に照らして罪を定めて刑を下すことができる。」としていた。この規定は、第2次稿と同じく、す

べての法院に類推適用の権限を与えたものと解される。

また、遡及処罰の規定は、第 8 条に設けられていた。この規定は、「本法施行前の犯罪は、本法総則第四章第八節⁽⁷⁸⁾の規定に基づいて訴追すべきもので、裁判されていないまたは判決が下されていないものにつき、すべて本法を適用する。ただし、中華人民共和国成立後本法施行前の行為については、当時の政策、法律、法令が犯罪と認めないものは、当時の政策、法律、法令を適用する。」としていた。政策の法源性が再び認められるようになり、さらに法律より政策を上位に置いていた。

⑤ 第 33 次稿⁽⁷⁹⁾

類推適用の許容規定を廃棄して罪刑法定主義を導入した 1958 年のソビエト刑法指導原理が制定された以後においても、中国の刑法草案は、その影響を受けることなく、類推適用の許容規定や遡及処罰規定が設けられたままであった⁽⁸⁰⁾。もちろん、罪刑法定主義を採用することもなかった。

第 33 次稿は、1978 年以前の最後の刑法草案である。1963 年 10 月 9 日に全国人民代表大会常務委員会弁公庁によって起草された「中華人民共和国刑法草案（修正稿）」（206 カ条からなる）である。犯罪概念は、第 10 条に規定されていた。この規定では、前述の草案における犯罪概念の規定に比べると、社会的危害性の内容である犯罪の客体の部分⁽⁸¹⁾が、より具体的に列挙されていた。つまり、この規定は、「労働者階級が指導し、労農連盟を基礎とする人民民主専政制度に危害を与え、社会主義革命と社会主義建設を破壊し、社会秩序を破壊し、国家所有と集団所有の公的財産を侵害し、公民所有の合法的財産を侵害し、公民の人身の権利及びその他権利を侵害し、又はその他社会に危害を与える行為で、法律に基づいて刑罰による処罰を受けなければならない場合は、すべて犯罪である。ただし、情節が軽く危害が大きくない場合は、犯罪として論じない。」というものであった。この犯罪概念の規定方式は、1979 年刑法典を経て、現行の 1997 年刑法典に継受されている。

類推適用の許容規定は、第 86 条に設けられていた。その内容は、「本法の分

則に明文で規定されていない犯罪は、本法の分則に最も類似した条文に照らして罪を定めて刑を下すことができる。ただし、高級人民法院又は最高人民法院に報告し、その許可を請わなければならない。」という規定であった。したがって、類推適用の条件には、再び上級の人民法院の許可を必要条件としていたが、第13次稿のような最高人民法院のみに限定するのではなく、省レベルの高級人民法院にも許可の権限が与えられた。

また、遡及処罰規定は、第9条に設けられていたが、第22次稿の規定とほぼ同じ内容であった。

3）検討

（イ）以上に述べたように、1978年以前に刑法草案が30数稿も起草されたが、それを頒布して施行するまでに至らなかった。その最大の要因は、政治運動にあったことは疑う余地がない。しかし、草案を頒布して施行するチャンスが全くなかったわけではない。特に、1954年9月から1957年6月までの間は「法整備の黄金期」といわれる時期であり、さまざまな法令が制定されたが、この時期においても頒布のチャンスを逃してしまった。ここで、その思想的な背景を如何に評価するのかという問題が生じる。法律がなくてもさほど困ることではなく、あるいは、逆に法律が制定されると、法律に縛られて犯罪闘争において不利な展開になってしまう、というような考え方が挙げられてきた[82]。確かに、当時の中国においては、このような法ニヒリズムが横行したのは否定できない事実である。しかし、1963年まで草案が作り続けられたという努力があったことも事実である。

そうであるならば、当時においても、もう一つの考え方が存在していたのではないか。すなわち、法典というものは、完璧に近いものでなければならず、法典の制定は最も慎重に行わなければならないのであり、法典がいったん制定されると、それをきちんと守らなければならないという考え方も働いたのではなかろうか。なぜならば、ソ連刑法を手本としながら、それを鵜呑みにした導入をしなかった点からしても、また第22稿をそのまま法典として施行しよう

とするのではなく、その不完全性を示してわざわざ「試行」[83]という形で施行しようとしていたことから見ても、その法典は完全なものとして運用できるものであるべきだという考えが見て取れるからである。また、上記の「法律が制定されると、法律に縛られる」という考えがあるということは、逆に言えば、法律は遵守されるべきものという認識を前提としていたのではなかろうか。

（ロ）新生社会主義政権の中国は、刑法草案を起草するにあたって、ソ連刑法を手本としながら、それをそのまま導入する方法を取らなかった。すべてのソ連法を、中国刑法にも適応し得るとは思っていなかったのであろう[84]。ただし、社会主義刑法の性格を表す核心的な部分は維持されてきた。それは、実質的犯罪概念の規定や刑法の任務規定が刑法草案に一貫して設けられてきたこと、さらには、初期のソ連刑法に做って類推適用の許容規定と遡及処罰規定が設け続けられたことからも理解し得る。

一方、犯罪概念規定における実質的要素を表す概念については、小さな変化が見られる。つまり、社会「危険性」という用語から社会「危害性」という用語への転換がなされた。社会的危険性と社会的危害性との間には、本質的に大きな相違があるとは思えない。しかし、中国では、危険性は将来に向かうものであって、これに対して、危害性は将来の危険性だけではなく、過去の結果をも評価対象として用いられている。そうであるとすれば、社会的危険性から社会的危害性への用語転換は、客観主義に一歩近づいたことを意味するのであろう。

また、犯罪概念の形式的な要素については、草案の第2次稿という比較的早い段階から犯罪概念規定に採り入れられた。しかしながら、ソ連刑法が、形式的犯罪概念を導入することに伴い、類推適用の許容規定と遡及処罰規定を廃止して罪刑法定主義を採用したこととは異なり、中国の刑法草案では類推適用の許容規定と遡及処罰規定が設け続けられていた。

ただし、類推適用の許容規定の条文上の配置については、当初の基本原則の規定から、一般条項の規定となり、そして最終的に附則の規定に格下げされられた。類推適用は、あくまで補充的なものと位置付けられた。また、類推適用

の権限は、すべての法院あるいは一級上の法院に与えるという草案もあったが、最終的に高級法院あるいは最高法院に限定された。類推を適用する権限についても、より厳格な条件が付けられたこととなる。それらを見ると、類推適用が許容されるものの、それほど広範に認められるのではないと言える。

4. 1979年刑法典における犯罪概念

(1) 1979年刑法典の制定

1) 起草作業の再開

1976年に、10年間続いた文化大革命の終焉を迎えたが、「階級闘争」や「継続革命」などの文化大革命の路線が依然として強調されていた[85]ので、刑法を含む法の整備は、政治闘争の余波の収束を待たなければならなかった。その後、政権は改革派の流れが強くなるにつけ、脱文化大革命の政治路線もじわりと浸透し、法制度の再建を可能にした[86]。1978年2月、文革の75年憲法をただすために、憲法改正草案が提出され、同年3月、改正憲法（1978年憲法）が成立した。1978年7月13日に、『人民日報』に「民主と法制」を題とした文章が発表され、法整備の重要性が再び強調されるようになった。

この一連の動きを受け、同年10月13日に、中国共産党中央政法小組が陣頭に立って、30数機関の政府関連機関や研究機関を動員し、60人あまりの関係者を集めて、重要法典の起草作業に関する座談会を開いた[87]。刑法起草作業も、中央政法小組の下で、本格的に再開されるようになった。この作業は、文化大革命前の最後の刑法草案である第33次稿を叩き台として、新しい状況を踏まえて補修を加える方針を採った。同年12月に、第33次稿を続きとして、刑法草案の通算第34次稿[88]が起草され、1979年2月に第35次稿[89]が起草された。同年3月に、全国人民代表大会常務委員会の下に法制委員会が設置され、起草作業は、中央政法小組から同法制委員会に引き継がれた。法制委員会の下で、同年3月に第36次稿（法制委員会修正第一稿）[90]、同年5月に第37

次稿（法制委員会修正第二稿）[91]が作成され、スムーズに稿を重ねた。第37次稿は、中央政治局、法制委員会全体会議および全国人民代表大会常務委員会の審査を経て、第5期全国人民代表大会第2回会議に上程され、審議された。全国人民代表大会は、審議の過程において、第37次稿に一部修正・加筆を施した。それにより、同年6月に第38次稿[92]が出来上がった。

　第38次稿は、同年7月1日に第5期全国人民代表大会第2次会議において可決され、同6日に正式に公布された[93]。中華人民共和国建国から約30年を経て、ようやく第一部刑法典が成立することとなった。同法は、1980年1月1日より施行された。1979年刑法典は、その条文数が192ヵ条にすぎず、他の国と比べてかなり短い法典ではある[94]が、当時の中国において建国以来の一番長い法典であった。

2）起草過程における罪刑法定主義の問題

　78年以降に作成された上記の各草案においては、犯罪概念の規定および類推適用の許容規定が設け続けられたが、遡及処罰規定に関しては、大きな転換があった。第37次稿から、被告人に不利益な遡及処罰が禁止されることになった。さらに、第38次稿では、被告人に不利益な遡及だけを禁止することとし、被告人に有利な遡及を是認することとした。遡及処罰禁止規定の狙いは、文化大革命の期間に生じたもろもろの問題を解決するために、新制定の刑法典が用いられるのを防ぐためにあった[95]。

　また、起草作業の最終段階においては、罪刑法定主義の問題をめぐってささやかな論争が起こった。起草作業に参加する一部の委員から、刑法に「本法分則或いはその他法律の明文で犯罪と定めていない行為は犯罪ではない、従って処罰を受けない。」と明確に宣言し、罪刑法定主義を採用すべきという意見が主張され[96]、または類推適用の許容規定を設けるべきでないという意見も出された。しかしこの少数意見に対し、多数意見は、罪刑法定主義を補充するものの一つとして、類推適用を許容すべきであると主張した[97]。

　結局のところ、少数意見は実を結ばず、論争自体も大きな争点にはならな

かった。彭真の草案報告[98]の中では、類推適用の許容規定に対し反対意見などが出されたことについて取り上げもしなかったことからみると、当時は罪刑法定主義の問題について真剣に考えようとする段階に至っていなかったと考えられる[99]。とにかく、法案を成立させて社会の刑事無法状態を一刻も早く収束させるのは、当時の最重要課題であったであろう。とはいえ、少数意見は、反右派運動以降、タブー視されていた罪刑法定主義の問題に再び一石を投じ、大きな意義を持つものであったと言えよう。しかし最終的には、類推適用の規定は、その適用権限として最高人民法院の許可を必要条件としたことから、より限定的なものに止まった。また、類推適用の許容規定の条文配置も、従来通り附則に置かれていた（第79条）。

（2）犯罪概念規定と罪刑法定主義

1）犯罪概念規定と罪刑法定主義

1979年刑法典の制定は、中国において約30年間にも及ぶ刑事無法に近い状態に終止符を打ったものであった。このけっして短くはない無法状態は、近代社会では例を見ない事態であった。1979年刑法典が制定されたことにより、その内容はともかくとして、罪刑法定主義に大きな一歩前進をもたらしたと言える。その意義は極めて大きいと評価できる。

また、第10条の犯罪概念の規定においては、形式的犯罪概念の要素を維持したので、罪刑法定主義の要素があったと見られなくはない。すなわち、第10条には、「国家の主権及び領土の保全に危害を与え、プロレタリア専政制度に危害を与え、社会主義革命及び社会主義建設を破壊し、社会秩序を破壊し、全人民所有の財産または勤労大衆による集団所有の財産を侵害し、公民の私的所有の財産を侵害し、公民の人身の権利、民主的権利及びその他権利を侵害し、またはその他社会に危害を与える行為で、<u>法律に基づいて</u>刑罰による処罰を受けなければならないものは、すべて犯罪である。ただし、情節が著しく軽く危害の大きくない場合は、犯罪としない。」（下線は筆者による。原文は「依照法律」）と規定されているので、「法律に基づいて」という形式的犯罪概念の

要素は、罪刑法定主義を体現したものであると解されなくはない[100]。この「法律に基づいて」の規定は、文字通りに「法律」のみに基づいてそれを裁判規範とするならば、まさしく罪刑法定主義の意味合いを持っているものであると言える。

2）罪刑法定主義に反する規定

しかし、1979年刑法典に罪刑法定主義の原則を導入したと解することはできない。いくつかの規定は、その原則に反しているからである。

① 総則において

（イ）まずは、第79条の類推適用の許容規定である。同条は、「本法の各則に明文の規定がない犯罪は、本法各則の最も類似した条文に照らして罪を定めて刑を下すことができる。ただし、最高人民法院に報告してその許可を得なければならない。」と規定し、最高人民法院の許可という各草案で最も厳しい限定条件が付されているが、やはり類推適用を認めていることには変わりがない。もともと、類推解釈は、必ずしも罪刑法定主義に反するわけではない[101]。問題の深刻さは、「本法の各則に明文の規定がない犯罪」の規定から「法律なき犯罪」という観念を認めたことにある。つまりこの「法律なき犯罪」の観念から、刑法が制定される以前に、すでに犯罪が存在している[102]ことを認め、さらにそれを罰し得るとしているので、この規定こそが根底から罪刑法定主義を否定するものである。また、「照らして」の原語は、「比照」である。この「比照」の概念は、類推解釈とは必ずしも同一なものではなく、中国伝統法の比附との共通面があると指摘されている[103]。「比照」と「法律なき犯罪」の観念を組み合わせて、時には実態に即して新しい罪名を創造してまで類推処罰が行われたりもした[104]。したがって、第79条の規定は、類推解釈の許容できる限度を遥かに超過したもので、明らかに罪刑法定主義に反していたものである。

（ロ）また、第1条と第9条においては、政策の法源性を認めている。第1

条の「中華人民共和国刑法は、マルクス＝レーニン主義・毛沢東思想を指針とし、憲法を根拠とし、懲罰と寛大とを結び付ける政策に基づいて、我が各民族の人民が、無産階級が指導する労農連盟を基礎とした人民民主専政、即ちプロレタリア階級専政を実施し、社会主義革命と社会主義建設を遂行する具体的な経験及び実際状況と結び付いて、制定したものである。」という刑法の目的および根拠の規定においては、政策を「法律の魂」として再確認した。第 9 条の「本法は 1980 年 1 月 1 日より発効する。中華人民共和国成立以後本法施行までの行為につき、当時の法律、法令、政策が犯罪と認めないものは、当時の法律、法令、政策を適用する。当時の法律、法令、政策が犯罪と認め、本法総則第 4 章第 8 節[105]の規定によって訴追すべきものは、当時の法律、法令、政策に基づいて刑事責任を追及する。ただし、本法が犯罪と認めず、又は刑が軽い場合は、本法を適用する。」という遡及処罰禁止規定からみると、刑法典施行前の行為に限定しているが、やはり政策にも法源性を認めている。極めて不安定な党や国家の政策を法源として認めることは、類推適用の許容規定よりも一層根底から罪刑法定主義に反するものであった。なぜならば、法律の適用が政策の合目的性という究極根拠に求められるからである。

　もともと、政策の法への嵌入は、政策の法源性に関する規定だけではない。第 2 条の刑法任務規定や第 10 条における犯罪の実質的規定である社会的危害性の要素についても、同様である。第 2 条の刑法任務規定と社会的危害性とは、保護客体の規定と侵害客体の規定との対応の関係にあり、両者は、究極的に「社会主義革命及び社会主義建設事業の順調な遂行を保障する」という共通の目的を持つ。刑法第 2 条は、「中華人民共和国刑法の任務は、刑罰を用いて一切の反革命及びその他刑事上の犯罪行為と闘争することをもって、プロレタリア階級専政制度を防衛し、社会主義的全人民所有の財産並びに勤労大衆による集団所有の財産を保護し、公民の個人所有の合法的財産を保護し、公民の人身の権利、民主的権利及びその他権利を保護し、社会秩序、生産秩序、業務活動の秩序、教育・科学研究秩序及び人民大衆の生活秩序を維持し、社会主義革命及び社会主義建設事業の順調な遂行を保障することである。」と規定されて

いる。この規定は、要するに、刑法の任務に言及したものであり、保護客体を概括的に規定したものであるが、その究極的な保護客体が「社会主義革命及び社会主義建設事業の順調な遂行を保障する」と明確に規定されていた。それに対し、第10条における社会的危害性について具体的に列挙された内容は、犯罪によって危害される客体、すなわち侵害客体に関するものである。その究極的な侵害客体は、第2条のような明確なものではないが、「社会主義革命及び社会主義建設を破壊」するという文言で示されている。「一切の犯罪行為は、すべて国家の利益および人民の利益を侵害する行為であり、社会に危害性を有する行為であり、社会主義建設を破壊する要素である。」[106]という記述があるように、あらゆる犯罪は最終的に「社会主義建設を破壊する」ということに繋がるとされている。第2条と社会的危害性は、その内容がほぼ対応しているので、統一的なものと見てよいだろう。これらの規定を通して、「社会主義革命及び社会主義建設」という政策の終極目的が刑法の中に織り込まれている。何が「社会主義革命」であるのか、何が「社会主義建設」であるのかは、法において確認しようがないものである。そのため、それらの判断は、時々の政策に依存しなければならないことになる。これらの規定は、まさに罪刑法定主義を侵食するものである。

　（ハ）さらに、第9条には、被告人に不利益の遡及処罰禁止規定が設けられていたが、間もなく、この規定は否定されることとなった。財産犯や粗暴犯の多発により社会の治安が急激的に悪化し、それに対応するため、「厳打」（刑事事案厳重に取締り）キャンペーン[107]という刑事政策が打ち出された。1982年3月8日に、全国人民代表大会常務委員会[108]は、「経済を重大に破壊する犯罪分子を厳しく処罰することに関する全国人民代表大会常務委員会の決定」（同年4月1日から施行）を頒布し、1983年9月2日に「社会治安に重大な危害を与える犯罪分子を厳しく処罰することに関する全国人民代表大会常務委員会の決定」（同日施行）を頒布した。前者の「決定」の第2条には、決定施行日以前の犯罪に対して、自首、自白または他人の犯罪行為を告発した場合は、「決定」の規定は従前行為に適用しないが、それ以外の従前の行為については

「決定」の規定に適用される、という条件付き遡及処罰を認めた。後者の「決定」の第3条には、「本決定が公布された後に上述の犯罪行為を裁判する場合は、本決定を適用する。」と規定し、無制限の遡及処罰を認めた。

上述したような類推適用と政策の法源性は法律主義、遡及処罰は遡及処罰の禁止と、それぞれ罪刑法定主義の派生原則に反しているものであった。

② 各則において

また、各則においては、刑罰法規が広汎性を持ち、あるいは刑罰法規の明確性に欠ける規定が目立つ。とりわけ、三大「口袋」（袋、ポケット）罪が、問題となった。それらの「口袋」罪の犯罪類型があまりにも広汎で、袋のように何でもかんでも入れられるので、「口袋」罪という名称が付けられた。投機空取引罪（第117条、118条、119条）、無頼罪（第160条）、職務怠慢罪（第187条）は、それであった。これらの規定は、いずれも刑罰法規明確性の原則に反したものとされている。例えば、第160条の無頼罪は、次のように規定されていた。つまり、「①多数集合して殴り合いをし、他人に言いがかりをつけてもめごとを引き起こし、女性を侮辱し、又はその他無頼行為を行い、公共の秩序を破壊し、情節が悪質な場合は、7年以下の懲役、拘役又は管制に処する。②無頼集団の首謀者は、7年以上の懲役に処する。」という規定であった（なお、本罪の法定刑は、上記の「社会治安に重大な危害を与える犯罪分子を厳しく処罰することに関する全国人民代表大会常務委員会の決定」によって、死刑までに引き上げられた）。

しかしながら、刑罰法規明確性の原則ないし刑罰法規非広汎性の原則を担保する制度上の保障は、違憲立法審査権の制度[109]があることが前提になっている。中国においては、違憲立法審査権のような制度が存在していないため、刑罰法規明確性の原則ないし刑罰法規非広汎性の原則が中国においても適用しうると期待するのは困難である。

3) 実質的犯罪概念と類推適用の規定

① 類推適用規定から見た社会的危害性の地位

社会的危害性を規定しておくことは、類推処罰を認めることと表裏一体の関係であるとされてきた[110]。確かに、社会的危害性は、類推処罰規定の正当化根拠をなしており、その基準にもなっている。ところで、類推適用規定から見た場合、社会的危害性と実定刑法との関係は、どのようなものになるのかが問題である。

「本法の各則に明文の規定がない犯罪」という規定から、刑法が制定される以前にすでに犯罪が存在しているという観念が認められることになることは、前述した通りである。すなわち、「法律なき犯罪」の観念が、刑法制定前の犯罪を認めているので、超越的な離実定刑法的犯罪概念を認容せざるを得なくなる。そうなると、実定刑法に対し、超越的な離実定刑法的犯罪概念は、その優位性が認められることになる。中国刑法においては、その超越的な離実定刑法的犯罪概念は社会的危害性のことであるので、社会的危害性は、実定刑法より優位に立っていることになる。しかし一方、類推処罰の許容は、「規定がない」ことを前提としているので、実定刑法上に規定があれば実定刑法上の規定を優先的に適用すべきことを意味している[111]。つまり、実定刑法上の規定の優先的適用を前提とするならば、類推適用は補充的な原則にすぎず、社会的危害性も刑法典の補充的な法源に止まるとも解される。したがって、社会的危害性に対し、実定刑法の方が優位的であるとも理解されうる。

社会危害性の観念と実定刑法との間は、一見すると社会的危害性の方が絶対的な優位性を持つように見えるが、規定形式を分析してみると必ずしもそうではないことが分かる。社会的危害性と実定刑法とは、どちらが優位に立つのかは、規定形式から見ても断言できない。

② 類推処罰規定の立法理由

類推処罰規定を容認する理由として、「わが国は土地が広く人口も多くて、状況が複雑であり、各種の犯罪現象も不断に変化するので、わが国最初の刑法

を十分に完備したものにすることは不可能であり、またあらゆる犯罪をすべて規定することもできない。」[112]といったような代表的な説明が挙げられる。つまり、この理由は、立法技術の未熟さという現実的な要因にあるとされた。もともと、前半の「最初の刑法を十分に完備したものにすることは不可能」とした理由は、中国の現段階の立法技術に関するものであり、後半の「あらゆる犯罪をすべて規定することもできない」という理由は、普遍的なものである。前半は、中国が立法技術の習得により克服し得るものであって、類推適用が単なる暫時的な措置にすぎないということになる。後半は、解決し得ないものであるので、この後半の理由を重視すれば、類推適用の許容規定は永遠に廃止できないことになる。

このような代表的な説明に対し、小口彦太教授は、旧ソ連が1958年の刑事立法の基礎に罪刑法定主義を導入したが、中国がそれを拒否し続けたことに焦点を当てて、「広大な領域・多民族ということであればソ連も同様であり、また社会が変化の過程にあるのは何も中国に限られるわけでもない」とした上で、中国において類推適用の許容規定が設けられた理由については、「『すべての犯罪を規定しつくすことはできない』という非常に実体的思考の強い中国の犯罪論の有り様の中に求められる」[113]と分析した。つまり、小口教授は、伝統法文化がその類推処罰の許容規定の制定理由にあったとしている。確かに、新政権は、旧法の不継受の措置を採ったといっても、伝統の影響を完全に払拭することは考えにくい。類推適用である「比照」制度は、前述したように、伝統法文化にあった「比附」制度を復刻したように見える。

しかしながら、旧ソ連においても、かつて類推適用を設ける際には「あらゆる社会的危険行為を網羅した各則の体系を作り上げることは不可能である」という中国と同じような理由が挙げられていた[114]ことからすると、類推適用規定と中国の実質的思考様式とを直結することは、疑問である。また、そもそも、旧ソ連刑法に罪刑法定主義が採用されたことについては、過大に評価すべきではない[115]。松下輝雄教授は、社会主義国家の類推適用規定について、「新政権下の立法化の整わない時期においては、革命的政治権力の合目的的機動性

を確保するために、この類推適用規定を不可欠なものとする。しかし……法制度の整合的完結性あるいは法的規制の形式性（したがって可測性）よりむしろ、それを超越する政治権力の合目的性が支配する独裁体制にあっては、法の体系性を内側から崩す類推適用的発想は、その体制に固有のものであって、それはかならずしも革命初期にのみ過渡的に現出するものではない」[116]と論じた。すなわち松下教授は、立法技術でもなく、伝統法文化でもなく、独裁体制に類推適用規定の原因を求めた。

もとより、過去の法制度を徹底的に否定し続けて革命政権を自認してきた中国新政権が、なぜ伝統法文化の負の影響を克服できなかったのかという疑念が起こり得るだろう[117]。この点を併せて考えると、松下教授の分析は正鵠を射ていると思われる。

5. 現行刑法典における犯罪概念

(1) 1979年刑法典の全面改正

1979年刑法典が制定された時、中国社会はすでに「改革開放」に突入していた。「改革開放」がもたらした劇的な社会変動により、新型犯罪が続出した。それらの新型犯罪は、閉鎖社会において起草された1963年の第33次稿をベースにした1979年刑法典では想定できなかったものである。そのため、1979年刑法典は、開放社会に対応しきれなかったものである。開放社会の新型犯罪に対応するため、単行刑法や特別刑罰法規が数多く制定された。新刑法典が制定されるまで単行刑法が24本制定され、刑事罰則を付随した特別刑罰法規が107本あった[118]。

1979年刑法典は、前述のように、無法状態を収束するために急いで制定されたものであって、過渡期の性格を持つものであった。それに対する全面改正の動議は、施行されてから間もない1982年に提起され[119]、法改正に関する文献収集が行われた。刑法の全面改正は、1988年に開かれた第7期全国人民代

表大会常務委員会第3次会議において五ヵ年立法計画に取り入れられていた。1988年9月に、全国人民代表大会常務委員会法制工作委員会により「中華人民共和国刑法（修改稿）」[120]が起草され、同年12月までに、三つの草案が起草された。これらの草案では、いずれも類推適用の許容規定が置かれたままであったが、反革命罪を、国家安全に危害を与える罪に変更したというような大きな変化が見られる。

1989年の周知の「天安門事件」の影響を受け、刑法改正作業が一時中断された。1991年1月に、中共中央が反革命罪の修正を急ぐよう指示を出した。これを受け、改正作業は反革命罪の修正に重点を置いた。その後、ソビエト連邦や東欧などの社会主義政権の崩壊の影響を受け、刑法改正作業が再度一時中断されることとなった。1992年10月に開催された中国共産党第14期全国代表大会においては、社会主義市場経済路線に移行すると宣言された。市場経済の路線により、法的安定性が一層求められたため、刑法改正作業が全面的に展開するようになった。さらに、改正作業をより順調に進めるため、全国人民代表大会常務委員会は、刑法改正の専門チーム（全国人大常務委法制工作委員会刑法修改小組）を立ち上げた。なお、起草作業は、刑法総則と刑法各則とに分けて作業することとされた。刑法総則の起草については、高銘暄教授を中心とした中国人民大学の刑法学者たちに一任させることとなった[121]。

第1回目の五ヵ年立法計画においては、刑法の全面改正が実現されなかったが、その全面改正は、1993年に第8期全国人民代表大会常務委員会の五ヵ年立法計画に引き継がれた。同年10月には、罪名だけを列挙している刑法各則の構想（「刑法分則条文彙集（体系、構造）」[122]）が出来上がった。同年11月に、「刑法分則条文彙集」が出来上がり、国家の安全に危害を与える罪と瀆職の罪を除き、その他の各則の条文が起草された。1995年8月に、中国人民大学の刑法学者チームが作成した刑法総則草案をベースに「中華人民共和国刑法（総則修改稿）」[123]が起草された。この草案では、罪刑法定主義が採用された。つまり、これは、第3条に規定され、「行為時に法律が明文で犯罪と規定していない場合については、犯罪と認定し処罰してはならない。」という内容で

あった。その後も、各則と総則とは、別々に起草されていた。1996年8月に、総則と各則を合わせた「中華人民共和国刑法（修改草稿）」[124]が起草された。同年10月に、「中華人民共和国刑法修訂草稿（徴求意見稿）」[125]が起草され、各関係機関、大学に配布し、意見を求めた。この草案においても、罪刑法定主義が明記されているが、第10条の犯罪概念規定の後方（第11条）に置かれており、その内容が「法律が明文で犯罪行為と規定する場合は、法律に基づいて犯罪と認定して刑に処する。法律が明文で犯罪行為と規定していない場合は、犯罪と認定して刑に処してはならない。」というものであった。同時に、「法律が明文で犯罪行為と規定する場合は、法律に基づいて犯罪と認定して刑に処する。」という内容が新たに付け加えられた。同年11月11日から22日まで十日間以上にわたり、刑法改正に関する大型座談会が開かれ、中央・地方政府関係機関、法院、検察院、公安機関、大学などの関係者が約150名集まり、そこで議論が交わされた。この座談会の成果が草案に反映され、同年12月に「中華人民共和国刑法（修訂草案）」[126]が起草された。刑法改正作業が極めて慎重に行われたことが窺える。

　1996年12月から、第8期全国人民代表大会常務委員会は、本格的に刑法草案について審議し始めた。法案は、いくつかの修正が加えられた後、第8期全国人民代表大会本会議に上程された。本会議においては、珍しく法案に対し修正意見が出された。その修正意見により法案が修正された。1997年3月14日に、第8期全国人民代表大会第5回会議において、新刑法典が採択され、同年10月1日より施行された。

(2) 罪刑法定主義の導入

1) 罪刑法定主義の導入をめぐる論争

　1979年刑法典の全面改正のさなか、罪刑法定主義に関する明確な規定の刑法典への採用をめぐる問題は、大きくクローズアップされ、学界においては大論争となった。罪刑法定主義導入問題に関する学界の論争は、二段階に分けることができる。

第1段階においては、罪刑法定主義を中国刑法の基本原則として採り入れるべきかどうかの問題が中心であった。論争の末、罪刑法定主義を採用すべきでないとする否定派が後退し、採用すべきとする肯定派が徐々に主流となった[127]。しかし、罪刑法定主義を採り入れるべきだとしても、類推適用の許容規定は刑法典の規定から削除されるべきかどうかという問題に引き継がれた。つまり、この問題は、第2段階の問題である。

　第2段階においては、罪刑法定主義を肯定することを前提として、類推適用が罪刑法定主義に矛盾しているか否か、それに伴い、刑法典から類推適用規定を削除すべきかどうかという問題が、議論された。廃棄派は、類推適用制度は罪刑法定主義とは相容れないものであって、罪刑法定主義を採用する以上、類推適用規定は廃止されなければならないとし、また実務においては、類推適用して罪を定めるのはごくわずか[128]であり、この制度が存在することは、利点よりも弊害のほうが大きいと主張した。それに対し、存置派は、類推適用制度は罪刑法定の不十分さを補うことができ、実務において類推適用の事案の数が少ないのは、類推制度が厳格に執行されていなかったためであり、類推制度が機能していないとは言えないと主張した[129]。存置派は、第1段階における罪刑法定主義否定派の延長線上にあり、実務界においてもなお有力であるが、少数に止まった。

　結果としては、1997年刑法典には、類推適用の許容規定が廃棄されて罪刑法定主義を基本原則の一つとして採り入れるに至った。つまり、第3条には、「法律が明文で犯罪行為と規定する場合は、法律により罪を確定し、刑に処する。法律が明文で犯罪行為と規定していない場合は、罪を確定し、刑に処してはならない。」と規定されている。

　この前段の「法律が明文で犯罪行為と規定する場合は、法律により罪を確定し、刑に処する。」の規定は、「法律あれば刑罰あり」という意味を持ち、超法規的正当化事由を認めないというように見受けられる。通常、罪刑法定主義の規定は、「法律なければ犯罪なく刑罰なし」という規定のみを採るのが通例であるが、この第3条前段の規定は、他の国においては例のない規定の仕方であ

る。しかし、このような規定さえ、罪刑法定主義を採り入れた初期段階の草案においては設けられていなかった。この第3条前段規定は、いかなる背景において規定されたかというと、現実の問題として裁判官の業務遂行能力が欠如していること、またこのことと司法腐敗の問題とが絡んで、一般市民から裁判官に対する極度の不信感と不安があったことなどが挙げられる[130]。

2）罪刑法定主義の導入の背景

罪刑法定主義の導入の背景には、国内的な事情と国際的な事情がある。国内的には、1970年代末から始まった「改革開放」の政策に伴い、経済的活動が活発になったことが背景として挙げられる。特に、1993年に、「社会主義市場経済」という新たな政策を打ち出し、市場経済原理を全面的に容認することになった。それによって、取引の自由や安全に対する要求が強まり、法的安定性が一層求められることになったという事情がある。一方、国際的には、1990年代初頭、ソ連と東欧の共産党政権が次々に崩壊し、中国共産党も存続の危機に見舞われ、自己を正当化することだけに終始したのではもはや通用しなくなったことが考えられる。加えて、「国際的地位の上昇」という願望も働いていると推測される。「国際スタンダードに乗ろう」というスローガンを掲げ、国際人権条約などの加入にも積極的に動き、国際世界に受け入れられるように懸命になったことも影響していると考えられる[131]。

それらの大きな流れの背景だけを見ると、あたかも罪刑法定主義を中国刑法に採り入れることが当然の成り行きであったようにも思われる。しかし、罪刑法定主義の導入という劇的な変化に至ったのは、法案起草者の官僚の「鶴の一声」による偶然的な変化が決定的な要因であったと言われる[132]。これは、中国の特有の「国情」の現れでもある。

(3) 犯罪概念規定

現行の1997年刑法典には、罪刑法定主義が導入されているものの、社会主義刑法のシンボルである犯罪概念規定がそのまま残されている。刑法改正作業

においては、犯罪概念の規定についてその問題性さえ提起されていなかった。犯罪概念に関する第13条の規定は、1979年刑法典第10条の犯罪概念規定を踏襲しており、その規定様式や各要素の順序も1979年刑法典の規定形式を継承している。第13条の規定は、「国家の主権及び領土の保全と安全に危害を与え、国家を分裂させ、人民民主独裁の政権を転覆させ、社会主義制度を覆し、社会秩序と経済秩序を破壊し、国有財産又は勤労大衆による集団所有の財産を侵害し、公民の私的所有財産を侵害し、公民の人身の権利、民主的権利及びその他の権利を侵害し、又はその他社会に危害を与える行為で、法律に基づいて刑罰による処罰を受けなければならない場合は、すべて犯罪である。ただし、情節が著しく軽く危害が大きくない場合は、犯罪としない。」というものである。

　1997年刑法典の犯罪概念は、1979年刑法典の犯罪概念の規定様式を継受したと言えるが、条文内容を比較してみると、修正された部分がやはり存在する。それは、社会的危害性の具体的な内容に当たる侵害客体に関するものである。まず目につく点は、市場経済原理の導入により、経済的秩序の破壊に対する取り締まりの強調で、「経済秩序」への保護に関する文言が追加された。このほかに、「無産階級専政」（プロレタリアート独裁）から「人民民主専政」に変更し[133]、「革命」などのような強烈なイデオロギー的な表現も削除された。その代わり、「国家の安全」、「国家を分裂させる」の文句が追加され、革命の成果の保護からナショナリズムの強化への転換が窺える[134]。これらの変更と、刑法第4条の「法の適用における平等」[135]が新設されたこととを併せて考慮すると、プロレタリア独裁国家から「全人民の国家」への脱皮をはかるなどの動きと同一の歩調をとっていると言えよう。

　犯罪概念の規定のほかに、それと対応している、社会主義刑法のもう一つの重要な特徴である刑法任務規定も第2条に残された。つまり、「中華人民共和国刑法の任務は、刑罰を用いてすべての犯罪行為と闘い、国家の安全を保衛し、人民民主専政の政権及び社会主義制度を保衛し、国有財産及び勤労大衆による集団所有の財産を保護し、公民の私的所有の財産を保護し、公民の人身の

権利、民主的権利及びその他の権利を保護し、社会秩序及び経済秩序を維持し、社会主義建設事業の順調な遂行を保障することである。」というものである。この規定も、1979年刑法典の任務規定を継受したものである。

このように、1997年刑法典では、近代刑法に代表される基本原則の一つである罪刑法定主義が採用されているが、社会主義刑法の特徴である実質的犯罪概念や刑法任務規定が残存している。一方においては、第3条前段の規定に示されたように、極端な法実証主義を採用し、政治の介入を極力排斥しようとしているように見える。しかし、他方では、第2条、第13条のような実定法規定に馴染まない政治的要素をも刑法典に条文化している。

6. 結語

本章は、中国刑法における犯罪概念及びその前史である旧ソ連における犯罪概念の歴史的概観について、刑法典の制定経緯や時代背景を踏まえながら考察した。

(1) 旧ソ連は、1917年の新政権初期段階において革命的法意識に反しない限りにおいて旧法の適用を容認する措置をとったが、ほどなく旧法を一切継受しないという措置をとった。その時点では法制度がまだ整備されていなかったため、法体系上に大きな空白が生じていた。そのため、実質的犯罪概念がほとんど制約されることなく、適用されていた。1919年以降においては、刑法典が制定されたが、犯罪概念の規定には、社会的危険性（社会的危害性）、つまり実質的犯罪概念だけが規定され、一元的構造を有していた。類推適用が認められ、実質的犯罪概念が類推適用の正当化根拠および基準を提供していた。1958年以降では、類推適用の許容規定が廃止され、罪刑法定主義を導入した刑法典が制定された。それにより、形式的犯罪概念の要素が犯罪概念の規定に導入されたが、実質的犯罪概念も残された。犯罪概念の規定は、実質的犯罪概念と形式的犯罪概念要素の二元的構造になった。このように、旧ソ連の犯罪概念は、歴史的に三つの段階を経て現行法に至ったと捉えることができる。

第 1 章　犯罪概念の歴史的概観

　中国の刑法の発展段階は、大きく捉えれば、旧ソ連と同じような三つの段階を経てきた。建国期の段階では、旧法の一切不継受を出発点としたが、法典化作業が失敗に終わって、社会が約 30 年間無法に近い状態になり、大混乱に陥った。この時期は、法律なき犯罪を正当化する実質的犯罪概念が支配していた時期であった。その期間は、旧ソ連より二十数年も長かった。

　文化大革命を経た後の段階では、旧ソ連と同様、類推適用を許容する 1979 年刑法典が制定された。ただし、形式的犯罪概念の要素も犯罪概念の規定に一応導入されたことから、この段階で、犯罪概念の規定は二元的構造となった。

　1997 年以降の段階では、旧ソ連と同じく、刑法典には類推適用規定を廃止して罪刑法定主義を導入した 1997 年刑法典が制定されたが、実質的犯罪概念がなお犯罪概念規定の中に残されている。

　(2) 法は支配階級が被支配階級を支配する道具であるという法の階級性原理からすれば、中国共産党政権にとって、旧政権の階級支配道具であった旧法を適用して裁判を行うことは、原理上に矛盾が生じてしまう不都合があった。旧法の適用を禁止する措置は、原理上の矛盾を回避できたと言える。しかし、イデオロギーを先行させ、現実を無視したことにより、法体系に大きな空白が生じてしまった。このことは、刑法上の空白を補うため、法の階級性原理を内在化した実質的犯罪概念が現実的に必要だということにつながる。

　犯罪概念の実質的定義だけを重視すれば、実定法の存在を無視してもよいことになり、さらに、この実質的犯罪概念の考えを徹底すれば、法ニヒリズムという帰結にもなる。しかし、実定法を介在しない社会秩序づくりは成功せず、社会の混乱を招いてしまうだけの結果となった。それに対する反省から、実定法も次第に重視されるようになった。実定刑法がより充実されるにつれて、形式的犯罪概念も重要視されることになった。これにより、刑事違法性、つまり形式的犯罪概念も犯罪概念に採り入れられ、犯罪概念規定は二元的構造となった。

　このように、中国における犯罪概念史およびその前史は、実質的犯罪概念と形式的犯罪概念との対抗と妥協の歴史であった。その妥協の結果、イデオロ

ギーに重きを置いている現行刑法典にも、罪刑法定主義が導入されることとなった。

　しかし、1）社会的危害性は、どのようなものであるか、またどういうような機能を持っているのか、2）罪刑法定主義が導入された後、犯罪概念の規定においては、社会的危害性と刑事違法性とがどのような関係にあるのか、3）犯罪論上に罪刑法定主義を貫徹するためにはどのような方策が必要なのかなど、といった問題が残されている。次章以降ではこれらの点について、検討を進めたい。

注

(1)　いわゆる「透過現象看本質」（現象を見透かして本質を知るべし）という実念論的テーゼからきたものであろう。

(2)　木間正道・鈴木賢・高見澤磨・宇田川幸則『現代中国法入門』［第5版］有斐閣（2009年）266頁（高見澤磨執筆）。

(3)　1845年と1854年版の「刑罰及び感化法典」の第1条には、犯罪とは「最高政権およびそれが設立した国家機関の不可侵の権力を侵害し、または社会あるいは個人の権利と安全を侵害した違法行為」であると規定している（薛瑞林［麟］「俄羅斯刑法中的犯罪概念」法制与社会発展2002年第2期46頁以下）。なお、同論文によると、帝政ロシアの刑法典には、形式的犯罪概念と実質的犯罪概念という二種類の犯罪概念規定の仕方を採っていたが、旧ソ連が承継したのは、実質的犯罪概念である。

　　脱社会主義化した後のロシアでは、1996年の新刑法典の第14条に、「本法典が刑罰の威嚇をもって禁止し、社会に危害を与えた有責的な行為は、犯罪と認める。」（黄道秀訳『俄羅斯連邦刑法典』中国法制出版社（2004年））と規定しており、実質的犯罪概念は刑法典に残された。なお、ロシアでは、新刑法の制定にあたって、社会的危険性論の存廃をめぐり、廃止派の大統領側と存置派の議会側との間に厳しい論争が起きていた（上田寛「犯罪と新刑法典の制定」藤田勇・杉浦一孝編『体制転換期ロシアの法改革』法律文化社（1998年）207-208頁）。

(4)　例えば、肖中華『犯罪構成及其関係論』中国人民大学出版社（2000年）。なお、中国では「伝統」という概念は、時には「正統」というニュアンスを持つ。高銘暄教授は、伝統の犯罪構成論を「歴史的合理性」を有すると評している（高銘暄「論四要件犯罪

構成理論的合理性暨対中国刑法学体系的堅持」中国法学 2009 年第 2 期 5 頁以下）。
(5) 藤田勇『概説ソビエト法』東京大学出版会（1986 年）4 頁。
(6) 選挙によって裁判官を選任するのは、実は帝政ロシアに由来する制度でもある。大木雅夫「ソヴェト法秩序の造型者」上智法学論集 20 巻 3 号（1977 年）153 頁。
(7) 小田博「ソヴィエト連邦における社会主義的合法性原理の形成過程（1）」國家學會雑誌 93 巻 9・10 号（1980 年）41 頁。
(8) 布告の第 3 条に規定していた（小田・「ソヴィエト連邦における社会主義的合法性原理の形成過程（1）」47 頁）。
(9) 布告の第 5 条に規定していた（小田・「ソヴィエト連邦における社会主義的合法性原理の形成過程（1）」42 頁）。
(10) 藤田・『概説ソビエト法』17 頁。
(11) わずかの個別の布告、決定があるだけであった（宮内裕『社会主義国家の刑法』有信堂全書（1955 年）10 頁以下参照）。
(12) 藤田・『概説ソビエト法』17 頁。
(13) 小田・「ソヴィエト連邦における社会主義的合法性原理の形成過程（1）」44 頁。
(14) 小田・「ソヴィエト連邦における社会主義的合法性原理の形成過程（1）」46 頁。
(15) 本「指導原理」の起草者で中心的な役割を果たしたのは、ストゥーチカである。彼は、旧法の適用を全面的に禁止すべきだと当初から主張していた。
(16) 中山研一「ソビエト刑法史資料（1）」法学論叢 81 巻 6 号（1967 年）112 頁。
(17) 中山・「ソビエト刑法史資料（1）」112 頁。
(18) 1919 年「指導原理」より先、革命が勝利した 11 月 26 日と日を同じく制定された「土地法令」に犯罪概念に関する規定があった。その「土地法令」には、ソ連としての最初の刑罰法規が含まれており、犯罪概念に関する規定が設けられていた。つまり、これは、「如何なる没収してきた財産、即ち今後全人民に属する公有財産に対する損害行為は、すべて革命法廷において処罰を受けるべき重大な犯行と認める」という規定であった（Н・Ф・庫茲涅佐娃・И・М・佳日科娃／黄道秀訳『俄羅斯刑法教程（総論）上巻・犯罪論』中国法制出版社（2002 年）26 頁）。
(19) 中山研一・上田寛「1922 年ロシア共和国刑法典（1）──ソビエト刑法史資料（2）」法学論叢 91 巻 2 号（1972 年）59 頁。
(20) 中山・上田「1922 年ロシア共和国刑法典（1）──ソビエト刑法史資料（2）」60 頁。なお、中山研一教授は、この類推解釈の前身は、「実はロシアの 1845 年刑法典にあり、その規定の体裁もほとんど同じである」と、旧法との連続性を指摘している（中山研一『ソビエト法概論　刑法』有信堂（1966 年）87 頁。

(21) Н・Ф・庫茲涅佐娃ほか・『俄羅斯刑法教程（総論）上巻・犯罪論』33 頁。
(22) 中山・『ソビエト法概論　刑法』87 頁。
(23) 明確な犯罪概念規定が設けられていなかったが、刑法の任務に関する規定においては、犯罪の実質的な規定の内容があった。
(24) 富田豊訳『1926 年のロシア社会主義連邦ソヴェト共和国刑法典』法務資料第三三八号（1955 年）2 頁。また、宮崎昇・中山研一訳『ソビエト刑法論──第 1 分冊（犯罪論）』［刑事基本法令改正資料　第 6 号］法務省刑事局（1964 年）77 頁参照。
(25) 富田訳・『1926 年のロシア社会主義連邦ソヴェト共和国刑法典』7 頁。
(26) А・А・皮昂特科夫斯基ほか著／曹子丹ほか訳『蘇聯刑法科学史』法律出版社（1984 年）34 頁以下（А・А・皮昂特科夫斯基執筆）。
(27) А・А・皮昂特科夫斯基ほか・『蘇聯刑法科学史』21 頁以下（О・Ф・希紹夫執筆）。
(28) А・А・皮昂特科夫斯基ほか・『蘇聯刑法科学史』22 頁（О・Ф・希紹夫執筆）。また、杜爾曼諾夫著／楊旭訳『蘇聯刑法概論』中央人民政府法制委員会（1950 年）12 頁。
(29) А・А・皮昂特科夫斯基ほか・『蘇聯刑法科学史』25 頁（О・Ф・希紹夫執筆）。
(30) ロシア語の原語は、социалистическая законность である。中国語訳は「社会主義法制」である。日本では、「社会主義的合法性」以外に、「社会主義的適法性」という訳語も用いられている。
(31) 宮崎昇訳「1958 年改正　ソ連邦刑事関連基本法」法務資料第三六三号（1959 年）196 頁。
(32) 宮崎昇訳「ロシヤ共和国刑法典」法務資料第三八〇号（1962 年）9 頁。なお、中山研一訳「ロシア共和国刑法典」法務資料第四四二号（1982 年）7 頁参照。
(33) 宮崎訳・「1958 年改正　ソ連邦刑事関連基本法」195-196 頁。しかし、罪刑法定主義が導入された後にも、いわゆるコロトフ事件において遡及処罰が行われていた。なお、コロトフ事件については、宮崎昇「ロシヤ共和国刑法典の制定・改正の趣旨」法務資料三八〇号（1962 年）182 頁以下を参照。
(34) 宮崎訳・「ロシヤ共和国刑法典」9 頁。ソ連邦のほかの各共和国も同様の取り組みを採った。
(35) 1949 年 2 月に中国共産党中央委員会が発令した「国民党の六法全書を廃棄し、解放区の司法制度を確定することに関する指示」と、この中共中央委員会の指示を受け、1949 年 4 月に華北人民政府が発令した「国民党の六法全書およびその他のあらゆる反動的法律を廃棄する訓令」が、それである。
(36) このような旧法を拙速かつ全面的に排除する措置は、ほかの社会主義国家のケースを勘案してもまれである。

(37) 夏目文雄「中国刑法における罪刑法定主義観の変遷について（1）」愛知大学国際問題研究所紀要110号（1998年）146頁。
(38) 中国近代においての法の近代化の多くは、日本を通して行われたものであり、日本の学者の協力のもとで整備されたのである。
(39) 中国におけるソ連法の継受について全般的に紹介した最近の文献としては、蔡定剣『歴史与変革――新中国法制建設的歴程』中国政法大学出版社（1999年）、法学研究編輯部・黒竜江大学法学院編『俄羅斯法論叢』［第1巻］中国社会科学出版社（2006年）、髙見澤磨・鈴木賢『中国にとって法とは何か――統治の道具から市民の権利へ』岩波書店（2010年）80頁以下などに詳しい。刑法の部分については、李秀清「新中国刑事立法移植蘇聯摸式考」法学評論2002年第6期120頁以下がある。
(40) 夏目・「中国刑法における罪刑法定主義観の変遷について（1）」146頁。
(41) 1957年2月27日、毛沢東は「関於正確処理人民内部矛盾的問題」（『毛沢東選集』（第五巻）人民出版社（1977年）393頁以下）という文章を発表した。ほどなく、この二つの性質の異なる矛盾の論説は、刑法理論にも導入され、華やかな論争が展開された（周振想「犯罪与両類矛盾問題」高銘暄主編『新中国刑法学研究綜述（1949-1985）』河南人民出版社（1986年）24頁以下）。また、この論説は、文化大革命以前の刑法草案にも反映され、条文に明確に設けられていた。ただし、この論説がはたして完全に中国の独自的な発想であるかどうかは、疑問がなくもない。なぜなら、もともと、二種類の異なる犯罪の分け方は、すでにレーニンによって提起されており、1922年のロシア共和国刑法典の第27条には、このような規定も設けられていたからである。
(42) 当時の状況については、夏目文雄「中国刑法における犯罪類型――構成要件とその沿革について（Ⅰ-Ⅴ・完）」愛知大学国際問題研究所紀要No.41（1967年）69頁以下、No.42（1967年）43頁以下、No.43（1968年）111頁以下、No.44（1969年）127頁以下、No.45（1969年）95頁以下、同「〈資料〉中国文化大革命と犯罪類型――文化大革命期における特別刑罰法規について」法経論集第61号（1969年）75頁以下、などに詳しい。
(43) 反革命懲治条例は21ヵ条、汚職懲治条例は18ヵ条、国家貨幣妨害懲治暫行条例は11ヵ条であった。
(44) 管制は、当時では行政罰であったが、後に刑事罰になった。
(45) 比附は、他の法文を照り合わせて適用することである（中村茂夫『清代刑法研究』東京大学出版会（1973年）177-178頁、笹倉秀夫『法解釈講義』東京大学出版会（2009年）14頁以下参照）。後述するように、現代中国における類推適用は、もはや「比附」のことである。

(46) 中国では、一般的に治安管理処罰は、行政罰と性格付けられており、その法令は行政法と位置付けられている。しかし、その処罰種類に最長20日間の自由拘束ができる治安拘留が含まれており、刑事罰としての性格が表れているので、本稿では、治安管理処罰法を周辺刑法と位置付ける。なお、周辺刑法については、第5章で詳しく検討する。
(47) 夏目・「中国刑法における犯罪類型——構成要件とその沿革について（Ⅰ）」103頁参照。
(48) 夏目・「中国刑法における犯罪類型——構成要件とその沿革について（Ⅳ）」145頁参照。
(49) 夏目・「中国刑法における犯罪類型——構成要件とその沿革について（Ⅰ）」95-96頁参照。
(50) 窃盗罪一つに90余りの呼称の違いが存在していた（浅井敦「中国人民共和国刑法草案の分析（一）」ジュリストNo.739（1981年）70頁）。
(51) 1957年に出版された刑法教科書では、「目下、我が国の刑事立法がまだ完備していない。裁判機関・検察機関の活動の依拠は、主に国家の根本的政策と各種の関連の基本政策である」と、当時の実状を語っていた（孔釗ほか『中国人民共和国刑法総則講義』（上冊）中国人民大学法律系刑法教研室（1957年）12頁（孔釗執筆））。この記述があるように、政策を刑事の裁判規範とするのは常態化していた。
(52) これらは、中央人民政府法制委員会が年度順で編纂した、1949-1950、1951、1952、1953、1954の5巻の法令集であった。
(53) これらは、『中央人民政府法令彙編』に続き、1954年9月からの法令が収録された法令集であった。毎年2巻ずつ編纂される予定で、1960年6月までこのような予定に沿って行われたが、その後、1960年1月-1961年12月の1巻、1962年1月-1963年12月の巻を最後に、文化大革命終了まで法令編纂が行われなかった。実際には、法令自体もなかった。
(54) 54年憲法の第22条は、法律制定権は全国人民代表大会が立法権を行使する唯一の機関であると規定した。全人代の常務委員会の法令制定権は、第31条に規定した。
(55) 王雲海「人権保障と刑事法」土屋英雄編著『現代中国の人権——研究と資料』信山社（1996年）276頁。
(56) この制度については、第2章で詳述する。
(57) この制度は、1950年代後半に民生部門の行政上の強制措置として開始され、もともと農村部から都市部への人口の過剰流入を阻止するために、農村出身者を一時的に収容して出身地に送り返すものであった。しかし、次第に、公安機関が刑事手続によらずに、軽微な違法行為を行った者や犯罪容疑者に対して長期（期間の制限なし）にわ

たって身柄を拘束しうる強制措置に援用された。1996年に刑事訴訟法の全面改正を契機に、この制度が廃止された。なお、この制度については、田中信行「中国の収容審査と人治の終焉」小口彦太編著『中国の経済発展と法』早稲田大学比較法研究所（1998年）279頁以下などに詳しい。

(58) 田中信行「現代中国法の構造と機能」社会科学研究第47巻第6号（1996年）37頁以下。ただし、浅井敦「中国法の不文法的性格について」ジュリスト№474（1971年）83頁以下では、当時の中国法は不文法的性格を有していたと位置付けている。しかし、当時は安定的な規範があったわけではないし、文化大革命においては、法院や検察などの司法体制さえも徹底的に破壊されたため、安定的な運用は有り得ない。よって、不文法主義とは異なる。

(59) 実定刑法は、「群衆の手足を束縛する」（孔剣ほか・『中国人民共和国刑法総則講義』19頁（朱景哲執筆））ことになり、犯罪に対する闘争において不利になってしまうからであろう。

(60) 文化大革命の10年間においては、約145万件の刑事案件が審理された。そのうち反革命案件は、約40万件であったが、そのほとんどは冤罪であった。その他の刑事案件においても、冤罪の割合は10％であった（高憬宏・劉静坤「風雨兼程　開拓進取──新中国刑事審判事業六十年」人民法院報2009年10月21日6面）。

　もともと、以上のような統計は、いわゆる敵味方の矛盾である刑事案件に限っているので、人民内部の矛盾を処理する方法として刑期さえもない労働教養や収容審査に処せられた者は、どの位いたのかは知るすべもない。

(61) 「反右派闘争」とは、1957年から1958年前半に展開されたブルジョア右派思想への糾弾運動である。この運動は、民主諸党派や知識人などを中心に起こった中国共産党の急進的な政策や独裁体制への批判を、ブルジョア右派思想として弾劾し、職務追放を行っていた。

(62) この指令は、6カ条からなるため、「公安六条」という通称を持つ。

(63) 文化大革命の期間中に行われた「批林批孔」運動では、当局者は、儒家思想を批判するために、法家思想を持ち上げた。しかし、これは、当時の当局者による法実証主義に立脚した思想の受容でもなく、まして、中国を法治国家として再建することも意味しない。

(64) 韓延龍・常兆儒編『中国新民主主義革命時期根拠地法制文献選編』［第三巻］中国社会科学出版社（1981年）186頁以下。なお、この指令の具体的な頒布日時が明らかにされていなかった。

(65) 張希坡・韓延龍主編『中国革命法制史〔上〕』中国社会科学出版社（1987年）358頁。

(66) 刑法草案の経緯については、主に高銘暄『中華人民共和国刑法的孕育和誕生〔一個工作人員的札記〕』法律出版社（1981 年）2 頁以下を参照した。また、高銘暄「『中華人民共和国刑法』的産生及基本原則」深圳大学学報 1984 年創刊号 15 頁以下、浅井敦「中国人民共和国刑法草案の分析（一）」ジュリスト№ 739（1981 年）68 頁以下参照。

(67) 起草作業の所管機関が変更したのは、54 年憲法の制定により、法律制定権が全国人民代表大会に移ったからである。

(68) 劉少奇「在中国共産党第八次全国代表大会上的政治報告」『劉少奇選集』（下巻）人民出版社（1981 年）253 頁。

(69) 実務では、実際に第 22 稿刑法草案を基準として適用していた（浅井・「中国人民共和国刑法草案分析（一）」69 頁）。

(70) この「反右派運動」の開始は、1954 年 9 月から始まった法整備の短い黄金期の終了を告げることも意味した。

(71) 趙蒼璧「在法制建設問題座談会上的講話（一九七八年十月十三日）」人民日報 1978 年 10 月 29 日 2 面。

(72) 33 稿にわたる刑法草案のうち公開されたものは一部にとどまる。

(73) 北京政法学院刑法教研室編『我国刑法立法資料匯編』群衆出版社（1980 年）3 頁。また、高銘暄・趙秉志編『新中国刑法立法文献資料総覧』（上冊）中国人民公安大学出版社（1998 年）136 頁以下。

(74) 高銘暄ほか編・『新中国刑法立法文献資料総覧』（上冊）166 頁以下。

(75) 高銘暄ほか編・『新中国刑法立法文献資料総覧』（上冊）189 頁以下。

(76) 高銘暄ほか編・『新中国刑法立法文献資料総覧』（上冊）257 頁以下。

(77) すなわち、刑法任務を規定している第 1 条は、「中華人民共和国刑法の任務は、刑罰を用いて一切の反革命分子及びその他犯罪分子と闘争することにより、労働者階級が指導する人民民主専政制度を防衛し、社会秩序を維持し、公共の財産を保護し、公民の人身及び権利を保護し、国家の社会主義改造及び社会主義建設事業の順調な遂行を保障することである。」というものであった。

(78) これは、時効に関する規定であった。

(79) 高銘暄ほか編・『新中国刑法立法文献資料総覧』（上冊）337 頁以下。

(80) すでに 1956 年 2 月から、ソ連におけるスターリン批判をきっかけに中ソの間には、表面下においてイデオロギー対立の軋轢が生じていたが、やがてそれはエスカレートして中ソ論争に発展した。中ソ論争は、法理論にも反映された。刑法においては、中国は、罪刑法定主義や無罪推定の原則をブルジョア的なものであるとして批判した（福島正夫「中ソ論争と法の理論」法律時報 37 巻 12 号（1965 年）44 頁）。

第1章　犯罪概念の歴史的概観

(81) これらは、大体各則における各章の見出しの内容に当たり、刑法任務の規定に設けられた保護客体ともほぼ重なる。つまり、これは、犯罪概念規定の侵害客体と刑法任務規定の保護客体とを対応させたと言える。
(82) 高銘暄・『中華人民共和国刑法的孕育和誕生〔一個工作人員的札記〕』5頁。
(83) 中国では、多くの法令は、効力が通常の法令と全く変わらないが、法令の過渡的性格を強調するため、「試行」、「暫行」などの形式を採用してきた。
(84) 共同犯罪規定や刑罰体系などにおいては、ソ連法とはかなり異なった法的構造を持った。立法の参考資料では、旧ソ連など共産圏の刑法典だけではなく、欧米や日本の刑法典も中国語に翻訳され、掲載されていた。
(85) 1976年と1977年の2年間は、フレーム・アップなどの冤罪事件がなお多発していた。
(86) 1978年12月に開かれた中国共産党第11期中央委員会第3次総会においては、脱文化大革命政治路線の歴史的転換を遂げ、同総会で「民主と法制」の建設の政策が闡明された。
(87) 周振想・邵景春主編『新中国法制建設40年要覧1949-1988』群衆出版社（1990年）412頁。
(88) 高銘暄ほか編・『新中国刑法立法文献資料総覧』（上冊）365頁以下。
(89) 高銘暄ほか編・『新中国刑法立法文献資料総覧』（上冊）400頁以下。
(90) 高銘暄ほか編・『新中国刑法立法文献資料総覧』（上冊）435頁以下。
(91) 高銘暄ほか編・『新中国刑法立法文献資料総覧』（上冊）463頁以下。
(92) 高銘暄ほか編・『新中国刑法立法文献資料総覧』（上冊）496頁以下。
(93) 高銘暄・『中華人民共和国刑法的孕育和誕生〔一個工作人員的札記〕』4頁。
(94) 条文の数が比較的少ないと言われている264カ条からなる日本の刑法典よりも数段少なかった。
(95) 彭真「関於七個法律草案的説明――一九七九年六月二十六日在第五届全国人民代表大会第二次会議上」人民日報1979年7月1日1面、3面。
(96) 陳逸松「初めて日の目を見る中華人民共和国の新刑法――その立法経過と問題点」法律時報52巻1号（1980年）141頁以下。
(97) 高銘暄・『中華人民共和国刑法的孕育和誕生〔一個工作人員的札記〕』126頁、樊鳳林・宋涛・陳澤傑『中華人民共和国刑法講義』［総則部分］群衆出版社（1982年）41頁。
(98) 彭真・「関於七個法律草案的説明――一九七九年六月二十六日在第五届全国人民代表大会第二次会議上」。
(99) 刑法起草作業の期間は、中止期間を除くと、実際上5年あまりにすぎなかった（高銘暄・『中華人民共和国刑法的孕育和誕生〔一個工作人員的札記〕』5頁）。

(100) 当時、多数的な見解は、「わが国刑法が罪刑法定原則の基礎に立っており、罪刑法定原則の一種の補充として類推を認めるべきである」と主張していた（高銘暄・『中華人民共和国刑法的孕育和誕生〔一個工作人員的札記〕』126頁）。

(101) 植松正「罪刑法定主義」『刑法講座第1巻　犯罪一般と刑罰』有斐閣（1963年）38頁、日髙義博『刑法総論講義ノート』〔第3版〕勁草書房（2005年）13頁。

(102) 言うまでもなく、これは、社会的危害性の観念を前提としているからである。

(103) 小口彦太『現代中国の裁判と法』成文堂（2003年）160頁。

(104) 例えば、被告人は、知人から委託を受け保管している巨額の財物が入っているトランクを横領した（日本刑法で言う横領罪〔252条1項〕に当たる行為）が、その行為を罰する規定は、当時の1979年刑法典には設けられていなかった。このような被告人の横領行為に対し、一審の上海市南市区人民法院が「非法侵占他人財産罪」という新罪名を創設し、加重窃盗罪（第152条）の条文を類推した。その類推処罰の判決を最高人民法院に報告して許可を求めた。最高人民法院は、被告人の行為が、確かに社会的危害性を有し、犯罪を構成しているとし、一審の類推適用を許可した（ただし、量刑不当として、一審の15年の懲役を10年懲役に減軽した）（「馬暁東侵占他人財産類推案」『中華人民共和国最高人民法院公報』1990年第1期28頁-29頁）。

(105) これは、時効に関する規定であった。

(106) 中央政法幹部学校刑法刑事訴訟法教研室編著『中華人民共和国刑法講義』（総則部分）群衆出版社（1982年）50頁。また、高銘暄主編『刑法学』北京大学出版社（1989年）74頁（高銘暄執筆）参照。

(107) 「厳打」キャンペーンはいまでも断続的に続けられている。「厳打」については、坂口一成「現代中国における『司法』の構造——厳打：なぜ刑事裁判が道具となるのか？（1-7（完））」北大法学論集第57巻第2号484頁以下、第57巻第3号404頁以下、第57巻第4号370頁以下、第57巻第5号532頁以下、第57巻第6号486頁以下、第58巻第1号376頁以下、第58巻第2号576頁以下に詳しい。

(108) 全国人民代表大会常務委員会は、法律の制定、改正について広汎な権限を持っている（82年憲法第67条第2項、3項、4項）。その広範な法律制定権は、全国人民代表大会の立法権限を浸食している（浅井敦「政治と法——憲法を中心として」野村浩一編『現代中国の政治世界』岩波書店（1989年）249頁以下）。

(109) 例えば、日本国憲法81条。

(110) 樊文「罪刑法定与社会危害性的衝突——兼析新刑法第13条関於犯罪的概念」法律科学1998年第1期27頁、坂口一成「中国刑法における罪刑法定主義の命運（2・完）——近代法の拒絶と受容—」北大法学論集52巻4号（2001年）234頁。言うまでもな

く、社会的危害性の重要な一つの役割は、類推適用の基準を担うことではあるが、社会的危害性は、決してこの役割だけに止まらず、広範にわたる役割を担っている。

(111) 実定刑罰法規に規定が存在している場合、それを適用しなければならない（孔釗ほか・『中国人民共和国刑法総則講義』（上冊）72 頁（王作富執筆））。

(112) 平野龍一・浅井敦編『中国刑法と刑事訴訟法』東京大学出版会（1982 年）109 頁。また、曹国卿「在我国刑事立法中是否要『類推』的問題」政法研究 1957 年第 3 期 10 頁などの類推適用の容認派は、同様理由を挙げていた。

(113) 小口・『現代中国の裁判と法』146 頁。

(114) 中山研一『増補ソビエト刑法——その本質と課題』慶応通信（1972 年）21 頁。

(115) 前述したように、罪刑法定主義を導入した後の旧ソ連は、コロトフ事件において公然と遡及処罰を行った。

(116) 松下輝雄『ソビエト法入門』東京大学出版会（1972 年）105 頁。

(117) 前に述べた旧法の一切不継受措置は、革命の徹底ぶりを見せた。罪刑法定主義は清末において導入され、この原則は、その後の国民党政権に継受された。

(118) 高銘暄『刑法肆言』法律出版社（2004 年）95 頁。

(119) 王漢斌「関於『中華人民共和国刑法（修訂草案）』的説明——1997 年 3 月 6 日在第八届全国人民代表大会第五次会議上」高銘暄・趙秉志編『新中国刑法立法文献資料総覧』（中冊）中国人民公安大学出版社（1998 年）1827 頁。

(120) 高銘暄ほか編・『新中国刑法立法文献資料総覧』（中冊）829 頁以下。

(121) 以上の経緯は、主に高銘暄・趙秉志『中国刑法立法之演進』法律出版社（2007 年）55 頁以下を参照した。

(122) 高銘暄ほか編・『新中国刑法立法文献資料総覧』（中冊）939 頁以下。

(123) 高銘暄ほか編・『新中国刑法立法文献資料総覧』（中冊）1055 頁以下。

(124) 高銘暄ほか編・『新中国刑法立法文献資料総覧』（中冊）1215 頁以下。

(125) 高銘暄ほか編・『新中国刑法立法文献資料総覧』（中冊）1288 頁以下。

(126) 高銘暄ほか編・『新中国刑法立法文献資料総覧』（中冊）1368 頁以下。

(127) 高銘暄主編『新中国刑法科学簡史』中国人民公安大学出版社（1993 年）69 頁（陳興良執筆）。

(128) 1980 年から 1994 年までに 14 年間、類推適用の件数は 73 件にすぎなかった（趙秉志・肖中華「罪刑法的原則的確立歴程」河北法学 1998 年第 3 期 8 頁）。

(129) 高銘暄・趙秉志・赫興旺・顔茂昆「改革開放以来我国刑法学的研究現状与発展趨勢」高銘暄・趙秉志編著『新中国刑法学研究 60 年』中国人民大学出版社（2009 年）149 頁。

(130) 拙稿「中国の人民参審員制度の沿革と概要―日本の裁判員制度との比較―」専修総合科学研究第 17 号（2009 年）261 頁以下。

(131) 曾憲義・小口彦太編『中国の政治　開かれた社会主義の道程』早稲田大学出版部（2002 年）217 頁以下（小口彦太執筆）。

(132) この人物の名前が明らかにされていないが、全国人民代表大会常務委員会法制工作委員会刑法室の郎勝室長によると、刑事訴訟法に「無罪推定」を導入させたのも、同一人物であり、同委員会の長老級の人物である（張軍・姜偉・郎勝・陳興良『刑法縦横談』法律出版社（2003 年）4 頁）。なお、立法機関たる全国人民代表大会が単なるゴム・スタンプと揶揄され、法案起草者である官僚は、実質的に立法者の役割を演じている。もともと、今回の刑法改正においては、全国人民代表大会に上程して審議を求める際に、刑法草案が人民代表の要求によっていくつかの修正が加えられた。ちなみに、全理其翻訳・木村峻郎監訳の『中華人民共和国刑法』（早稲田経営出版、1997 年 8 月）は、草案に基づいて訳されたものであって、最終的な法律を訳していないと思われる（例えば、第 17 条）。

(133) これは、憲法改正による表現の変遷にかかわる。いわゆる国体に関する表現については、75 年憲法と 78 年憲法では「無産階級専政」という表現を用いたが、82 年憲法では「人民民主専政、実質上即無産階級専政」（「人民民主独裁、実質上は即ちプロレタリア独裁」）という表現に変更した。

(134) 坂口一成「中国刑法における『反革命の罪』から『国家の安全に危害を加える罪』への改正の意味：『反革命目的』の削除を手がかりに」ノモス 18 号（2006 年）49 頁以下。また、毛里和子「中国の人権――強まる国権主義のなかで」国際問題 No. 449（1997 年）32 頁以下参照。

(135) 第 4 条は、「いかなる者の犯罪についても、法律の適用において一律平等である。いかなる者も法律を超える特権を有することを認めない。」と規定されている。

第2章　社会的危害性論

1. 問題設定

　社会的危害性（社会的危険性）という概念に対し、賛成するにせよ反対するにせよ、これが社会主義刑法において中心的な概念[1]であるという事実は、誰も否定できないであろう。中国においても、「社会危害性中心論」[2]という端的な表現があったように、社会的危害性概念およびその理論は、中国刑法においてきわめて重要な地位を占めていることが窺える。

　社会的危害性は、中国刑法の正当化根拠であるのみならず、刑法のあらゆる分野においてこの理論を確認することができる。犯罪概念、犯罪構成論、犯罪論における個々の具体的問題（例えば、正当防衛、未遂、共犯等々）、量刑、刑罰論等の理論は、すべて社会的危害性に依拠している。

　しかし社会的危害性は、中国刑法ないし刑法理論の究極の正当化根拠であるが、それ自体の正当性はどこに由来するのか、という原理的な問題が残っている。自己正当化できないとすれば、社会的危害性の理論の正当化根拠を明らかにする必要がある。

　社会的危害性の概念は、中国刑法ないし刑法理論に横溢しているが、この概念それ自体は、法的概念というより、むしろ政治的概念である。同概念は、階級原理に基づいて刑法を解釈しようとするマルクス主義的刑法学の中核的な役割を果たしている。その方法は、犯罪の本質を究明しようとする実質的犯罪

概念によってなされている。

　以上は、犯罪本質論に関するものであるが、社会的危害性論が批判されるにつれて、社会的危害性の機能が論じられるようになった。その機能論においては、社会的危害性もまたさまざまな機能を持っているとされる。それは立法者に対しての立法基準機能、裁判官に対しての司法判断基準機能、刑法研究者に対しての理論指導機能、一般の人々に対しての犯罪を認識し予防するための手引き機能、という四つの機能である。このような社会的危害性の機能は、刑法の機能を遥かに凌駕している。

　ところが、社会的危害性論は以上のようなさまざまな機能を有することが挙げられてきたが、一つの隠された肝心な機能が見落とされている。これは、すなわち政治的要素を法に持ち込み、法秩序の自律性を阻害しようとする機能である。このような社会的危害性の機能は、犯罪の本質論を通して、導入される。この機能こそが、社会的危害性の本来の姿である。社会的危害性論は、まさしくこの機能を持っているが故に、罪刑法定主義を阻害しているのである。

　1997年新刑法典に罪刑法定主義の原則が導入されたことにより、社会的危害性論に対する批判の声が上げられ、この理論をめぐる論争が展開された。この論争は、社会的危害性は罪刑法定主義の原則と衝突しており、中国刑法や刑法理論から排除すべきと主張する廃棄派と、これを擁護する擁護派との間に展開された。

　擁護派の中においても、社会的危害性論の従来の主張を変更して、近代刑法理論をその内容に採り入れて再構成しようとした修正的擁護派がある。これは、社会的危害性論に法益論を採り入れて修正しようとする主張である。この主張は廃棄派の主張とかなり近似している。つまり、これは社会的危害性論と社会侵害理論とを関連させ、さらには、社会的危害性は法益侵害性であるとまで解釈する見解である。しかし、社会的危害性論は、はたしてそのような解釈が可能なのかという疑念が生じる。このような見解は、単なる社会的危害性論という古い革袋に法益侵害性論という新酒を入れるだけではないのか。

　本章は、犯罪概念の核心に据えられていると言われる社会的危害性の基礎的

理論を考察する。社会的危害性論の思想的背景およびその内容を明らかにした上で、社会的危害性の概念の存廃をめぐる論争を考察しつつ、法益論との相違点を明らかにする。社会的危害性論は中国刑法第13条の但書規定の正当化根拠となっているが、この理論が批判されるようになった昨今では、但書規定をもって社会的危害性論を正当化しようとする主張さえも登場している。この状態は皮肉な結果になっていることを指摘したい。

2. 社会的危害性論の思想的背景

(1) 社会的危害性論における「社会」

1）社会的危害性論と社会契約論

犯罪の実質的概念を論じるに当たって、中国の刑法教科書などは、しばしばベッカリーアの『犯罪と刑罰』の一節にある、「犯罪の真の尺度はその社会に与える危害である」[3]という文言の中の「社会に与える危害」のことを取り上げ、ブルジョア刑法世界においても、実質的犯罪概念を取り扱っていると論じる。このあとに続く記述ではこのベッカリーア論述に対して、その理論がブルジョア的理論であるとして一蹴する一方で、社会的危害性論がベッカリーアの理論との親和性があることをほのめかしている[4]。確かに、文言の表記だけをみるならば、両者の差異はあまり見られない。

また、社会的危害性（social harm）は、旧ソ連で使用された社会的危険性（social dangerous）という用語とは異なり、市民国家の刑法理論においても、実質的違法性を表現するために用いられている[5]。さらに中国においては、社会的危害性という概念以外に、社会的危険性も用いられており、両者を使い分けている。例えば、刑事訴訟法第51条では社会的危険性という用語が使われている[6]。そのため、中国における社会的危害性論と市民国家に展開されているsocial harm論との区別は、はっきりと見えない部分が確かに存在する。

社会的危害性とは、文字通り、「社会」に与える危害である。この危害の対

象となっている「社会」とは、中国においては、いったい何を指しているのかを解明する必要があろう。

言うまでもなく、社会的危害性における「社会」とベッカリーアのいう「社会」とは、全く別物である。ベッカリーアがいう「社会」は、ルソーの社会契約論に基づく「社会」であって、この「社会」は、「社会の全体」を指している[7]と思われる[8]。一方、中国刑法における社会的危害性論の「社会」が、「社会全体」を指していると理解することは不可能である。社会的危害性理論における「社会」は、社会契約論と原理を異にしている階級原理に基づく「支配階級社会」を指しているからである。したがって、社会的危害性とは、究極において、階級危害性である。旧ソ連刑法で、社会的危害性を時に階級危害性と称していたことは、そのためだったのである[9]。社会的危害性論の思想的背景は、法の階級性原理にある。

２）社会的危害性論と法の階級性原理
① 旧法の不継受から見た法の階級性原理
中国における社会的危害性論の内容は、中華人民共和国の成立以前にすでに決定されていた。

中華人民共和国が成立するに先立ち、中国共産党側は法の継受に関する二つの有名な指示を頒布した[10]。この二つの指示においては、中国における社会的危害性論の「社会」の特殊性が現れていた。1949年2月、中国共産党中央委員会は、「国民党の六法全書を廃棄し、解放区の司法制度を確定することに関する指示」[11]を発令した。この中共中央委員会の指示に引き続き、1949年4月、華北人民政府は、「国民党の六法全書およびその他のあらゆる反動的法律を廃棄する訓令」[12]を頒布し、「六法全書」の廃棄に対するさらなる明確な規定を提示した。

上述した中共中央委員会の文書の一部分を引用すると、「法律は、支配階級が公然と武力によって強制的に執行する、いわば国家的イデオロギーである。法律は、国家と同様に、単なる統治階級の利益を保護する道具にほかならない

のである。……六法全書と普通の資産階級の法律とは同様に、いわゆる法律面前にすべての人の一律に平等という姿で現れるが、実際上支配階級と被支配階級の間、搾取階級と被搾取階級の間、有産者と無産者の間、債権者と債務者の間には真の共同利益が有されていないため、真の平等権がありえないのである。よって、国民党のすべての法律は地主、外国資本と国家官僚資産階級を保護する反動的な統治の道具にほかならず、人民大衆に対する鎮圧し束縛する武器である。したがって、六法全書は、絶対に蒋介石支配区と解放区にひとしく適用しうる法律ではありえないのである。……共産党の政策および人民政府と人民解放軍がすでに発布した各種の綱領、法律、命令、条例、決議に依拠しなければならない。」とある。

　この文書から、次の三点をまとめることができる。すなわち、(1) 階級原理のアプローチに基づき、法の本質は支配階級の道具であり、法の支配階級道具論を強く打ち出したこと、(2) 法はすべて支配階級の道具にすぎないという理由で、旧法の不継受を宣言し正当化したこと、(3) 旧法を継受しないことは、法の不在という結果を招くことから、法律の不備を補うため、党の政策を法源としなければならなかったこと、の三つである[13]。(1)〜(3) の理由は、相互に関連しており、(1) は根源的な原理に当たると言える。

　この二つの文書は、新中国法の基本的な方向性を提示したが、その後、中国における法律の制定や司法実務において呪縛になった。

② 司法と法の階級性原理

　司法についても、法の階級性原理に基づいて同様の指令が出された。1950年7月、8月にかけて、第1回全国司法会議が開催された。この会議の総括として、同年11月3日に国務院が「人民司法業務を強化することに関する指示」[14]を発布した。この指示の主な内容は、次の通りである。すなわち、「一、人民民主革命の勝利を守り、反革命活動を鎮圧し、新社会秩序及び人民の合法的権益を強化するため、人民の司法活動は、人民軍隊、人民警察の如き、人民政権の重要な道具の一つである。……二、人民司法業務の建設に正確に従事す

るため、まずは新法律と旧法律との原則上の境界を明確に引かなければならない。法律は、特定の支配階級が被支配階級を支配し、自己の階級を保護するために用いる道具である。一切の国民党反動政府の法律は、少数者たる反動集団が広範なる中国人民を抑圧するための道具である。人民の法律は、広範なる人民の意志を代表する法律であり、人民に新民主主義の社会秩序を尊重するように教育し、かつ広範なる人民の利益を保護するために少数たる反動分子の破壊活動と闘争するものである。二種類の根本的に異なっている法律原則は、一つの観念の中に決して混同してはならない。この種の混同した観念を持つ人は人民司法業務の建設に適切に従事することができない。従って、すべての政府工作人員は、新旧法律の境界区分において如何なる曖昧な観点をも持ってはならない。……」

　法や国家は支配階級の道具であって、さらに司法は階級の法を執行する国家の一機関にすぎないので、司法も支配階級の道具であるという帰結になる。そして同様に、この原理に基づいて、司法人員に対しても、政治的・思想的な純潔性が要請される。

　それは、1952年6月から始まって1953年2月に基本的に終わった司法改革運動において、先鋭的に求められた。この運動においては、いわゆる旧司法人員に対して、思想改造が行われた。大部分の旧司法人員は、裁判所から排斥された。

③ 法学と法の階級性原理

　さらに、法理論においても、法学は支配階級の道具であるとする、法学の階級性原理論が、旧ソ連の指導的法学者であったヴィシンスキーによって展開された[15]。中国法学においても、「法学は階級性の極めて強烈な科学であり、階級闘争をおしすすめる有力なる武器である」[16]と強調された。

　法学の階級道具論の刑法理論上における徴表は、犯罪の本質を解明しようとする社会的危害性論にほかならない。つまり、社会的危害性論における「社会」は、法の階級性原理からすれば、個々具体的な法益でもなく、「社会の全

体」でもない。それは、「支配階級の社会」ということである。まさしく社会主義刑法学は、犯罪の本質について「社会主義刑法は、社会的危害性の本質が支配階級に対する危害であると締めくくっているが、ブルジョア刑法学者はそれを認めず、大半は社会的危害性を全社会の法益に与える侵害と解釈している。」[17]と強調するのである。

このように、法だけではなく、法学も同様に、支配階級の道具と化している。また、刑法理論において、この原理を具現化したものが社会的危害性論である。

④ 1997年刑法典と法の階級性原理

第1章において、1997年刑法典は、1979年刑法典に比べてイデオロギー的な表現が大幅に減少していると指摘した。とはいえ、刑法の任務に関する第2条の規定や犯罪概念に関する第13条の規定に象徴されているように、1997年刑法典においては、なおイデオロギー的な内実が強く残されている。第2条では、「中華人民共和国刑法の任務は、刑罰を用いてすべての犯罪行為と闘い、国家の安全を保衛し、人民民主専政の政権及び社会主義制度を保衛し、国有財産及び勤労大衆による集団所有の財産を保護し、公民の私的所有の財産を保護し、公民の人身の権利、民主的権利及びその他の権利を保護し、社会秩序及び経済秩序を維持し、社会主義建設事業の順調な進展を保障することである。」と規定しているが、「国家の安全を保衛し、人民民主専政の政権及び社会主義制度を保衛」することを最重要の任務としている。そして、刑法の究極的な任務は、「社会主義建設事業の順調な進展を保障する」こととされている。これは、第13条の犯罪概念規定における社会的危害性の役割と対応している。

高銘暄教授は、次のように説いている。すなわち、「わが国刑法第13条は、犯罪によって侵害される客体の列挙を通じて、犯罪の社会的危害性における各方面の表現を明らかに示している。……その中の一つに危害を与えたとしても、わが国社会主義社会の社会関係に対する侵害であり、程度の差こそあれ、わが国社会が社会主義の道のりに沿って順調に前進するのを妨げることにな

る。もし単なる犯罪分子がある人やある組織体に与える個々の損害だけをみて、犯罪が全体的にわが国社会主義社会の社会関係に対する危害であることを見破れないなら、犯罪の本質を正しく認識することが不可能である。」[18]、「我々の人民が主人公である社会主義国家においては、犯罪の社会的危害性と犯罪の階級危害性とは完全に一致している。どのような犯罪も、すべて労働者階級が指導している国家に危害を与え、人民に危害を与え、全体の社会主義社会の利益に危害を与えるものである。」[19]と説いている。全体的に考察すれば、個々の客体に対する「損害」であっても、それは社会主義に対する「危害」になる[20]。社会的危害性は、まさしく最終的に社会主義社会の全体に対する危害であり、それは階級危害性を意味する。

（２）人民民主主義専政（独裁）

　法の階級性原理は、刑法では、社会的危害性論によって表現されている。言い換えれば、社会的危害性論の背後には、法の階級性原理がある。階級性原理の中国での表現は、「人民民主主義専政」であるので、社会的危害性論の拠り所は、人民民主主義専政の理論である。また、刑法典第１条[21]の立法趣旨にも「犯罪を懲罰し、人民を保護する」としているので、「人民」を守ることが刑法の正当化根拠になっている。したがって、社会的危害性と人民民主主義専政とは、緊密な関係にある。

　では、「人民民主主義専政」とは何をさすのであろうか。この問題は、法の枠内においてはそもそも解決することができないものである。なぜなら、法律は単なる人民民主主義専政の道具にすぎないとされているからである。この概念は、政治上のイデオロギー概念であって、常に法律を超越しているものである。そこで、人民民主主義専政を理解するためには、中国の政治状況を踏まえて分析する必要がある。

　今日の中国においても、戦前の日本において展開された國體・政体二元論と類似した論理体系がある[22]。現代中国における国体とは、人民民主主義専政のことであって、政体とは人民代表大会制度のことである。全国人民代表大会

によって制定される刑事実定法は、形式的に犯罪を規定するもので、形式的犯罪概念を現すものであると解することができる。その一方、社会的危害性論は、犯罪の階級危害性を本質的に究明しようとするもので、人民民主主義専政を現すものであると言える。社会的危害性と刑事違法性との関係は、まさに国体と政体の関係に近似するものである。

人民民主主義専政は、人民の内部において「民主」を行うが、人民の敵に対しては「専政」を行うという。人民民主主義こそが、広範な人民が享受することになることから、真の民主主義であるとされている。それに対し、資本主義における民主主義は、全国民の民主主義とは言っているものの、実は一部の資本家しか享受できない、偽りの民主主義であると主張されている。この「人民」の名の下で展開されている真の民主主義の理論は、いったいどういうものであるのか。この点を以下の考察によって明らかにしたい。

1）公民（国民）から人民へ――敵味方論

人民の概念に関しては、もともと、孫文はそれを一般の国民のことを指すとしていた。しかし、中国共産党は、人民の概念を縮小して、人民概念から「敵」を排除した。つまり、敵味方論を展開することによって、人民の概念を規定することとした。「人民」は最高の「善」とし、あらゆる権力の正統性の源泉をなしている。それゆえ、「悪」である敵を「人民」に入れるわけにはいかない。人民の概念は、革命の「敵・味方の理論」の延長線にある。

毛沢東は、早くから敵味方論［敵友論］を展開した。1925年12月に著された「中国社会各階級の分析」という論文では、「誰が、われわれの敵であるか。誰が、われわれの友であるか。この問題は革命の最重要な問題である。」[23]という切り口で始まり、階級論や敵味方論が展開された。その後、毛沢東は、一貫して敵味方論を主張し続けた。

建国後、周恩来は、臨時憲法である「中国人民政治協商会議共同綱領」の草案について報告した際、つぎのように「国民」概念と「人民」概念の区別を規定した。すなわち、「ある定義を説明しておく必要がある。即ち『人民』と

『国民』との区別である。『人民』とは、プロレタリア階級、農民階級、小ブルジョアジー、民族ブルジョアジーおよび反動階級から目覚めて転換してきた一部の愛国的民主分子を指す。官僚ブルジョアジーはその財産を没収され、地主階級はその土地を分配された後、消極的には彼らの反動的な活動を厳しく鎮圧すべきであり、積極的には彼らに強制的に労働をさせて、彼らを真人間に改造すべきである。真人間に変わる前においては、彼らは人民の範疇に属さないが、依然として中国の一国民である。当分の間、彼らには人民の権利を受けさせないうえ、国民の義務を遵守させなければならないのである。これが人民民主専政である。」[24]としている。なお、「中国人民政治協商会議共同綱領」の序言においては、人民民主主義専政は「プロレタリア階級、農民階級、小ブルジョアジー、民族ブルジョアジー及びその他の愛国民主分子の人民民主統一戦線」[25]によって構成されると規定されていた[26]。

さらに、毛沢東は、1957年2月に「人民内部の矛盾を正しく処理する問題について」[27]の演説において、性質の異なる二種類の矛盾という論説を発表した。それによると、「人民内部の矛盾」と「敵味方の矛盾」とが存在する。二種類の矛盾は、性質が異なっているが、相互に転化することがあり得る。この二種類の異なった性質の矛盾論は、程なく、刑法理論に導入され、大きな論争が引き起こされた[28]。

孫文は人民の概念と国民の概念とを区別していなかったが、中国共産党によれば、人民は、全国民（あるいは公民）ではないことは明白なことである[29]。人民の概念の背後にあるのは、敵味方論であり、人民の敵を排除することにより、権力を正統化する役割を果たした。

ところが「人民」は、抽象化されており、現に見えるのは「人民代表」のみである。ゆえに、「人民の意志」は、常に「人民」を代表した「人民代表」によって表現されることとなる。しかし、中国においてはこの「人民代表」は、民主的手続を踏んだ「代表」ではなく、「人民による代表」とは言えない。この「人民代表」は、次のようないくつかの理論や制度によって構築されている。

2）全人民からプロレタリア階級へ——過渡期の指導階級論

　人民は広範にわたっており、大多数の公民は、人民の敵ではないので、一応人民の範疇に属しているに違いない。今や、階級国家である中国も「全人民の国家」への脱皮を図ろうとしている。しかし、人民民主主義専政における「人民」は、全人民でもないように思われる。なぜなら、人民民主主義専政は、実質はプロレタリア階級専政であると規定されているからである。社会主義社会から共産主義社会への過渡期においては、プロレタリアは指導階級であって、この期間中は、プロレタリア階級専政を実施するとされている。人民は、この指導階級論により、プロレタリア階級に限定されているのである。

　もともと、1949年の中国人民政治協商会議共同綱領においては、人民民主主義専政としていた。1954年憲法も、同様であった。ところが、社会主義改造が勝利を収めた後、1956年の第8期党大会において、劉少奇は、党を代表して「中国共産党第8期党大会の政治報告」という報告を行った。その報告の中では、プロレタリア階級専政と実質的に変わらず、過渡期においてプロレタリア階級専政が指導階級であると宣言した[30]。75年憲法と78年憲法は、実質論などを展開することもなく、直接的に国体をプロレタリア階級専政と規定した。1979年刑法典においては、人民民主主義専政という用語を復帰させていたが、「即ちプロレタリア階級専政」という付け加えの説明が第8期党大会であったように、実質的には何も変わりがない。また、現行の82年憲法においては「四つの基本原則」[31]が規定されており、その中の一つとして人民民主主義専政の堅持が挙げられている。1979年刑法典と同様、「即ち実質上はプロレタリア階級専政である」という説明が付け加えられている。なお、1997年刑法典では、単なる人民民主主義専政と表記している。

　人民民主主義専政における「人民」は、この過渡期指導階級論によって、プロレタリア階級のみに限定されている。プロレタリア階級は、指導階級であることから、人民の中での大多数を占めている農民などは、単に労農同盟の基礎をなすものに止まっている[32]。

3）プロレタリア階級から共産党の指導へ——「前衛」論

　以上の各理論展開には落し所がある。つまり、中国共産党はその指導権を理論的に正当化するために、プロレタリア階級は、その前衛である共産党を通して独裁を行うとしているからである。もともと54年憲法には、共産党の位置づけなどを含む何らの規定もなかった。共産党の指導は、あくまで間接的なものという建前が維持された。ところが、2年後の上記の劉少奇の政治報告においては、「我々の国家の社会主義事業においては、プロレタリア階級専政がなくてはならないが、それはその政党である共産党の指導を通じて実現される。」[33]とし、また「プロレタリア階級がその前衛である中国共産党を通じて何らの阻害を受けずに権力という武器を行使し、……こうしてのみ重大で複雑な任務を実現することが可能となる。」[34]と明言していた。自己授権により「党による一元的指導」が強調された。

　75年憲法第2条第1項には、「中国共産党は、全中国人民の指導的中核である。プロレタリア階級は、自己の前衛である中国共産党を通じて、国家に対する指導を実現する。」と規定するに至った。また、78年憲法第2条第1項には、全く同様な規定が設けられた。82年憲法には、このような規定が設けられていなかったが、共産党による統率的指導権の堅持の原則が「四つの基本原則」の一つとされている。党の指導性こそが、中国の政治世界において最も現実的なものである。

　党の指導性を実現するために、いくつかのシステムが置かれている。まず、国家機関の中には、党委員会（党グループ）が設置され、それが実質的な最高意思決定機関をなしている。また、中共中央、各地方レベルの党委員会の下には、各業務専門の担当部署（対口部）が設けられて、その業務専門部門に対し政治的指導などを行う。例えば、司法機関の対口部は、政法委員会であり、当該委員会は司法機関に対し政治的指導を行う。そして、党の国家機関に対するコントロールの最も重要なものは、党が人事権を掌握することである。人事に関して「党が幹部を管理する」という原則は、建国以来一貫している鉄則である[35]。「党が幹部を管理する」という原則は、共産党がすべての幹部、とりわ

け指導幹部を任免・管理する上での原則である。政治的指導のみならず、人事権を掌握することこそ共産党の指導を貫徹する上での最重要な制度である。

4）共産党の指導から権力者へ──民主集中制

民主集中制は、共産党や国家機構の組織原理である。中国共産党規約第10条では、党は、民主集中制によって組織された統一的総体であるとしている。その党内においての民主集中制の基本原理は、同条によると、「①個々の党員は党組織に服従し、少数は多数に服従し、下級組織は上級組織に服従し、党の各組織と全党員は党の全国代表大会と中央委員会に服従する。②党の各レベル指導機関は、その派遣した代表機関と党組織でない組織での党グループを除き、すべて選挙で選出する。……⑤党の各レベルの委員会は、集団的指導と個人責任分担とを結び付ける制度を実施する。重要な問題につき、すべて集団的指導、民主集中、個別的討論、会議による決定の原則に基づき、党の委員会は、集団で討論したうえ、決定を下さなければならない。委員会の構成員は集団の決定と作業分担により、自己の職責を着実に遂行しなければならない。……」とされる。

このように、党の組織原理としては民主集中制を採用しているが、しかしながら、選挙制度には非常に不備があるため、結局のところ、組織の上位に権限が集中することになってしまう。つまり、権力は党委員会書記への一極に集中しているとのことである。

以上のように、人民民主主義専政は、突き詰めれば、国民（公民）→人民→労働者→共産党員→共産党委員会書記という権力の一極集中構造を持っていると言える。

（3）人民民主主義専政と司法の独立

中国における司法の独立の問題については、次のような三つの面から検討することが必要である。

1) 司法権の独立について

　民主集中制の原理は、党内の組織原理に止まらず、国家・政府機構においても同様に採用されている。憲法第3条第1項は「中華人民共和国の国家機構は、民主集中制の原則を実行する。」と規定している。この規定によれば、民主集中制の原理を採用していることから、三権分立の体制を採用しないものと解される。民主集中制の下では、むろん司法の独立が認められるはずはない。司法権は、すべての人民権力を代表する全国人民代表大会に属している（憲法第2条、第3条第3項、第128条）。それゆえ司法権の独立は、いわゆる政体の中においても、原理上は否定されている。

2) 裁判所の独立について

　憲法第126条には、「人民法院は、法律の規定により独立して裁判権を行使し、行政機関、社会団体及び個人による干渉を受けない。」（人民法院組織法第4条、法官法第1条も同様）と規定しているので、裁判所の裁判権が外部からの干渉を受けないこと、つまり「人民法院の独立」は、条文上認められていると読み取れなくはない。しかし、同レベルまたは上級の人民代表大会常務委員会の監督（憲法第67条第6号）、上級の人民法院の監督（憲法第127条）、同レベルまたは上級の検察院の法律監督（憲法第129条）を受けなければならないこと、人事権は同レベルの党委員会（形式上は同レベルの人民代表大会）にあること、加えて財政、予算は所在地の同レベルの人民政府に依存していることなど[36]を考えると、裁判所が各関係機関からの影響を受けず、独立を保つということは、法文上も現実的にも不可能である。

3) 裁判官の独立と裁判官の考課制度
① 裁判官の独立について

　法官法第8条第2号には、裁判官の権限について、「人民法院の独立」と似通った表現が用いられている。つまり、「法に基づいて案件を審理し、行政機関、社会団体及び個人の干渉を受けない。」と規定されている。ただし、「独立

して」という文言は、見られない[37]。「法官の独立」は、「党が幹部を管理する」という原則に反するだけに、「独立して」という文言を入れていないのは、無理からぬことである。また、裁判所の内部制度にも「法官の独立」を認めていない。それを端的に表しているのは、民主集中制の原理に基づいた裁判委員会の制度[38]と院長・廷長による審査承認制の存在である。両者ともに裁判のチェック制度であるが、前者は重要度の高い案件を審査対象とし、裁判所の内部における党の指導の中心的な役割を果たし、党や政府の方針、政策に基づいて裁判活動を指導し管理するものである。後者は、重要度が裁判委員会の審査対象より低い案件を対象とし、裁判所内部の党のリーダーでもある院長、廷長のチェックを受ける裁判の審査承認の制度である。その制度の狙いは、裁判委員会の審査内容と同様、党や政府の方針、政策に基づいて裁判することにある。

② 裁判官の考課制度

司法腐敗の撲滅との関係もあって、案件処理の責任を明確にするために、主幹判事制度と誤判責任追及制度が設けられている。まず、主幹判事制度は、法定合議案件であっても、合議廷の中の裁判官一人を案件の担当者として指名し、訴訟審理の全般について案件処理の責任を負わせるものである。次に、誤判責任追及制度がある。誤判を引き起こした場合に、主幹判事がその責任を負い、年度の考課にマイナスカウントを行う仕組みである[39]。

(4) 小括

法の階級性原理から、旧法の一切不継受という帰結がもたらされた[40]。階級性原理は、司法や法学などに及び、これらの政治からの独立性を浸食している。また、この原理からすると、国家ないし政治は、法律に対して絶対的な優位性を持つことになり、法秩序の自律性は認められないということになる。法規範に政治的要素を持ち込ませるのは、まさに法の階級性原理の機能である。

刑法における法の階級性原理の担い手は、社会的危害性論である。社会的危

害性論は、刑法の階級性原理を実現するためのものである。中国では、司法のあらゆるレベルにおいてその独立を認めていない。これらの制度設計は、裁判官に政治的中立性を確保しようとするものではなく、政治に順応させようとするものである。このような制度の下では、社会的危害性の判断権は、形式上は裁判所や裁判官にあるかもしれないが、最終的には権力者にあることとなる。これは、中国における階級性原理である人民民主主義専政が、実際上は権力の一極集中構図であることから理解されるであろう。社会的危害性論は、実質的思考様式ではあるが、それよりも、政治的イデオロギーを法に持ち込んで、刑法を政治に依存させるための理論としての性格が強い。

　しかし、今や、中国は多様化した社会になりつつあり、階級性原理を前面に押し出して法律を解釈したりすることは、最近ではあまり見かけられないようである。とはいえ、このことは、中国においてこの原理が放棄されることを意味するものではない[41]。現に、最高人民法院が最近編集した『人民法院審判理念読本』においては、「人民司法の事業は、中国の特色を持つ社会主義事業の重要な構成部分であって、人民法院は、人民民主専政の機関である。」[42]と性格づけている。これは、建国直後の司法改革運動において見られた表現を思わせる。また、政治権力による司法への干渉は依然として強いものがある。近年、中国当局は、司法に対し、「党の事業の至上、人民の利益の至上、憲法・法律の至上」という、いわゆる「三つの至上」の堅持を要求した[43]。その要求に応じて、最高人民法院は、「三つの至上」を活動の指導思想と位置付け[44]、これについての理論研究キャンペーンを展開した。ところが、この三つの「至上」はどのようにすれば同時に存在し得るのか、これらの内的な関係は如何なるものか、というようなことについて、法学者の中には、「三位一体」の関係にあるという神学的理論まで持ち出す者もある[45]。

3. 社会的危害性論と犯罪概念規定但書

(1) 犯罪概念規定但書の意義と社会的危害性論

1) 犯罪の本質における「質」と「量」

　社会的危害性は「質」の問題に留まるのか、それに留まらず「量」的な問題でもあるのか、をめぐって議論がある[46]。というのは、社会的危害性が犯罪に専属する本質的要素であるとすれば、犯罪以外の違法行為ないし道徳規範違反行為が社会的危害性の要素を持てないということになるからである。しかし、当然、犯罪以外の社会的有害行為も社会的危害性の性質を持っており、犯罪と同様に社会的危害性のある行為であると言える。そうすると、「質」によって犯罪と他の不法行為を区別することができなくなる。そこで、考案されたのは、犯罪と他の不法行為は、同じく社会的危害性のある行為ではあるが、含まれている社会的危害性の「量」が異なっているというものである。そこでは、犯罪は他の不法行為に比べて、「量」的には、より多くの社会的危害性を持っているという主張がなされている。それ故、大多数の論者は、犯罪の要素としての「社会的危害性」に「重大な」、「一定の程度」、「相応な」などといった「量」的な修飾語を付け加えている。そして、重大な社会的危害性における「重大」は、量的な概念ではあるが一定の量に達すると、その「質」が変わり、つまり「質変」となって犯罪となる[47]。しかし、何をもって「質変」の基準とするのかは、結局のところ、刑罰法規にその具体的な基準を求めるとするしかない[48]。

　「量」的規定自体は、そもそも立法技術の問題に過ぎない。例えば、窃盗罪の場合について、被害「額が比較的高い」に達しないと窃盗罪[49]（刑法第264条）にはならない。この「額が比較的高い」場合の目安は、「司法解釈」により、500元以上としている[50]。500元を盗んだら、犯罪であり、499元を盗む場合は犯罪にならないが、1元の量的な差で犯罪と犯罪でないものとの境目、つまり本質的な差があるとは思われない。また、未遂の場合、例えば500元の

ものを盗もうとしていたが未遂に終わった場合は、窃盗罪の未遂として刑罰を科し得るが、499元を盗んで既遂になったとしても窃盗罪としては不可罰になる。このような技術的問題を犯罪の本質にまで引き上げるのは、論理的飛躍である。なお、今、中国では刑法上の窃盗罪と治安管理処罰法上の窃盗行為の境目は、「司法解釈」によってその目安が規定されているが、そもそも、「司法解釈」によって犯罪の本質を決められるのかという問題もある。立法技術上の便宜的な線引きを犯罪の本質として説明するのは、如何にもイデオロギー的な欺瞞であろう。

2）犯罪概念規定但書の意義

すべての法則には例外があると言われる。長尾龍一教授は、「例外事態にこそ物事の本質が現われる」[51]と指摘している。犯罪概念の例外としては、犯罪概念規定の但書と非刑罰措置規定（刑法第37条）とを指摘することができる。中国刑法の通説が主張している犯罪概念特徴論からすると、例外であるとされている犯罪概念規定の但書にこそ、物事の本質があると言える。犯罪概念規定の但書は、罪と非罪との境目を判断し決定する唯一の法的根拠であるという見解さえある[52]。

先に、今日の中国において法の階級性原理を用いて社会的危害性論を展開することが少なくなったと指摘したが、これは、法の階級性原理を放棄することを意味しないし、社会的危害性の理論を放棄することも意味しないのである。これは、法の階級性原理と社会的危害性とを直接的に結び付けることを強調しなくなっただけのことである。社会的危害性論は、その正当化根拠をほかのところに求めようとしている。刑法の謙抑性の理論が、その一つである[53]。すなわち、まずは、この犯罪概念規定但書が、非犯罪化の効果を持っており、刑法の謙抑性理論の理念と合致するものであると位置づける。そして、犯罪概念規定但書の背後にある正当化根拠が社会的危害性であるという理由から、社会的危害性の理論は、まさに刑法の謙抑性を現した理論であると論じる。この論法は、一見すると、納得できるように見えるが、しかし、犯罪概念規定但書の

射程範囲に目を向ければ、その犯罪概念規定但書は、刑法の謙抑性理論とは程遠い存在であることが分かる[54]。

(2) 犯罪概念規定但書の射程範囲――行政による自由の拘束を伴う制裁

中国では、刑法における自由刑以外に、行政機関による自由の拘束を伴う制裁としては、労働教養、収容教育、行政拘留がある。この三つの制裁は、行政機関による制裁であるため、行政罰だとされている。これは、実は犯罪概念規定の但書と非刑罰措置規定の受け皿となっている。以下、この三つの制度について検討する。

1) 労働教養制度
① 労働教養制度の発端

労働教養制度は、中国の独特の制度である。この制度が最初に登場したのが1955年であったが、「粛反運動」という政治運動の産物である。「粛反運動」は、1950年から1953年の間に行われた「反革命鎮圧」運動に続く、二度目の反革命粛清運動である。1955年7月1日に、中共中央は、「潜行の反革命分子を粛清する闘争を展開することに関する指示」を発布し、「粛反運動」を開始させた。「粛反運動」において、「反革命分子」、「悪分子」および「反革命嫌疑分子」が数万人洗い出されたが、これらの敵対分子を如何に処分するのかが、問題となった。同年8月25日に、中共中央は、「潜行する反革命分子を徹底的に粛清することに関する指示」を発布した。この指示においては、労働教養制度の構想が打ち出された。運動において洗い出された敵対分子で、死刑に処せられた者と罪状軽微などで元の職場に止まる者以外の者については、二種類の方法に分けて処分するとされた。

一つは、刑罰が科せられる者に対し、労働改造を行うという方法である。もう一つは、労働教養である。後者は、刑罰を科すまでに至らないものの政治上では元の職場に留まらせるのが適切でない者について、そのまま社会に放出すると失業の増加になってしまうことを理由として、一括して労働教養所に収容

して労働させながら思想教育をする、という措置である。これが、労働教養制度の発端となった。

　労働教養に処せられる者は、労働教養所に収容され強制的に労働させられるが、労働改造のように完全に自由を失うことなく、一定程度の給料（元の給料の70％程度）も得られる。労働教養の期限や審査手続き、不服申し立てについては、規定が全くなかった。労働教養は、強制労働を通して思想改造を行うのが当初の目的であり、その適用対象も、公的機関内の思想上の敵対分子であった。しかし、この適用対象の範囲は、徐々に社会治安の対策として一般民衆に拡大した。

　② 労働教養制度の確立と衰退
　労働教養制度が、正式に法律上の制度として確立したのは、1957年8月3日に国務院によって公布された「労働教養問題に関する国務院の決定」（同年8月1日に全国人民代表大会常務委員会からの承認を得ていた）である。この「決定」は、5カ条によって構成された法令にすぎなかったが、これにより、労働教養の適用範囲が大きく拡大された。この「決定」の目的は、「公共の秩序を一層維持し、社会主義建設を有利に遂行するため」にあるとしており、政治の「純潔さ」の確保のみならず、公共の秩序の維持も含まれた。このため、労働教養の対象者は、思想犯から刑事犯に拡大して、「労働能力を有しながら、ぶらぶら遊んでばかりいて働かず、法律や規律に違反し、正業にまじめに従事しない者」をもその対象になっていた。
　さらに、1958年8月に開かれた第9期全国公安会議において、労働教養制度がさらに推進され、市レベルにのみならず、県レベル、さらにその下部組織の人民公社にまで労働教養所の設立が奨励された。奨励を受けて各地に大小の労働教養所が乱立され、その審査基準もだんだんと緩やかになった。それにより、労働教養の収容人員は増加し続け、1960年には、ほぼ50万人に達した。ただし、1959年3月には、人民公社の労働教養所が撤廃され、1960年10月には、県レベルの労働教養所も撤廃されることになった。

第9期全国公安会議の開催から3年後の1961年に、第11期全国公安会議が開かれた。この会議で、労働教養人員を収容するには、公安局長の許可が必要となった。加えて、労働教養の期限を2年ないし3年とし、場合によってはその期限を延長することができるとした。会議後、全国規模で、労働教養所に対する整理が行われた。この整理により、労働教養の収容人員が大幅に減少し、1963年には収容人数が14万人あまりにまで下がった。1966年から始まった文革大革命の期間中は、労働教養所が敵対分子に対して「甘い」と批判され、その規模が縮小された。労働教養人員は「専政」の対象であり、その性質は変更された。労働教養人員の一部分は、貧農・下層中農の再教育の一環で、農村部に移住させられた[55]。

③ 労働教養制度の再強化

1979年11月29日に、全国人民代表大会常務委員会の承認を得て、国務院は「労働教養に関する国務院の補充規定」(全5カ条)を発布し、さらに前述の「労働教養問題に関する国務院の決定」を再発布した。「補充規定」は、現行の労働教養制度の基本的な枠組を定めている。この主な内容は、次の四点である。

ア) 省、自治区、直轄市及び大・中都市の人民政府は、労働教養管理委員会を設置し、当該委員会が、民政、公安、労働部門の責任者によって構成され、労働教養の業務を指導し管理する(第1条)。また、労働教養管理委員会は、労働教養の決定を審査し承認する(第2条後段)。

イ) 労働教養の収容対象は、大・中都市での労働教養が必要とされた者(第2条前段)、つまり中都市以上の都市部の者に限定した。

ウ) 労働教養の収容期間は、1年ないし3年とし、必要な時はさらに1年間を延長することができる(第3条前段)。

エ) 労働教養機関の活動は、人民検察院の監督を受ける(第5条)。

1982年1月に、国務院は、公安部が制定した「労働教養試行弁法」(全69カ条)を原則的に同意した上で、「転送」の形でそれを発布した。この「試行

弁法」は、労働教養制度の具体的な中身を補填するものであったが、その規定は、極めて不明確な上に、規制の範囲が広範に及んでいた。その主な内容は、次の通りである。

　ア）労働教養の性質は、人民内部の内部矛盾を処理するものである（第2条、17条）。ただし、労働教養を受ける期間中においては、選挙権と被選挙権が停止される（第19条）。

　イ）労働教養の収容対象の範囲は、大・中都市の出身者から、都市、鉄道沿線、大型工場・鉱山で悪事を働く農村部の出身者に拡大した（第9条）。

　ウ）社会治安対策の性格を一層鮮明にした。労働教養の対象者は、次の6類型である。すなわち、あ）罪状が軽微で、刑事的制裁に及ばない反革命分子、反党・反社会主義分子、い）徒党を組んで、殺人、強盗、強姦、放火などを行う犯罪集団に属しているが、刑事的制裁に及ばない者、う）無頼、売春、窃盗、詐欺などの違法・犯罪行為があり、度重なる戒めを受けても改めず、刑事的制裁に及ばない者、え）徒党を組んで殴り合いをし、言いがかりをつけてもめごとを引き起こし、野次を飛ばして騒動を起こし又はその他社会治安を撹乱し、刑事的制裁に及ばない者、お）定職を有しながら、長期間にわたり労働を拒否したり、労働規律を破ったりし、かつしばしば理由なく悶着を起こして、生産秩序、業務秩序、教育・科学研究秩序及び生活の秩序を撹乱し、公的業務を妨害し、勧告や制止を聞き入れなかった者、か）他人に違法・犯罪を教唆し、刑事的制裁に及ばない者（第10条）、である。

　その後、「中華人民共和国治安管理処罰条例」（1986年）、「規制薬物を禁止することに関する決定」（1990年）、「売春買春の厳禁に関する決定」（1991年）などにおいて、労働教養措置が導入された。これにより、労働教養措置の適用範囲は、さらに拡大された。

④ 労働教養制度の性格

　当局の公式な見解によれば、労働教養は刑事処罰ではなく、社会治安を維持

第 2 章　社会的危害性論

し、犯罪を予防し減少させるために、軽微な違法・犯罪人員に対し行う強制的教育改造の行政措置である[56]。省レベルおよび大・中都市の人民政府の労働教養管理委員会（実際には、公安機関が主導する）は、労働教養の決定を審査し承認する。つまり、これは、裁判なしに[57]、行政機関が最高で 4 年間も人身の自由を拘束できる制度なのである。労働教養の性質については、保安処分説と行政処罰説がある。しかし、労働教養に該当する条件は刑事的制裁に及ばない行為としながら、刑罰である管制や拘役よりも重く、4 年以下の懲役刑との差異がない。労働教養制度は、「行政による刑罰」の典型的な存在であると言える[58]。この制度は、濫用されている状況にあり、中国における人権侵害の温床ともなっている。労働教養制度は、いわゆる「悪法」の部類に入るとも言われる所以である。

2）収容教育制度
① 経緯

1970 年代末からの改革開放以後、社会の自由化に伴い、1950 年代なかばに中国で一度は根絶した売春業が復活した。それを抑止するため、1981 年 6 月に公安部が「売春活動を断固として制止することに関する通知」が出され、売春女性を労働教養の対象とし、労働教養所に収容した。1982 年に、上海市婦人連合会の党グループは、上海市党委員会に売春をした女性を教育するための収容教育所の創設を提言した。1984 年 9 月に、上海市政府の許可を得て、売春をした女性専用の上海市婦人教養所が正式に設立された。なお、その具体的な業務管理の職責は、市公安局治安処が負うこととなった。これは、労働教養所から分離された、改革開放後、最初の女性専用の収容教育所であった。その後、公安部の後押しで、1988 年 5 月から、上海の収容教育所の実践が全国に広がり、各地では収容教育所が設立された。1986 年 9 月に、国務院によって「売春活動を断固として取締り又は性病を抑止することに関する通知」が発布され、買春人員をも労働教養の対象とした[59]。

② 制度の確立

収容教育制度が労働教養制度から分離されて、それが独立の制度として確立したのは、1991年9月4日に頒布された全国人民代表大会常務委員会の「売春買春の厳禁に関する決定」（全11カ条）という法律の成立による。しかし、この「決定」においては、収容教育に関する規定は、第4条の一カ条にすぎなかった。つまり、この「決定」の第4条は、「①売買春を行った場合は、治安管理処罰条例第30条の規定に基づいて処罰する。②売買春を行った者に対しては、公安機関が関連部門と連携して、強制的集中的に法律教育・道徳教育を行い並びに生産労働を行わせることにより、その悪習をすべて改めさせることができる。その期間は、6月から2年までとする。その具体的な規則は、国務院によって規定する。売買春によって公安機関の処理を受けた後に、再び売買春を行った場合は、労働教養に処し、又は公安機関が5000元以下の過料を処する。③売買春を行った者に対しては、すべて強制的に性病の検査を行うこととする。性病を患っている者に対しては、強制的に治療を行うこととする。」と規定されている。1992年6月までに、2万人あまりが収容されていた[60]が、その根拠は、この条文だけであった。収容教育制度が発足した当時は、この状況であった。

収容教育制度をより具体化したものは、「決定」が発布された2年後の1993年9月4日に、国務院が頒布した「売春買春収容教育弁法」（全23カ条）である。

③ 制度の主な内容

上記「弁法」の第2条第1項によると、収容教育とは、「売買春を行った者に対し、集中的に法律教育・道徳教育を行い、組織して生産労働に参加させ、または性病の検査、治療を行う、行政の強制的教育措置を指す。」と規定されている。これにより、収容教育制度が持つ、行政による強制的教育措置という制度の性格が明らかにされるが、それは強制収容、強制労働であることは変わりがない。同制度の収容の対象は、労働教養の措置に処するまでに至らない売

春買春を行う者であるとしている（「弁法」第7条第1項）が、具体的な基準はない。決定機関は、県レベルの公安機関である（「弁法」第8条）。収容期間は、6月以上2年以下で、執行日から計算する（「弁法」第9条）。売買春を再犯した場合は、労働教養措置に処せられることになる（上記「決定」第4条第2項）。

　ところが、治安管理処罰法でも売買春行為を規制しているが、それに違反した場合は、行政拘留（過料で済む可能性もある）に処せられる可能性がある（第66条第1項）。このように、売買春行為に対する制裁には、過料、行政拘留、収容教育、労働教養の四つの選択肢があるが、その適用基準が不明のため、どのような制裁にするかは公安機関の裁量に委ねられている。

　売買春行為は、一部分の人の倫理感情を害するかもしれない。しかし、売買春を行うだけで、それに対し、最長2年間（場合によって労働教養措置に処せられかねないので、さらに長くなる可能性がある）も強制収容・強制労働に処することは、売買春に対するサンクションのあり方の世界潮流と逆行するものである。

3）行政拘留（治安拘留）

　行政拘留とは、行政機関によって決定される強制労働を伴わない短期間の自由罰である。行政拘留は、主に治安管理違反行為に対する制裁である。治安管理違反行為を規制している「中華人民共和国治安管理処罰法」（全119カ条）は、行政拘留の最大の準拠法である。治安管理処罰法における行政拘留は、治安拘留ともいう。この制度は、裁判なしに1日ないし15日間、併科の場合は最高で20日間、自由を拘束することができるものである。決定機関は、県レベル（あるいはその以上）の公安機関である。なお、この治安管理処罰制度の問題は、第5章において詳しく検討する。

　治安管理処罰法の第2条は、治安管理違反行為について、次のように定義している。つまり、「公共秩序を攪乱し、公共の安全を妨害し、人身の権利及び財産上の権利を侵害し、社会管理を妨害し、社会的危害性を有し、中華人民共

和国刑法の規定に照らして犯罪を構成する場合には、法に基づき刑事責任を追及する。刑事処罰に及ばない場合には、公安機関が本法に照らして治安管理処罰に付す。」というものである。治安管理違反行為は、「刑事処罰に及ばない」社会的危害性を持つ行為であるとしているので、同違反行為は犯罪行為を補完するという性格を有している。つまり、治安管理処罰法と刑法典とは、相互に補完し合っている関係にあると言える。刑法典および治安管理処罰法に適用される場合には、そもそも、労働教養や収容教育のような制度が入り込む余地がないことになるはずである。

(3) 小括

上記の行政による自由の拘束を伴う制裁は、刑罰との差がほとんどないにもかかわらず、手続の面においては、司法による介入が認められない。これらの制裁は、ほとんど公安機関によって決定されることから、警察に刑事裁判権を与えるという警察裁判権[61]を認めたのと同然である。しかも違法行為の摘発、制裁の決定、決定の執行は、同一機関によって行われる。

それらの制裁が、実質上の刑罰でありながらも、刑罰法規によって規制されない点は、罪刑法定主義に反するものと言わざるを得ない。しかし社会的危害性論からみると、これらの制度は、全く問題がないのみならず、もはや社会的危害性論によって正当化される。社会的危害性論は、犯罪概念規定但書を正当化したことから、刑法の謙抑性の現れであるとして、この理論を美化する主張がなされている。しかし、この理論が刑法の謙抑性、非犯罪化の外観を呈しているにすぎないことは、上記の制度におけるサンクションの苛酷さから見れば明らかである。むしろ、これらの制度も犯罪概念の中に置かれた方が、罪刑法定主義の射程範囲内に入ることになり、人権保障に適うことになろう[62]。

また、社会的危害性は立法基準の機能を有しているという見解が強く主張されている[63]。しかし社会的危害性論を用いて、上述の問題だらけの制度を批判する見解は、管見の限り見当たらない。社会的危害性論は、一見革新的な性格を持っているかのように見えるが、実際にはまったく保守的なものである。

第2章　社会的危害性論

社会契約論を基礎に据えたベッカリーアの犯罪理論は、自然法論に属しながらも、顕著な革新的性格を有している。この性格が、アンシャンレジーム刑法に変革をもたらしたことは周知のとおりである。それに対し、社会的危害性論は、そのような革新的な性格を有しておらず、ひたすら現状を正当化し、体制維持に終始しているものである。

4. 社会的危害性の存廃をめぐる論争

これまで社会的危害性論は、中国刑法において中心的な存在であり続けてきたが、その中心的地位が崩れ始めている。罪刑法定主義を刑法典に導入したことから、犯罪概念規定における社会的危害性の要素と罪刑法定主義とは矛盾していると主張し、最初に社会的危害性論へ批判を与えたのは、樊文研究員の「罪刑法定と社会的危害性との衝突について――併せて新刑法第13条の犯罪に関する概念を分析する」[64]と題した短い論文である。本論文は中国で社会的危害性をめぐる論争を惹き起こした。論争は、廃棄論派、擁護論派、修正論派の三つの立場に大まかに分けられる。つまり、社会的危害性の観念を放棄すべきと主張する廃棄論の立場と、それに対し、社会的危害性論は優越性を持つ理論であり、その理論を積極的に維持すべきと反論する擁護論の立場、そして、犯罪概念の中に社会的危害性を置くことは問題がないが、犯罪概念の構造を調整したり、社会的危害性の内容を変更したりする必要があると主張する修正論の立場、の三つの立場に分けられる。

以下では、各立場の主な論者とその主な主張内容を紹介した上で、検討を加えて問題点を指摘する。

(1) 廃棄論

1) 樊文の論文

樊文論文の主な内容は、次のようである。すなわち、
「犯罪は、一種の社会法律現象である。犯罪に対する定義は、罪刑法定原

則という大前提の下で、犯罪の内的特徴と外的特徴を高度に概括することである。[中略]

　もし犯罪の定義を画定する際に、社会的危害性を基準として選ぶとしたら、以下のようなことも起こりうる。

① 　まず、社会的危害性それ自体があいまいで、漠然としていて確実性を有しない。……このようなあいまいでぼんやりしていて確実性を有しないものは、罪刑法定原則を実現する上で不利になるものである。

② 　また、社会的危害性の基準は、立法者、法学者が犯罪行為規範を確立するための重要な要素ではあるが、司法者や一般公民は、刑法規範のみに基づいて行為と対照して判断すれば一目瞭然であり、『社会的危害性の程度の大小』について注意を傾ける必要はない。もし社会的危害性の基準を確立する必要があるとしたら、それは司法者や一般公民に対する要求としては厳しすぎる。……一般的に、社会的危害性は社会的政治的な評価であるとされているので、これはけっして法律規範上の概念ではない。[中略]

③ 　さらに、社会的危害性は罪刑法定と対極にあるものであり、刑事類推適用の前提になるものである。……刑事類推はわが国において歴史が長く、ある者はそれを『中国の特色』とし、刑法改正の時期において極力残すように求めた。……しかし、刑法は、社会保護機能、すなわち社会秩序や国家権力を実現する機能を有するだけでなく、それよりも重要なことは、人権保障機能、すなわち社会の公正や公民の自由権が侵害されないことを保障する機能を有することである。[中略]

④ 　新刑法第13条が規定している犯罪の定義には『社会に危害を与える』という文言が用いられており、社会的危害性を際立たせ、かつ、『危害が大きくない』という文言を用いていることから、社会的危害性の程度の大小は罪と非罪の判断に決定的な意義を持っていることを強調する。このように、新刑法の犯罪に関する定義の中には社会的危害性基準の存在が反映されているが、同時に、当該条文には『法律に基づいて刑罰に

よる制裁を受けなければならないもの……』と規定して、規範基準も確立されている。一つの定義において相互に衝突し排斥しあう二つの基準を同時に使用して犯罪を画定しようとすることは、罪刑法定原則が犯罪の定義の中において完全に実現されることに影響を与え、犯罪の基本的な定義ないし刑法典全体の科学性を損なわせるに違いない。」（①〜④は引用者による）

というものである。

2）陳興良と劉樹徳の共同論文

樊文研究員と同様に社会的危害性の観念に対する批判的な立場に立つが、マックス・ウェーバーの「形式的合理性」と「実質的合理性」の概念を用いて樊文研究員とは異なった視点から、社会的危害性と罪刑法定主義との矛盾を説いたものに、陳興良・劉樹徳の「犯罪概念の形式化と実質化の批正」[65]と題した共同論文がある。以下に要約して引用する。

「一般的にわが国の刑法典中での犯罪概念は、犯罪の形式的特徴（刑事違法性）と実質的特徴（社会的危害性）の統一である、と考えられている。このように形式的特徴と実質的特徴が犯罪概念の中に統一されているが、実質的特徴が主導的な地位を占めている。……行為の社会的危害性と刑事違法性が統一されないときは、社会的危害性を最高の基準としなければならない。ウェーバーの合理性分析の枠組みを用いれば、形式的特徴と実質的特徴が統一された犯罪概念において、形式的合理性と実質的合理性とが衝突するときは、実質的合理性を選ぶと主張することになるのである。

わが国の刑法に罪刑法定原則が確立された状況の下では、形式的特徴と実質的特徴を統一させた犯罪概念はさまざまな面にわたって批判される。具体的にいえば、まず、両者を統一させることによって刑法の第13条と第3条との調和を不可能にしている。刑法第3条……の規定は、明らかに刑事違法性こそが犯罪を構成するかどうかを評価・決定する機能を有していることを強調している[66]。しかし、……（以下は樊文論文の前記④の主旨を引用している——引

用者補)。つぎに、形式と実質との統一という選択は罪刑法定原則の基本要求と合致しない。その選択は実質的合理性に適うが、一方で、罪刑法定原則が要求するのは形式的合理性である。したがって、両者は必然的に矛盾している。刑法に罪刑法定原則が確立されたことにより、刑事法の適用は、結果として人治社会から法治社会への進化をとげたのである。人治社会においては、罪刑専断主義が横行し、したがって犯罪概念の大半があいまいで、犯罪の基準は混乱しており、『不確実性』は当時の刑法の主な特徴であると言われる。これに対して法治社会においては、罪刑法定主義が主導的地位を占め、法律が罪と非罪を区別する唯一の基準をなしている。人治社会においては、刑法はおもに犯罪を鎮圧し、支配を維持することを使命とする。したがって、刑法は国家統治の道具にすぎないとみなされ、刑法それ自体に独立した目的的合理性はなく、単なる道具(手段)の合理性の中において存在の根拠を探し求める。したがって、支配階級に重大な程度の社会的危害性と認められた行為は、たとえ刑法に規定がなくても、類推されて犯罪として処断されなければならず、そうしなければ支配階級の社会秩序が十分に保護できない。これに対して、法治社会においては、刑法は社会保護機能を擁護すると同時に、人権保障機能も重視する。……第三に、形式と実質の統一は、一般的公正と個別的公正との関係をうまく処断できない。刑事法には、一般的公正と個別的公正を追求するにあたって衝突と選択の問題が存在する。刑事違法性が一般的公正を体現するが、社会的危害性は個別的公正の追求に向かっている。……以上から刑法第13条の規定について言えるのは、犯罪の形式的特徴と実質的特徴の両者を兼ねあわせて考慮することは極めて困難である。ウェーバーが言うように、『法の論理的抽象性という形式主義と法を通じて実質的要求を満足させるということとの間には避けがたい矛盾が存在する』。両者を統一させる最終的立脚点は依然として実質的合理性にある。しかし、罪刑法定原則がようやく確立されたということからして、犯罪概念において実質的合理性を放棄して、形式的合理性の採択へ転換することによって、理念としての罪刑法定原則から制度としての罪刑法定原則へ転換しなければならない。」

3) 李海東の見解

李海東教授は、『刑法原理入門（犯罪論基礎）』という著書の序言において、社会的危害性に対して容赦のない批判を展開した。その批判は、主に規範論からのものである[67]。李海東教授の著書の序言は、次のようである。

「犯罪の本質を社会的危害性説の認識に立つことは、これがどんな美辞麗句の賞讃を受けたにしても、社会的危害性が、基本的な規範の質を持たず、なおさら規範性が持てないことには変わりがない。この概念は、犯罪に対する政治的あるいは社会道義的な否定評価にすぎないのである。このような評価は、間違っているとは言えないが、問題なのは、これが実体刑法上の意義を有していないことである。当然ながら、あらゆる社会に危害を与える行為は、すべて犯罪として処罰すべきだと主張する者はいないであろう。しかし、もしある行為を処罰しようとすれば、社会的危害性説は、いつでも処罰することに法律規範を超越する根拠を与えることができる。なぜなら、社会的危害性は、犯罪の本質であり、必要な場合には、規範形式を決定することができるからである。社会的危害性説は、その『犯罪の本質』という衣を通して罪刑法定原則を突破した刑罰に、刑法理論らしく見えるような根拠を提供し、実践においても国家の法治に対し負の影響を与えることになる。」

また、李海東教授は、社会的危害性論などの従来の刑法理論が採っている弁証法的方法論についても、批判を行った。つまり、「『社会的危害性説と同工異曲をしているのは、規範科学の基本に背離している刑法理論研究における方法論である。その方法論の中で最も典型的なものは、不変をもってあらゆる変化に応じ得る『弁証的統一』説である。弁証的統一説、ならびにいわゆる『主観と客観との一致』、『原則性と融通性との結合』などのような『原則』は、基本的思惟の形式的論理からすると、典型的なもっともらしい詭弁である。……このような理論研究の基本的規則に違背している方法は、刑法秩序に対し最大の危害が、刑法自体の規範性から離脱し、恣意的に有罪無罪を下すために必要とされている解釈に広範にわたる理論的基礎を提供する。使いたいときは原則性にするが、使いたくないときは融通性にする。ひとしきり弁証的に論述した

後、導かれた結果は、必ず次のような三つのものになる。つまり、一つは、刑法学者の理論的思弁的能力を見せつける。二つ目は、司法実践にとって全く無意味である。三つ目は、行政の介入や法外の介入に充分な理論根拠を与える。」というものである。

4）検討

　樊文論文においては、刑事立法、理論研究、刑事司法および行為規範の四つのカテゴリーに分け、社会的危害性の活用の場を限定しようとした。つまり、社会的危害性論は、刑事立法や理論研究の領域に限って、その機能を認める。この認識の下で、樊文論文は、社会的危害性というあいまいな概念は犯罪が成立するかどうかの認定基準として相応しくないものであって、社会的危害性を犯罪概念の中に規定することは罪刑法定主義の貫徹を妨げることになると指摘している。これらの点に関しては、陳興良教授らの共同論文も同様な指摘をしている。法を政治に依存させるという社会的危害性の基本的機能に鑑み、この概念を法的基準とすることは、相応しくないだろう。なお、陳興良教授らの共同論文においては、社会的危害性を実質的合理性として捉えるが、それは少し的はずれであると思われる。なぜなら、社会的危害性論は政治の合目的的な理論ではあるが、けっして合理性を含んでいる理論ではないからである。社会的危害性論は、もとより強調しているのが犯罪の本質論であり、階級原理が実在していると見るので、実質的な概念として止まらないのである。刑法理論においては、社会的危害性の概念がもはや非合理的な存在である。

　また、陳興良教授は、その後、刑法解釈の領域において社会的危害性の概念の代わりに、実質的要素として法益概念の導入を提案した。つまり、「社会的危害性の理論———一つの反省的検討」[68]という論文において、「社会的危害性概念を注釈刑法学の領域から追い出し、……実質的意味のある概念である法益および法益侵害を取り入れる必要がある。」と主張した。これは、社会的危害性論を払拭し、法に目を向かわせるために役立つと言えよう。

　樊文研究員、陳興良教授らの批判が社会的危害性に活用の場を残しているの

に対し、李海東教授の社会的危害性に対する批判には、そのような妥協が一切見られない。この点は、著書の序言において一貫して社会的危害性を批判したことからも窺える。加えて、著書の本文においては、社会的危害性についての言及は全くなかった。これは、社会的危害性論を刑法理論として認めようとしないことの現れであろう。このように、分析をせずにどんな結論も正当化し得るという社会的危害性論の性質からすると、李海東教授の社会的危害性論が非規範的、非論理的なものであるという指摘は、より正鵠を射ていると言える。

(2) 擁護論

1) 李立衆らの共同論文

樊文論文に対して答えるという形で、社会的危害性の理論を積極的に擁護する立場から、李立衆・李暁龍の共同論文[69]が発表された。その共同論文は、樊文論文に論難をあびせたが、より本格的に社会的危害性の概念を高く評価する論文としては、李立衆・柯賽龍の共同論文「現行の犯罪概念を弁護する」[70]がある。この論文においては、社会的危害性には積極的な機能があることを理由に、この概念を擁護している。本論文の主な内容は、以下の通りである。

「社会的危害性を犯罪の法律概念に導入するのは、社会主義国家の犯罪概念と資本主義国家の犯罪概念では、根本的相違があるからである。社会的危害性を犯罪概念に導入する理由としては、つぎのような点がある。

　ⅰ）第一は、刑事立法権を制限せしめる必要があるからである。……悪の刑法は公民の生命・自由・財産に対して巨大な脅威になることは疑いを入れる余地がない。……よって、現代の法治国家においては、刑事立法権は制限を受けなければならない。……社会的危害性は、立法者が刑事立法権を行使する唯一の根拠である。社会的危害性を犯罪概念の中に導入して、社会的危害性をもって犯罪の本質とすることは、刑事立法権の行使に超えてはならない壁を設置し、立法者に刑事立法を行使する尺度をより明確に認識させられることであり、したがって刑事立法権に対する制限を実現するためには、有利となる。

ⅱ）第二は、刑事司法における個々事案の個別的正義を実現する必要があるからである。……刑事違法性が罪と非罪を判断する基準であることは、大多数の場合、正しい。なぜなら、大多数の刑事違法性を有する行為は、社会的危害性を有する行為であるからである。しかし、特定の状況の下では、社会生活が入り組んでいて複雑であるため、刑事違法性を有しても重大な社会的危害性がない行為が存在することは十分にありうる。……社会的危害性を切り離し、単なる形式的側面から行為の違法性を検討して当該行為を犯罪として論じるのは、確かに法律を維持することになろうが、それは、公民個人の生命・自由・財産の重大な代価を払う上になされることである。法律の普遍的正義は、当然擁護しなければならないが、刑事司法における個々事案の個別的正義はもっと擁護しなければならない。……社会的危害性を犯罪概念に取り入れることは、刑事司法における個々事案の個別的正義の実現に有利となる。まさにそれゆえ、わが国の現行刑法では、第13条の「但書」を設けたわけである。この「但書」は、法律の角度から刑事違法性を具備しても重大な社会的危害性を有していない行為が存在しうることを認めているものである。〔中略〕

ⅲ）第三は、犯罪概念の行為指導機能と犯罪予防機能を発揮するためである。……犯罪概念は、司法者と行為者に対していえば、罪と非罪を判断する機能を有しているが、行為者だけに対していえば、犯罪概念の行為指導機能と犯罪予防機能の重要な役割を発揮し得る。犯罪概念は、人々にどのような行為が犯罪となり、どのような行為が犯罪とはならないかを告げることができるため、人々にやってもいいことと、やってはならないことを明白に認識させる。……一般民衆は、けっして刑法典を閲覧する方式を通して、どのような行為が刑法に違反し刑罰を受けるに値する行為であるかを一つずつ知ろうとしない。社会的危害性を取り入れることによって、犯罪概念に行為指導機能を持たせ、人々に重大な社会的危害性を有する行為は犯罪であることを告げ、人々に重大な社会的危害性を有する行為を行わないように自覚させることができる。〔中略〕

ⅳ）第四は、マルクス主義の犯罪観がそうさせているからである。……犯罪の形式的概念とブルジョアジーの犯罪観とが密接に関連している。ブルジョアジーの刑法学は、犯罪とは社会の全体構成員の共同利益に危害を有する行為である、とされている。……マルクス主義刑法学は、犯罪は昔からあったものではなく、人類社会が階級分裂を生じ、国家と法が出現したことに伴い、出現したものであって、階級闘争の調和できない産物と表現である、と認識している。階級社会においては、犯罪と宣告されたあらゆるものは、必ず最終的に支配階級の利益を侵害した行為である。……政治と法律は双生児であり、親密で分けることができないことから、社会主義各国は必然的に社会的危害性を犯罪概念の中に導入している。」（上記ⅰ）〜ⅳ）は引用者による）

最後の結論として、「わが国の現行犯罪概念は犯罪の形式的概念と実質的概念の精髄を吸収しており、より全面的・科学的な犯罪概念である。罪刑法定原則に反することがないばかりか、罪刑法定原則の精神の貫徹を強化することになり、刑罰権の濫用を招くことがないばかりか、刑罰権に対する有効な抑止効果を発揮し得る。」としている。

2）劉艶紅の論文[71]

劉艶紅教授は、李立衆副教授らと同様、社会的危害性の機能論を積極的に展開したが、社会的危害性が持つ機能の内容は李立衆副教授らの主張と若干異なっている。つまり、「社会的危害性は、次の四つの側面において機能を発揮する。すなわち、刑事立法、刑事司法、刑法理論、現実の生活の四つである。」としているので、李副教授らのように社会的危害性の階級性原理の面における正統性を論じなかった。その代わりに、刑法理論の指導機能を論じた。

また、劉教授は、社会的危害性の正当化根拠を、階級性原理の代わりに古典学派に求めようとした。つまり、「『社会的危害性は犯罪の本質である』というのは、公認されているテーゼである。このテーゼは、実体においていえば、何らの問題もない。この点については、古典学派の学者たちによってすでに十分

に論じられている。」という見解を示した。

　さらに、社会的危害性論と罪刑法定主義との関係については、「『犯罪の本質』という衣を通して罪刑法定原則を突破する」という批判を意識し、多元的な犯罪本質論[72]を展開した。犯罪の本質には、社会的危害性だけではなく、刑事違法性と刑事応罰性をも取り入れた。つまり、「犯罪の本質は、多元的である。社会的危害性は、犯罪の本質であって、刑事違法性と刑事応罰性も同様に犯罪の本質である。」としている。これは、犯罪概念の三特徴の内部関係において、刑事違法性と刑事応罰性を犯罪の本質にまで引き上げることによって、社会的危害性とある程度対等関係を維持しようとする狙いがあると言える。そして、「混合的犯罪概念において、社会的特徴である社会的危害性と法律的・形式的特徴である刑事違法性および刑事応罰性の間に、確かに決定と被決定の関係が存在している。ただし、このような決定と被決定の関係は、刑事立法上の意味から言うのである。……社会的危害性を有する行為が刑法に採りこまれて犯罪として規定され、すなわち罪刑が法定された後は、刑法の規定のみを根拠とし、犯罪の認定と量刑を行わなければならない。法定化されていない行為は、その社会的危害性が如何に重大であったとしても、犯罪として処することができない。この場合には、実質的犯罪概念と形式的犯罪概念の間における決定と被決定の関係は、ちょうど逆になる。」と論じた。

3）検討
ア）李立衆らの論文について

　李副教授らの前記ⅰ）の理由は、社会的危害性の立法的な基準としての役割を強調していると言える。この点は、樊文研究員や陳興良教授などの廃棄論者も認めている。社会的危害性の立法基準という考えは、「刑罰法規の内容の適正」の原理と類似しているように見えるが、「刑罰法規の内容の適正」はあくまで事後的に司法審査による立法権を審査する原理とされる。つまり、司法による事後的チェックの原理である。ところが、李立衆副教授らの論文では、立法者が立法権を行使する際に、立法権を制限する基準として、社会的危害性の

観念が必要とされているため、それは事前的チェックということになる。このような「立法権を制限する」ことは第三者によるものではないため、「制限」というより、せいぜい立法者の「自己抑制」を期待するにすぎないのである。

前記ⅱ）では、「但書」の犯罪阻却機能の根拠付けとして社会的危害性論が必要とされている[73]。これは、社会的危害性論を美化するものであるが、この点についての批判は、前節で述べた通りである。

前記ⅲ）は、社会的危害性を行為規範として認めない樊文研究員の見解を意識しながら、立論したと思われる。前記ⅲ）の主旨は、一般民衆は刑法典を見ず、刑法の具体的な内容を知らないため、大まかな行為基準としての社会的危害性を規定しておけば、行為の指導機能ができ、犯罪予防にも繋がるというものである。しかし、刑法典さえ見ず具体的内容を知らない一般民衆は、どうやって刑法典より難解なマルクス主義の刑法学を知り、社会的危害性の本質を見破ることができるのか、理解しがたい。刑法の規定を明確にすればするほど、人々は自分の行動がどのような結果になるかをより正確に予測することができ、それにより、人々の行動自由が保障される。このような社会的危害性が大まかな行為基準としての機能を有するとすれば、それは人々の行動を委縮させてしまうものにほかならない。

前記ⅳ）に展開されているのは、社会的危害性の正統論であり、社会的危害性論の本質にかかわるものである。社会的危害性論は、その背景にマルクス主義の階級性原理があり、その原理から正統性を担保されている。これは、まさに前述の本章第2節で指摘した社会的危害性の問題点である。この思考様式こそ、法秩序の自律性を奪い、罪刑法定主義の貫徹を阻害するものである。

なお、前記ⅲ）と前記ⅳ）に論じられている社会的危害性の「社会」を矛盾なく説明できるとすれば、前記ⅲ）で想定されている社会は、共通認識できる共同体の社会であり、他方、前記ⅳ）に論じられている社会は、共通認識に基づかない支配階級の観念の中にのみ存立する社会である。社会的危害性における「社会」の意味合いは、立論によって変わったりする。この点だけを見ても、社会的危害性論は杜撰な理論であることが十分に理解されるだろう。

イ）劉艶紅の論文について

劉教授の主張した社会的危害性機能論の内容について、李副教授らと共通する部分は省略する。

まずは、劉教授の社会的危害性論が古典学派と関連性があるという主張について検討する。古典学派（旧派）の理論と言えば、客観主義刑法理論を主張する学派のことであることは論を俟たない。しかし、社会的危害性論は、もともとソ連刑法の社会的危険性論から由来したものであって、新派の主観主義刑法理論そのものであるとまでは言えないとしても、それと親和性を持っている点は指摘しうる[74]。社会的危害性の内容を見ても、社会に与えた客観的損害のほかに、主観上の有責性、さらに人的危険性まで含まれている[75]ので、客観主義刑法理論とは程遠いものである[76]。社会的危害性論は、客観主義刑法理論との関連性があるとは言えない。

また劉教授は、立法化された後は、罪刑法定主義があるため、形式的犯罪概念と実質的犯罪概念とは、決定と被決定の関係にあるとしている。そうであるとすれば、樊文研究員や陳興良教授らが主張したように、刑事司法においては、実質的犯罪概念、つまり社会的危害性の必要性はなくなる。したがって、刑事司法においては、社会的危害性の機能論を展開する意味はない。

(3) 修正的擁護論

修正的擁護論[77]には、張明楷教授の見解がある。張明楷教授は、この論争に直接的には参戦していない[78]が、社会的危害性の概念を維持する立場にある。ただし、張教授は、従来の社会的危害性論をそのまま支持するのではなく、社会的危害性の内容を法益侵害に再構成しようとしたので、その内容は必ずしも従来の社会的危害性の理論と一致するものではない[79]。つまり、「社会的危害性は、行為が法益に対する侵害あるいは脅威そのものであり、違法性の実質そのものである。」[80]として、社会的危害性の内容を既存の議論に比して大幅に縮小解釈したように見える。法益概念を中国刑法理論に導入すべきとい

第2章 社会的危害性論

う方向性については、張教授と陳興良教授とは歩調が一致している。しかし、陳教授は、社会的危害性を排除した上で法益概念を導入すべきだと主張しているが、これに対し張教授は、あくまで解釈により社会的危害性の内容を法益侵害に組み替えようとしている。

また、張教授は、法益侵害性と新刑法典とを関連させようとしている。すなわち、「立法者が罪刑の規範を制定することは、制裁のための制裁でもなければ、禁止のための禁止でもなく、一定の利益を保護するためにほかならないのである。マルクス主義は、法律は条文化された支配階級の意思であって、その意思内容は、究極において、支配階級の共同利益によって決定される、と見ている。法益保護を刑法の目的とすることは、マルクス主義の法学原理と一致するのである。前述の通り、刑法第２条の刑法任務に関する規定は、法益保護にあると概括し得る。任務の達成は目的の実現を意味するが、刑法の任務は、実際には刑法の目的そのものである。それゆえ、われわれは、刑法の目的は法益保護にあると概括することができる。刑法第13条の犯罪概念に関する規定は、法益侵害を『社会に危害を与える行為』の実質的内容とすることをはっきり示している。すなわち犯罪の本質は、法益侵害である。」[81]と解している。

これにより張教授は、刑法第２条の規定から、刑法の目的は法益保護にあると解し、刑法第13条の規定から、犯罪の本質は法益の侵害である、と解している。張教授は、自身の見解がマルクス主義の法の階級性原理にも一致している、としている。このような張教授の見解は、社会的危害性の内容を法益侵害と解するように見えるが、むしろ法益侵害の中に社会的危害性を吸収させることにある、とも読み取れる。なぜなら、従来の社会的危害性論が主張している客観と主観の統一性という内容は、張教授によっても維持されているからである。つまり、「社会的危害性の主観と客観の統一性とは、危害行為の法益に対する客観上の侵害性と行為者の主観上の有責性によって形成される内容のことである。」[82]としている。法益侵害性に有責性も含ませるのは、主観的違法性論を全面的に支持しない限り、無理であろう。

ところが、張教授は、新版の『刑法学』（第三版）において、主観と客観と

の統一性という社会的危害性論のテーゼが成り立たないわけではないとしながら、このテーゼを放棄し、客観的違法性論を主張した[83]。さらに、主観的違法性論を認めないのみならず、主観的違法性要素も認めないので、結果反価値論の立場にある。これにより、張教授は、社会的危害性論の基本的テーゼを放棄することになった。そうなると、社会的危害性の概念を維持する理由は分からなくなり、この方法は、単なる「社会的危害性論という古い革袋に法益侵害性論という新酒を入れる」ものであるという批判を免れない[84]。また、法益概念の思想的背景が啓蒙主義的社会契約論にある[85]のに対し、社会的危害性の概念は、法の階級性原理にある、ということからしても、社会的危害性と法益論とを結び付けるのは、無理を感じる。

　なお、張教授は、人民民主主義専政が国家的法益であると解している[86]。しかし、国家は人民民主主義専政の道具にすぎないので、人民民主主義専政は、国家的法益を超越していることから、本来的に国家的法益に属さないはずである。人民民主主義専政は、法を超越しており、法によってカバーすることができない。それゆえ、人民民主主義専政は、社会的危害性論の内容としてはあり得るかもしれないが、法益の対象にはなり得ないのではなかろうか。

(4) 小括

　以上、社会的危害性概念の存廃をめぐる諸議論を検討してきた。同概念廃棄論は従来の理論や価値に対する挑戦であり、陳興良教授を中心として精力的に取り組んでいる[87]が、なお少数にとどまる。とりわけ、李海東教授のような社会的危害性の概念に対して徹底した批判をする者はまれである。社会的危害性の概念が中国刑法や刑法理論において中心的な存在であることは、当分の間、変わらないであろう。

　一方、擁護論は、社会的危害性を中心とした従来の理論を維持し、美化しようとしており、正統派である。しかし、廃棄論からの批判を受け、社会的危害性の内容を変更したりしているので、修正的擁護論に近づいている。それにより、法益概念に対する拒否反応は見受けられない。

しかし、社会的危害性の概念に取って代わって法益概念を導入しただけで、罪刑法定主義がうまく適用されるという考えは、罪刑法定主義の原則が条文上に確立されたことによって罪刑法定主義が貫徹されるという考えと同様に、短絡にすぎる。とはいうものの、法益概念を導入することは、政治の変化に順応することを求めるソ連法からの影響を払拭するためには、役に立つであろう。このことは、社会的危害性の存廃をめぐる論争の最も重要な収穫の一つである。

5. 結語

本章は、中国刑法における中心的な存在である社会的危害性論について、その思想的背景を明らかにした上で、犯罪概念規定但書との問題点や社会的危害性の概念をめぐる論争を考察した。

（1）1949年の共産党新政権の誕生以後、中国においては、階級性原理によって形成された人民民主主義専政の観念が支配的である。人民民主主義専政の観念が刑法上に理論化されたものが、社会的危害性論である。すなわち、人民民主主義専政のイデオロギーが、社会的危害性論を通じて、刑法に送り込まれているのである。社会的危害性のイデオロギー的な機能は、人民民主主義専政論を刑法上に実現することである。この機能こそが、社会的危害性論が社会主義刑法学（マルクス主義刑法学）の核心に据えられる最も重要な要因である。

刑法道具論は、しばしば批判される[88]。確かに、中国刑法においては、刑法道具論が強調されている。しかし、刑法が道具であることは、それ自体間違いではない。刑法が自己営為でない以上、何らかの目的を持たされることは否定できない。「制度は所詮は道具であり、何の目的のためにも用いられる」[89]という指摘があるように、誰がどんな目的を持って行うかを究明することは、重要である。伝統的中国刑法理論において強調されていることは、刑法は「人民民主主義専政」の道具であるというテーゼである。つまり、その目的は、階級性原理からきた人民民主主義専政にある。

97

人民民主主義専政の下では、法への政治介入は制度化されている。このような法への政治介入に、理論上の根拠を提供するのが社会的危害性論である。社会的危害性の判断は、規範によるものもあるが、究極においては政治的な判断に依存している。社会的危害性論は、法への政治介入にとっては、好都合の理論である。これらは、法秩序の自律性を奪っていくものであり、罪刑法定主義と対峙するものである。

　(2) 社会的危害性論は、中国刑法第13条の犯罪概念但書規定の正当化根拠となっている。この理論が批判されるようになった昨今では、犯罪概念規定但書をもって社会的危害性理論を美化しようとするものさえ登場してきている。犯罪概念規定但書が、刑法の謙抑性の理念に合致しているとされているからである。このような見解は、実態を見ようとしないものである。犯罪概念規定但書には、その受け皿として労働教養、収容教育、行政拘留の制度があるが、これらの制度は、そのサンクションの過酷さからみると、刑法の謙抑性の理念と背離しているものばかりである。

　(3) 社会的危害性は、判断の対象であると同時に、判断の基準でもあるが、その中身はないに等しい。逆に言えば、社会的危害性の中には何でも取り込まれうる。社会的危害性があるかないか、量的・質的にどのぐらい重大であるかは、直観的・総体的な判断によるしかない。このように、社会的危害性論は、分析をせずに直観的・総体的な結論を正当化するためのレッテルにすぎない。この理論を用いれば、例えば積極的安楽死も簡単に正当化することができる。社会的危害性論は、論理的な分析が欠如しているがゆえに、この理論によって得られた結論を検証し、または反証することは不可能である。

　ケルゼンは、「ソヴィエト法理論は、殆んど専ら政治的諸要素によって支配される。イデオロギー的上部構造に関するマルクスの理論にしたがって、ソヴィエト法理論は、そもそもの最初から、社会主義対資本主義の戦いにおけるイデオロギー的武器となることが企てられた。ソヴィエト法理論はソヴェト政府の政策の一切の変化におとなしく順応する。」[90]と、旧ソ連の法理論を酷評している。旧ソ連の法理論から導入された一理論である社会的危害性論は、ケ

第 2 章　社会的危害性論

ルゼンの言うような役割を持っていると思われる[91]。刑法を政治介入から独立させようとするならば、まずは、刑法理論から社会的危害性論を排除すべきではなかろうか。

注

(1)　藤田勇『ソビエト法』東京大学出版会（1986 年）279 頁。
(2)　陳興良『刑法哲学』（修訂三版）中国政法大学出版社（2004 年）717 頁以下。
(3)　貝卡里亜／黄風訳『論犯罪与刑罰』〔42 章版〕中国大百科全書出版社（1993 年）66 頁。日本語版は、「犯罪の真の尺度はその『社会に与える損害』である」と訳している（ベッカリーア／風早八十二・風早二葉訳『犯罪と刑罰』岩波書店（1938 年）126 頁）。なお、黄風は〔47 章版〕の訳（中国方正出版社（2004 年）19 頁）において、「損害」を使用している。
(4)　高銘暄・馬克昌主編／趙秉志執行主編『刑法学』（第 4 版）北京大学出版社、高等教育出版社（2010 年）45 頁以下（高銘暄執筆）、劉艶紅「社会危害性理論之弁正」中国法学 2002 年第 2 期 166 頁。
(5)　例えば、ヨシュア・ドレスラー／星周一郎訳『アメリカ刑法』レクシスネクシス（2008 年）158 頁以下。
(6)　中国の刑事訴訟法第 51 条第 1 項第 2 号は、「人民法院、人民検察院及び公安機関は、次に掲げる自由の一つに当たる被疑者又は被告人について、立保証又は住居監視をすることができる。……有期懲役以上の刑罰を科す可能性があり、立保証又は住居監視の措置をとっても社会的危険性を生じせしめない者。……」（下線は筆者による）と規定している（2012 年の新刑事訴訟法（2013 年 1 月 1 日施行）第 65 条等では「社会的危険性」の概念を用いている）。
(7)　「社会契約によって統一されている社会全体」（ベッカリーア／風早ほか訳・『犯罪と刑罰』28 頁）を指している。
(8)　そもそも、「社会に与える損害」というベッカリーアの主張は、客観主義刑法を展開するためのものであって、社会的危害性論とは縁もゆかりもないものであった。
(9)　A・A・皮昂特科夫斯基ほか著／曹子丹ほか訳『蘇聯刑法科学史』法律出版社（1984 年）21 頁、25 頁（O・Ф・希紹夫執筆）。
(10)　これらの宣言より先に、1949 年 1 月 14 日に毛沢東は、「中共中央毛沢東主席関於時局的声明」（『毛沢東選集』（第四巻）人民出版社（1960 年第 1 版、1964 年第 5 次印刷）

1391頁以下）という声明を発表した。この声明の中ではすでに、国民党政権下で制定された「憲法」や「法統」を廃止すべきと主張していた。

(11) この文書は王明（当時、中共中央法律委員会委員長）によって起草されたという（範進学「廃除南京国民政府『六法全書』之思考」法律科学（西北政法学院学報）2003年第4期39頁）。

(12) この二つの「指示」についての日本語の全訳は、西村幸太郎編訳・解説『中国における法の継承性論争』早稲田大学比較法研究所叢書12（1983年）1-16頁（土岐茂訳）参照。

(13) 季衛東『現代中国の法変動』日本評論社（2001年）26頁以下参照。

(14) 「政務院関於加強人民司法工作的指示」中央人民政府法制委員会編『中央人民政府法令彙編（1949-1950）』人民出版社（1952年）179頁以下。

(15) ア・ヤ・ヴイシンスキー／山之内一郎訳「ソヴエト社会主義法学の基本的諸課題（1）-(3)、未完」ソヴエト法学第1巻第5号（1956年）66頁以下、第1巻第6号（1956年）55頁以下、第2巻第1号（1956年）22頁以下。

(16) 周新民／大塚勝美訳「新中国法学発展10年の回顧」法律時報33巻2号（1961年）72頁。

(17) 高銘暄ほか主編・『刑法学』48頁（高銘暄執筆）。

(18) 高銘暄ほか主編・『刑法学』49頁（高銘暄執筆）。

(19) 高銘暄『刑法肆言』法律出版社（2004年）248頁。

(20) 現行のロシア刑法では、社会的危険性に代わって「損害」を強調している（小森田秋夫編『現代ロシア法』東京大学出版会（2003年）180頁以下（上田寛執筆））。

(21) 刑法第1条は、「犯罪を懲罰し、人民を保護するために、憲法に基づいて、わが国が犯罪と闘争してきた具体的経験と実際状況とを結合させ、本法を制定する。」という規定である。

(22) 長尾龍一教授の指摘によれば、國體の概念は戦前から梁啓超等によって中国に導入されたが、毛沢東はさらに、この概念を階級性原理と関連させた（長尾龍一「八束の髄から明治史覗く」同編『穂積八束集』信山社（2001年）158頁）。なお、梁啓超の論述については、同「論中国与欧州國體異同」（1899年）、「各国憲法異同論」（1899年）参照（それぞれ梁啓超『飲氷室文集之四』台湾中華書局印行（1970年）61頁以下、71頁以下所収）、毛沢東の所論については、同「新民主主義論」（1940年）参照（『毛沢東選集』（第二巻）人民出版社（1952年）655頁以下所収）。また、林来梵『中国における主権・代表と選挙』晃洋書房（1996年）9頁参照。

(23) 毛沢東「中国社会各階級的分析」『毛沢東選集』（第一巻）人民出版社（1951年）3頁

以下。

(24) 周恩来「人民政協共同綱領草案的特点」(1949年9月22日)『周恩来選集』(上巻) 人民出版社 (1980年) 366頁以下。ただし、毛沢東は、1949年6月に発表された「人民民主専政を論ず」においては、すでに、民族ブルジョアジーについて、「革命の指導者にはなれず、国家の政権において重要な地位を占めてはならない。」としていた(「論人民民主専政——記念中国共産党二十八周年」『毛沢東選集』(第四巻) 1484頁)。

(25) 中央人民政府法制委員会編・『中央人民政府法令彙編 (1949-1950)』16頁。

(26) なお、中国における「人民」と「国民」との区別については、平野義太郎『人民民主主義憲法への史的展開』日本評論新社 (1956年) 129頁以下参照。

(27) 毛沢東「関於正確処理人民内部矛盾的問題」『毛沢東選集』(第五巻) 人民出版社 (1977年) 393頁以下。

(28) 周振想「犯罪与両類矛盾問題」高銘暄主編『新中国刑法学研究綜述 (1949-1985)』河南人民出版社 (1986年) 24頁以下。

(29) 人民ではない場合、法律上の不利益として、政治的権利が剥奪されることになる (刑法第54条ないし58条)。もともと、「剥奪されるべき政治的権利そのものが実際なかったのである」ので、政治的権利の剥奪は、「権利の剥奪それ自身より社会的追放と社会的地位の失墜の象徴としてより重要であった」(R・ランドル・エドワーズほか/斎藤恵彦・興梠一郎訳『中国の人権——その歴史と思想と現実と』有信堂 (1990年) 143頁 (アンドリュー・J・ネイサン執筆))。

(30) 劉少奇「在中国共産党第八次全国代表大会上的政治報告」(1956年9月15日)『劉少奇選集』(下巻) 人民出版社 (1985年) 202頁以下。

(31) 四つの基本原則とは、1979年3月に開催された中共中央理論討論会において、鄧小平によって簡潔にまとめられた中国共産党の思想・政治の基本原則で、①社会主義の道の堅持、②人民民主専政の堅持、③中国共産党による指導の堅持、④マルクス=レーニン主義、毛沢東思想の堅持、という四つの原則からなる。その後、さらに鄧小平理論と「三つの代表」重要思想が④に追加されている。これらの基本原則は、1982年憲法の前文に盛り込まれ、反体制の取締の「法」的根拠となっているが、価値の相対性を認めず、価値絶対主義の現れであると指摘されている (鈴木敬夫「法における不寛容—杜鋼建教授の新仁学人権論—」『高瀬暢彦教授古稀記念号 現代法への哲学・歴史の視点』日本法学第68巻第4号 (2003年) 25頁以下)。

(32) 現に、中国は都市部対農村部という厳格な二元的社会構造を採っている。この戸籍制度の下では、農民は都市部に移住することが厳しく制限されるなどの不利益を受けている。

(33) 劉少奇・「在中国共産党第八次全国代表大会上的政治報告」264頁。
(34) 劉少奇・「在中国共産党第八次全国代表大会上的政治報告」242頁。
(35) 毛里和子『新版　現代中国政治』名古屋大学出版会（2004年）160頁以下。
(36) 季衛東『中国的裁判の構図――公論と履歴管理の狭間で進む司法改革』有斐閣（2004年）79頁。
(37) この点は、裁判官の独立を認める旧ソ連と異なっている。
(38) 例えば、刑事訴訟法第149条には、「……疑義があり、複雑で、重大な案件については、合議廷が結論を下しがたいと認めた場合は、合議廷が院長に案件を報告し、当該案件を院長が審判委員会において検討し決定するかどうかを決定する。審判委員会の決定は、合議廷がそれを執行しなければならない。」と規定されている（2012年の新刑事訴訟法第180条の規定は、これと同内容である）。
(39) 陳瑞華『看得見的正義』中国法制出版社（2000年）124頁以下、鈴木賢「中国における裁判の独立の実態と特徴的構造」社会体制と法第8号（2007年）48頁以下。また、拙稿「中国の人民参審員制度の沿革と概要――日本の裁判員制度との比較」専修総合科学研究第17号（2009年）265頁参照。
(40) 古代中国においては、法秩序は天からの授かり物である。つまり、法は、天からの意思であるため、王朝の交替によって変わるものではないと考えられた。故に、法の自律性がある程度担保されると言える。したがって、古代中国の法に対する考えと、マルクス主義法学のそれとは根本的に異なっていると考えられる。
(41) Vgl., Thomas Richter, Über Zustand und Tendenzen des chinesischen Strafrechts nach der Reform von 1997, Kansai University review of law and politics, Vol.27, 69-80, 2006。日本語訳は、トーマス・レヒター／葛原力三訳「1997年改正以降の中国刑法の状態と傾向」ノモス18（2006年）37頁以下。
(42) 王勝俊（最高人民法院院長）「高挙中国特色社会主義偉大旗幟　建設中国特色社会主義司法制度」最高人民法院編写組『人民法院審判理念読本』人民法院出版社（2011年）序言8頁。
(43) 「胡錦涛在同全国政法工作会議代表和全国大法官、大檢察官座談時強調　立足中国特色社会主義事業発展全局　扎扎実実開創我国政法工作新局面　呉邦国温家寶習近平出席　周永康主持」人民法院報2007年12月26日1面。
(44) 「王勝俊在全国高級法院院長会議上強調　牢牢把握『三個至上』指導思想　努力開創人民法院工作新局面」人民法院報2008年6月23日1面。
(45) 王振民「『三個至上』有内在羅輯聯係」、張志銘「互為表裏　三位一体」人民法院報2009年6月26日5面。

(46) 張仙根「関於犯罪概念中社会危害性問題的商権」華東政法学報1956年第2期41頁以下。
(47) いわゆる弁証法の三大基本原則の一つである量質転換の法則より説明されている。
(48) 何秉松主編『刑法教科書』〔2000年修訂〕［上巻］中国法制出版社（2000年）148頁（何秉松執筆）。
(49) 刑法第264条には、「公私の財物を窃盗し、その額が比較的高い場合、又は……」と規定されている。
(50) 最高人民法院、最高人民検察院、公安部が連名して制定した「関於窃盗罪数額認定標準問題的規定」（法発1998年3号）によれば、「額が比較的高い」場合とは、500元から2000元以上の範囲内で、各地方が経済の発展状況等を考慮して各自に定める。
(51) 長尾龍一『純粋雑学』信山社（1998年）9頁、同『法哲学入門』講談社学術文庫（2007年）164頁。
(52) 馮亜東「犯罪概念与犯罪客体之功能弁析」中外法学2008年第4期588頁。
(53) 例えば、張永紅『我国刑法第13条但書研究』法律出版社（2004年）19頁、劉艶紅『実質刑法観』中国人民大学出版社（2009年）113頁など。
(54) この問題については、第5章でやや詳しく再論する。
(55) 以上の労働教養制度の沿革は、寥万里「労働教養制度的歴史沿革」趙秉志・楊誠主編『中国労働教養制度的検討与改革』中国人民公安大学出版社（2008年）1頁以下を参照した。
(56) 司法部労働教養管理局ホームページ（http://www.moj.gov.cn/ldjyglj/2007-05/16/content-19622.htm）、2011年6月23日にアクセス。なお、同ホームページによると、2008年末の時点では16万人の労働教養対象者を収容していた。
(57) 事後的な司法による救済制度は、1989年10月に施行された「中華人民共和国行政訴訟法」によって初めて可能になった。
(58) 近年、「違法行為教育矯治法」（暫定名称）に改正することになっているが、その改正を見守りたい。
(59) 以上の収容教育所の設立経緯については、主に詹偉・李楠「新時期我国収容教育制度改革創新研究」中国人民公安大学学報2005年第3期87頁以下を参照した。
(60) 詹偉ほか・「新時期我国収容教育制度改革創新研究」90頁。
(61) 「警察裁判権」の用語は、内田誠「明治前期における行政警察的取締法令の形成──違式　違条例から旧刑法第四編違警罪へ」早稲田法学会誌第33巻（1982年）285頁以下において用いられている。この問題については、第5章に詳しく検討する。
(62) 陳興良「［学術報告］違法性理論：一個反思性検討」賈宇主編・王政勛副主編『刑事

違法性理論研究』北京大学出版社（2008 年）437 頁、440 頁。
(63) 社会的危害性の概念に否定的な立場においても、その概念の立法基準機能を認める。なお、この点については、後に検討する。
(64) 樊文「罪刑法定与社会危害性的衝突——兼析新刑法第 13 条関於犯罪的概念」法律科学 1998 年第 1 期 26 頁以下。
(65) 陳興良・劉樹徳「犯罪概念的形式化与実質化弁正」法律科学 1999 年第 6 期 92 頁以下（陳興良『当代中国刑法新境域』中国政法大学出版社（2002 年）230 頁以下所収）。
(66) ここでは、陳興良教授らは第 3 条の前段の規定を指していると思われる。
(67) 李海東「我們這個時代的人与刑法理論——代自序」『刑法原理入門（犯罪論基礎）』法律出版社（1998 年）序言 6 頁以下。
(68) 陳興良「社会危害性理論——一個反思性検討」法学研究 2000 年第 1 期 1 頁以下（同・『当代中国刑法新境域』52 頁以下所収）。
(69) 李立衆・李暁龍「罪刑法定与社会危害性的統一——与樊文先生商権」政法論叢 1998 年第 6 期 3 頁以下。
(70) 李立衆・柯賽龍「為現行犯罪概念弁護」法律科学 1999 年第 2 期 54 頁以下。
(71) 劉艶紅「社会危害性理論之弁正」中国法学 2002 年第 2 期 164 頁以下。
(72) なお、犯罪本質多元論の論者は、ほかに何秉松主編・『刑法教科書』146-153 頁（何秉松執筆）、馮亜東『理性主義与刑法模式——犯罪概念研究』中国政法大学出版社（1999 年）130 頁がある。
(73) 儲槐植教授などは、特にこの点を強調している（例えば、儲槐植・張永紅「善待社会危害性観念——従我国刑法第 13 条但書説起」『中国刑法学精粋（2003 年巻）』機械工業出版社（2004 年）3 頁以下）。
(74) 木村亀二博士は、旧ソ連の刑法はフェリーなどの新派理論を承継したものであると指摘した（木村亀二「フェリーとソヴェート・ロシア刑法」同『刑事政策の諸問題』有斐閣（七版、1969 年）484 頁以下所収（初出 1930 年））。
(75) 劉教授は、社会的危害性の内容は人的危険性と社会への客観的損害の統一であるとしている（同主編『刑法学総論』（第 2 版）北京大学出版社（2006 年）41 頁）。
(76) 古典学派と近代学派（新派）との対比については、岩井宜子『刑事政策』[第 5 版] 尚学社（2011 年）109 頁以下参照。
(77) 修正的擁護論には、小口彦太『現代中国の裁判と法』成文堂（2003 年）240 頁や、黎宏「罪刑法定原則下犯罪的概念及其特徴——犯罪概念新解」法学評論 2002 年第 4 期 14 頁以下などの見解もある。しかし、これらの見解は、伝統的犯罪論体系の再構築に繋がっているので、本章ではなく、第 4 章で扱うこととする。

第 2 章　社会的危害性論

(78) ただし、張教授は、自身の『刑法学』(第二版) 法律出版社 (2003 年) において、廃棄論への簡潔な反論を展開した。つまり、社会的危害性が非規範性であるという李海東教授の批判に対し、その規範性を究明し、それを法益侵害性と解すれば、解決し得る。また、陳興良教授の批判に対し、法益や法益侵害の概念を導入することは、社会的危害性の概念を追放することを前提とすることではなく、社会的危害性を法益侵害性と理解すればよい、とした (同書 98 頁脚注)。

(79) 社会的危害性の内容を法益侵害性と解することは、少なくとも、有責性を社会的危害性の内容から排除することになる。これは、従来の社会的危害性論とは異なっている (例えば、馮亜東・『理性主義与刑法摸式——犯罪概念研究』84 頁以下では、社会的危害性には責任の機能も有していると明確に論じている)。

(80) 張明楷『法益初論』中国政法大学出版社 (2000 年)「導言」4 頁。

(81) 張明楷・『法益初論』199 頁。

(82) 張明楷・『刑法学』(第二版) 97 頁。ただし、張教授は、人的危険性を社会的危害性の内容に入れるべきでないとしている (同書 97 頁脚注)。

(83) 張明楷『刑法学』(第三版) 法律出版社 (2007 年) 81 頁。

(84) 陳興良「走向学派之争的刑法学」法学研究 2010 年第 1 期 145 頁。

(85) クヌト・アメルンク／日髙義博訳「ドイツ刑法学における法益保護理論の現状」ジュリスト 770 号 (1982 年) 88 頁以下 (日髙義博『違法性の基礎理論』イウス出版 (2005 年) 199 頁以下所収)。

(86) 張明楷・『法益初論』182 頁。もともと、「人民民主専政」という文言は、現行刑法典の総則第 2 条と第 13 条に規定されているが、各則の規定では、このような文言が見当たらない。なお、1979 年刑法典では、総則の第 1 条、第 2 条と第 10 条に「プロレタリア階級専政」の文言があっただけではなく、各則の反革命罪 (第 90 条) などの規定にもあった。

(87) 陳教授は、社会的危害性論に対し、一連の批判を展開した。上記の論文以外に、「社会的危害性理論：進一歩的批判性清理」中国法学 2006 年第 4 期 5 頁以下などがある。

(88) 例えば、李海東・「我們這個時代的人与刑法理論——代自序」4 頁、坂口一成「中国刑法における罪刑法定主義の命運 (2・完)——近代法の拒絶と受容」北大法学論集 52 巻 4 号 (2001 年) 259 頁。

(89) 長尾龍一『法哲学入門』講談社学術文庫 (2007 年) 178 頁。

(90) ケルゼン／服部栄三・高橋悠治訳『マルクス主義法理論——ソ連法学批判〔1955 年〕』著者序文 (長尾龍一編訳『ハンス・ケルゼン著作集Ⅱ　マルクス主義批判』慈学社 (2010 年) 275 頁)。

(91) 例えば、「中国共産党の法制に対する絶対的指導は中国法制の一大特徴である。もし中国法制に何らかの特徴を挙げようとすれば、中国共産党の法制に対する絶対的な指導こそが中国法制の最大の特徴である。」というような指摘がある（李学斌「中国共産党的刑事政策与中国刑事法律関係簡論」高銘暄・馬克昌主編『刑法熱点疑難問題探討［上冊］――中国法学会刑法学研究会2001年学術研討会論文選集』中国人民大学出版社（2002年）25頁）。

第3章　犯罪概念特徴論

1. 問題設定

　第1章と第2章で述べたように、中国現行の1997年刑法典の第13条には犯罪概念に関する規定が設けられている。この犯罪概念規定の解釈をめぐって犯罪概念特徴論の華やかな論議が展開されている。犯罪概念特徴論は、何をもって犯罪の特徴あるいは犯罪の本質とするのかという点をめぐって議論されている。

　犯罪概念を規定している刑法第13条は、次のようなものである。「①国家の主権及び領土の保全と安全に危害を与え、国家を分裂させ、人民民主独裁の政権を転覆させ、社会主義制度を覆し、社会秩序と経済秩序を破壊し、国有財産又は勤労大衆による集団所有の財産を侵害し、公民の私的所有の財産を侵害し、公民の人身の権利、民主的権利及びその他の権利を侵害し、又はその他社会に危害を与える行為で、②法律に基づいて③刑罰による処罰を受けなければならない場合は、すべて犯罪である。④ただし、情節が著しく軽く危害が大きくない場合は、犯罪としない。」（条文中の①〜④は筆者による）

　条文の文面から、犯罪概念は①から④の四つの部分によって構成されているとされている。つまり、①は、犯罪は社会への危害性を持つ行為でなければならない（社会的危害性）。②は、犯罪は刑罰法規に違反する行為でなければならない（刑事違法性）。③は、犯罪は刑罰による処罰を受けるに値する行為で

なければならない(刑事応罰性[1])。④は、犯罪としない「但書」である。なお、但書は本文からの除外例であって、特に社会的危害性から派生したものとされているので、犯罪概念の独立した要素として認められない。実際に、犯罪概念特徴論の論議は、主に①から③の要素をめぐるものである。

一方、第1章で検討したように、これまで拒絶し続けてきた近代刑法の基本原則である罪刑法定主義[2]が、1997年の刑法の全面改正を機に導入された[3]。罪刑法定主義(第3条)の導入は、犯罪概念論に対する大きなインパクトを持った。

20世紀の近代法思想の特徴は法秩序の自律性を追求することにあると言える[4]が、その流れと対蹠するものの一つにマルクス主義法理論がある。近代法理論とマルクス主義法理論の対蹠は、中国刑法において言えば、罪刑法定主義と実質的犯罪概念たる社会的危害性との対立に現れる。

本章は、以上の問題意識の下で、中国刑法における犯罪概念特徴論に関する主な学説を取り上げて、諸学説の主張内容ア)、各要素間の関係イ)、特に上記の①と②との関係についての見解に焦点を当てて紹介し、その主張の特徴ウ)を明らかにする。そして、次のような三つの問題点を論究したい。つまり、第1は、犯罪概念特徴論がどんな特質を持っているのか、という問題である。第2は、実質的犯罪概念と形式的犯罪概念とがどのような関係にあるのか、という問題である。第3は、罪刑法定主義が導入されたことによって、犯罪概念特徴論にどのような影響を与えた[5]か、という問題である。

2. 三特徴説(高銘暄説)

犯罪概念規定の条文の文面に従って①から③の三つの要素を備えて犯罪の特徴とするという主張が、三特徴説である。三特徴説は、中国の通説になっている[6]。

ア)主張の内容　三特徴説を代表する見解としては、高銘暄教授の見解が挙げられる。高説によれば、刑法第13条の定義は、「我国の社会の様々の犯罪

に対して制定した科学的な概括であり、われわれが犯罪を認定したり、罪と非罪とのしきりを付けたりする基本的な依拠である。……第13条の規定によると、犯罪という行為は以下のような三つの基本特徴を有していると見ることができる。（一）犯罪は社会に危害を与える行為である。すなわち、一定の社会的危害性を有しているものである。行為が一定の社会的危害性を有していることが、犯罪の最も基本的な特徴である。……（二）犯罪は、刑律を犯した行為である。すなわち、刑事違法性を有しているものである。……（三）犯罪は、刑罰により処罰を受けるべき行為である。すなわち、刑事応罰性を有しているものである。」[7]

このような犯罪概念は、混合的犯罪概念である[8]。混合的犯罪概念は、「犯罪の実質的概念と形式的概念との統合であり、犯罪の本質特徴を指摘するだけでなく、犯罪の法律特徴も指摘している概念」[9]のことを指す。

イ）各要素間の関係付け　この三つの特徴の相互関係においては、緊密に結び付いているものと解されている。つまり、「一定の社会的危害性は、犯罪の最も基本特徴であり、刑事違法性および刑事応罰性の基礎をなしている。仮に社会的危害性があっても、刑法に違反し、刑罰により処罰を受けるに値する程度に達しなければ、犯罪を構成することもない。」[10]としている。社会的危害性と刑事違法性との関係については、「行為の社会的危害性は、刑事違法性の基礎であり、刑事違法性は、社会的危害性の刑法上の表現である。」[11]と解されている。

また、刑法典に犯罪概念の規定を設けることは、「罪刑法定原則」の現れでもある[12]。

ウ）主張の特色　この説によると、社会的危害性は、犯罪概念の構成において決定的な役割を果たしているとしている。これを徹底すれば、刑事違法性と社会的危害性との間に齟齬が生じた場合は、刑罰法規が無効になるはずである。しかし、刑事違法性や刑事応罰性は、社会的危害性の程度を表すものであって、社会的危害性と刑事違法性との間は相反関係ではなく、一体的な関係になっていると解しており、各要素の齟齬は想定していないように思われる。

そうであれば、社会的危害性は、刑事違法性を拘束する要素として機能するのでなく、もっぱら刑事違法性を正当化する観念としてのみしか機能しないことになるのではなかろうか。

3. 二特徴説

二特徴説は、有力説だとされている。二特徴説という名称は共通であるが、その主張の内容は、論者によってさまざまである。主な論者としては、次のようなものが挙げられる。

(1) 馬克昌説

ア）主張の内容　馬克昌教授の二特徴説は、次のような内容である。すなわち、「犯罪の二つの基本特徴は、次のようなものと解すべきである。一つは、犯罪の本質特徴——行為の重大な社会的危害性、二つは、犯罪の法律特徴——行為の刑事違法性、である。」[13]と述べている。

イ）各要素間の関係付け　馬説によると、社会的危害性と刑事違法性との関係については、「行為の重大な社会的危害性は、刑事違法性の前提であり、刑事違法性は、重大な社会的危害性の刑罰法規上における表現である。重大な社会的危害性は第一性質であるが、刑事違法性は第二性質であって行為の重大な社会的危害性によって決定される。」[14]ものであり、「いかなる形の犯罪行為も、この二つの基本特徴が結合した産物に他ならない。」[15]としている。

また、刑事応罰性を犯罪概念に取り入れない理由としては、「刑事応罰性（原文は「応受刑罰懲罰性」）は、犯罪の法的効果であり、犯罪の基本特徴ではない。」、「刑事応罰性を犯罪の基本特徴の一つとする必要性はない。」、「刑事応罰性をもって犯罪を制約するのではなく、重大な社会的危害性が行為の犯罪の構成を決定し、それにより行為の刑事応罰性を決定するのである。」、「犯罪定義の中に刑事応罰性を犯罪の一つの基本特徴とするのは、論理上の同語反復の誤りに陥っている。」、「刑法各則の犯罪規定から見ても、刑事応罰性を犯罪の

基本特徴とは言い難い。刑法各則が規定している具体犯罪の条文は、ほぼ前半は犯罪を規定しており、後半は刑罰を規定しているのである。」[16]などが挙げられている。

ウ）主張の特色　馬説の特色は、通説の三特徴説が第三特徴として挙げている刑事応罰性を犯罪概念の特徴の中に取り込まないことである。馬教授のこの主張は、刑事応罰性を単なる犯罪行為に対する法的効果である刑罰として捉え、言い換えれば、刑事応罰性と刑罰とを同一視することを前提している。この点を除けば、犯罪概念規定に関する解釈、特に社会的危害性と刑事違法性との関係については、通説とはあまり差異がないと言えよう。

(2) 何秉松説

ア）主張の内容　何秉松教授の二特徴説は、次のような内容である。刑法第13条の犯罪概念の定義は、依然として1979年刑法典第10条の犯罪概念の定義における犯罪の社会的危害性と犯罪の法律属性の統一を強調するものとする。これにより、犯罪は次のような二つの基本的な属性を有している。

「第一に、犯罪は、社会に危害を与える行為である。すなわち、社会に危害を与える属性を有している。略称は、社会的危害性とする。これは、犯罪の社会的属性である。……第二に、犯罪は法律に基づいて刑罰という処罰を受けるべき行為である。すなわち、法により刑罰という処罰を受けるべき属性である。略称は、法的応罰性（原文は「依法応受懲罰性」）とする。これは、犯罪の法律属性である。」[17]

イ）各要素間の関係付け　社会的危害性と法的応罰性との関係については、「行為の法的応罰性は、行為の社会的危害性をもって基礎とし、前提としていることでもある。行為が社会的危害性を欠くか、または国家が行為の社会的危害性を刑罰をもって制裁するに値しない場合には、犯罪として法律に規定してはならない。よって、社会的危害性と法的応罰性とは、相互依存、相互作用、相互制約の関係にある。両者は、犯罪という事物を決定するには不可分の二つの本質的属性であり、犯罪の最も基本的で最も重要な特徴である。

犯罪は、その社会的属性と法律属性との統一である。犯罪の社会的属性は、犯罪の法律属性の基礎あるいは根拠であり、犯罪の法律属性は犯罪の社会的属性の法的表現である。」[18]としている。

また、何説は、形式的犯罪概念のみを犯罪の特徴とする主張を念頭に、実質的犯罪概念の担い手である社会的危害性の重要性を次のように強調する。「最近は犯罪の形式的定義を強力に提唱し、犯罪の実質的定義を低く評価しまたは否定して、社会的危害性を犯罪概念から排除すべきだと主張する学者がいるが、この主張を討議しなければならない。……

犯罪概念における社会的危害性は、犯罪の一つの基本的属性に関する規定であり、次のような二重の機能を持っている。つまり、一方では、司法上において、社会的危害性は、司法機関が刑罰法規を適用して刑事案件を処理するにあたって、罪と非罪の境目を明確にし、犯罪の認定と量刑をするための重要な根拠の一つである。犯罪の概念において、違法性をもって行為の社会的危害性を否定しようとするのは、犯罪の本質を正しく認識しえず、罪の認定と刑の量定を正しく行うことはできない。もう一方では、立法上において、社会的危害性は、立法者が今後の刑罰法規を制定するに際して、どんな行為を犯罪として規定するかについて指導的役割と制約的役割を果たす。まずは、立法者は、『社会に危害を与える行為』を刑法に制定する根拠としなければならない。これは、つまり社会的危害性の指導的役割である。それと同時に、立法者は、犯罪として規定するものを『社会に危害を与える行為』に限定しなければならず、社会的危害でない行為は犯罪として規定してはならない。これは、つまり社会的危害性の制約的役割である。ここでは、社会的危害性の制約的役割を特に強調したい。この役割はまだよく知られていないからである。

犯罪の形式的定義は、司法者に対しては、刑罰権の不法乱用を制限することができているが、立法者の刑罰権の乱用に対しては、無力である。なぜなら、立法者が法律の衣を纏わせることだけで罪刑法定となり刑罰権を乱用することは、合法的に善良な、無辜な公民を処罰することを可能にするからである。」[19]としている。

ウ) 主張の特色　　何秉松説の特色は、次のような内容である。まず、通説と異なるところは、犯罪の第一属性である社会的危害性について「重大な」などという限定を付けていない点である(他の論者と異なるところでもある)。「いわゆる『相当重大』、『重大』、『極端』、『重度』等々は、あいまいな表現であり、われわれは、これらのあいまいな表現から何が犯罪であるかを明確に線引きし、犯罪と他の犯罪でない事物を区別することはできない。」[20]というのが、その理由である。

　また、通説の第二特徴と第三特徴を統合させて法的応罰性という属性を設定し、これを犯罪の法的属性としている。この法的属性を犯罪の社会的危害性という社会的属性と合わせ、犯罪概念を法的属性と社会的属性の二つの属性に二分化したのである。両属性の関係は、社会的危害性は犯罪の唯一の本質的属性ではなく、それに加えて法的応罰性は犯罪の本質的属性であるとしている点が、もう一つの特色である。両者が統一的な関係にあるとしていることからすると、通説とは変わりはないように見えるが、社会的危害性の機能には大きな違いがある。

　社会的危害性の機能については、司法基準としての機能と立法者を拘束する立法基準としての機能の二つが認められている。しかし、この立法基準の機能は、爾後の立法に対するものとしているが、現行の刑罰法規上の法的応罰性を拘束する機能を持つのか、それとも現行の刑罰法規がすでに社会的危害性の拘束下で制定されていることから再審査する必要性がないという結論に導くのかについては、不明である。だが、司法基準の機能としては、刑事違法性より犯罪の本質を究明する担い手である社会的危害性を正しく認識すべきものとするので、おそらく社会的危害性を法的応罰性より上位の概念とする意図があるのではなかろうか。

(3) 張明楷説

　ア) 主張の内容　　張明楷教授は、犯罪概念の解釈について、文理解釈と論理解釈という二つの解釈方法を採っている。文理解釈では、「犯罪の基本特徴

は、次のようなものと解される。つまり、犯罪の本質的特徴は刑事応罰程度の社会的危害性であり、犯罪の法律上の特徴は刑法の禁止性（形式的違法性）である。」[21]としている。

しかし、文理解釈は、通説の三特徴説もそうであるように、その考察範囲を犯罪の特徴の究明に限っており、犯罪概念の犯罪論体系の構築についての機能を考えていない。さらに、犯罪の特徴と犯罪成立要件との関係がうまく処理されていないのである。それゆえ、文理解釈では、犯罪概念の犯罪論体系の構築についての機能を考えるには、犯罪概念に対して論理的見地から実質的な考察を行わなければならないとして、次のような論理解釈を行った。つまり、「実質的観点から考察すると、明らかに次に掲げる二つの要件を備えなければ、犯罪とすることができない。その一は、刑罰に処するに値する法益侵害の事実が生じること（法益侵犯性）である。これは、すなわち、客観的違法性である。その二は、法益侵害の事実に基づいて行為者に対し非難できること（非難可能性）である。これは、すなわち、主観上の有責性である。」[22]と論じている。

また、社会的危害性については、「行為に法益の侵犯性があることを指す」[23]と解釈しており、解釈の方法で、社会的危害性の内容を法益侵害性に言い替えた[24]。なお、この法益侵害性は、客観的違法性のみに関係している。

イ）各要素間の関係付け　文理解釈においては、「刑法が一定の行為を犯罪として規定することは、それらの行為が社会的危害性（法益侵犯性[25]）を持っているからである。」[26]という論述からみると、刑事違法性のすべては、社会的危害性を持つものであると捉えている。また、「行為の社会的危害性が重大であったとしても、『中華人民共和国刑法』がその行為を犯罪として規定していない」ものは、治安管理処罰法第2条の「刑事処罰に及ばない」場合に当たり、刑罰を科すことはできず[27]、治安管理処罰に付されることになる。

また、犯罪の基本的特徴としての社会的危害性は、「重大な社会的危害性を指す」が、この「重大」さというのは、「刑罰を科すに値する」ことである[28]。言い換えると、「刑罰を科すに値する」、すなわち刑事応罰性は、社会的危害性の重大さを表すものであるとしている。

第3章　犯罪概念特徴論

　論理解釈では、犯罪の客観的要素としての客観的違法性と主観的要素としての有責性を明確に区分けし、犯罪概念において、客観的違法性と有責性とは並行関係にある。なお、刑法の機能論において、違法性と有責性は、それぞれ刑法の法益保護機能と人権保障機能に対応しているとしている[29]。

　ウ）主張の特色　　張説の主張の特色は、次のような内容である。まず、犯罪概念の法的解釈について、文理解釈の結論と論理解釈の結論とが、全く別物であることが理解しがたいことである。しかしながら、張教授の狙いは、文理解釈によって得られた犯罪概念を、犯罪の本質を解明するためのものとし、論理解釈による犯罪概念を、犯罪論体系を構築することに用いることにあると言えよう。犯罪論体系の構築を念頭に犯罪概念を展開するのは、有意義な方法であろう。

　第二に、文理解釈では、本質特徴である刑事応罰程度の社会的危害性（法益侵犯性）は、犯罪の本質の究明という役割を果たしているが、法律特徴としている形式的違法性の役割については、ほとんど言及されていない。また、社会的危害性（法益侵犯性）と刑事違法性との関係については、刑事違法性は社会的危害性に反することがないとしている。ところが、超法規的正当化事由[30]や超法規的責任阻却事由[31]の理論を認めている。

　第三に、論理解釈では、その中で展開されている犯罪の法益侵害性や非難可能性は、ほかならぬ実質的犯罪概念である。これらの犯罪の要素も犯罪に対する実質的究明であるので、「論理解釈」と「文理解釈」は、いずれも実質的な性格を有していることには、変わりがないのであろう。このような論理解釈の下で展開された犯罪論体系は、犯罪の本質や実質から演繹したものであって、犯罪の本質や実質を確認することになるのであろう[32]。実質的犯罪概念から犯罪論体系を導き出そうとする理論構造は、伝統的犯罪論体系[33]と似通っている[34]。しかし、法解釈理論の一つの方法である論理解釈を用いて、法を解釈するための思考様式である犯罪論体系を導き出すという方法論は、疑問である。なぜならば犯罪論体系は、刑罰法規の内容を認識するための手段にすぎず、決して刑罰法規の内容そのものではないはずだからである。

なお、張教授が論理解釈で構築しようとする犯罪論体系では、違法性と有責性の二つの犯罪要素を導き出した。しかし、この論理解釈は、後に張教授自身が展開した構成要件該当性の理論との間に論理的な必然性を有していない。

　第四に、刑事応罰性の機能について、実質的違法性と実質的有責性という二つの機能を持たせていることは明らかである。すなわち、「刑法では、刑罰を科すに値する法益を侵犯する行為を犯罪として規定することのみが可能である。この法益侵犯性は、実質的違法性のことである」[35]と述べていることから、刑事応罰性を実質的違法性として捉えていると解される。また、「刑法第13条の『法律に基づいて刑罰による処罰を受けるべき』という規定およびその他の関連規定から、『非難可能性』を犯罪の特徴と解釈することができる。」[36]としていることから、刑事応罰性を実質的責任として機能させていると言える。しかしながら、刑事応罰性がこのような二つの機能を持つことについて、張教授の明確な論述がなされているわけではない。

(4) 李居全説

　ア）主張の内容　　李居全教授の犯罪概念論は、「犯罪の定義は、実質的定義でなければならないのであって、犯罪の本質を明らかにする定義である」[37]という前提に立っている。そのため、このような犯罪の本質と関係のない形式的犯罪定義である刑事違法性（刑法の規定性）を犯罪概念の特徴として取り組む余地はなく、犯罪概念の特徴は、社会的危害性と刑事応罰性との二つの基本特徴によって構成されるという立場に至った[38]。つまり、「犯罪の本質は支配関係に対する危害であり、支配関係が刑罰という方式をもって犯罪を禁じるというのは、犯罪が支配階級の利益に損害をもたらしうるからである。ここには、二つの側面の問題を含んでいる。つまり、その一は、犯罪は、損害をもたらしうるものである。すなわち、犯罪は、損害をもたらす可能性を有していることである。その二は、犯罪は、刑罰をもって禁じ得るものである。すなわち、犯罪は、刑罰による禁止の可能性を有していることである。これらの両側面あるいは二つの可能性は、社会的危害性と刑事応罰性という犯罪の二つの基

本特徴と一致しており、犯罪の二つの基本特徴の存在の根拠をなしている。まさに、『損害をもたらす可能性を有していること』により、犯罪が社会的危害性を有することになるのであって、『刑罰による禁止の可能性を有していること』により、犯罪が刑事応罰性を有することになるのである。」[39]と理解している。

　イ）各要素間の関係付け　　李教授は、刑事違法性を犯罪概念の特徴に取り入れないが、これを無視するわけではない。社会的危害性と刑事違法性との関係については、「支配関係に対する危害性と刑法の規定性あるいは刑事違法性とは一致している。この一致性は犯罪の本質によって決められ、刑法は支配関係の具体的表現であり、刑法が規定している犯罪行為は、必ず支配関係に危害を与える行為である。それと同時に、支配関係に危害を与える行為は、刑法によって犯罪化されたものである。」[40]としていることから、両者は一致するものと位置付けている。そして、このような社会的危害性と刑事違法性という二つの一致している要素を「同時に犯罪定義の中に取り入れるのは、実は一種の重複であって、定義の簡潔性の原則に反することにな」[41]ってしまうので、社会的危害性に決定される副次的な要素にすぎない刑事違法性を犯罪概念に取り入れる必要性もなくなる。

　また、社会的危害性と刑事応罰性とは、犯罪とその法的効果である刑罰の関係にある[42]。

　ウ）主張の特色　　李説の主張の特色は、次のような内容である。まず、定義が事物の本質を解明するためのものであるとする見解は、実念論的認識論を前提とする立場からの帰結であろう。なお、李教授の犯罪の本質についての理解は、他の多くの論者と同様、マルクス主義の階級原理に基づいた犯罪本質論をその出発点としている。つまり、「マルクスが、犯罪の本質を『孤立した個人の支配関係に対する闘争である』と結論付けたのは、比類のない正しいものである。」[43]と述べ、マルクス主義的犯罪本質論を全面的に支持している。

　また、何秉松説と同様、社会的危害性に対し量的な修飾限定を設けていない。しかし、「重大」などという修飾があいまいであるから量的修飾限定をし

ないとする何説と違って、李教授は、犯罪は支配階級に対する危害であるという犯罪の本質の見地から、社会的危害性はそもそも「質」に関する概念であって、量とは関係のないものであると理解している。すなわちこの点は、「行為が重大であろうがなかろうが、現在の支配関係に危害を与える行為であるならば、すべて犯罪の本質を具有している犯罪に他ならない。」(44)という理解によるものである。

第三に、犯罪の本質から、刑事違法性と社会的危害性は一致しているとしていることから、両者の間に隔たりが生じることは、想定しえないのであろう。ところが、李教授は、「現実において」、両者の間に隔たりが生じ得ることを完全に否定するわけではない。ただし、犯罪化または非犯罪化という刑事立法作業を活発化させることにより、その隔たりは、回避し得るものであって、そして社会的危害性と刑事違法性との間に「高度の一致」を保つことができると論じている(45)。しかし、「高度の一致」は、完全の一致ではないし、活発的な刑事立法作業が忠実に行われたとしても、少なくとも立法化される寸前においては、両者が一致しないことは明白である。李教授のこのような論法は、フィクションの世界においてのみ成立するのであろう。

(5) 周光権説

ア) 主張の内容　周光権教授によると、刑法第13条の犯罪概念規定は、「各種の犯罪現象に対し理論的に概括したものである。これは、犯罪の法律的特徴（刑事違法性）を明らかにしたのみならず、犯罪の実質的内容（法益侵害性）も解き明かしたのである。これによって罪と非罪とのしきりを付けるために原則的な基準を提供し、比較的に完結した犯罪概念である。」(46)というものである。

イ) 各要素間の関係付け　法益侵害性と刑事違法性との関係については、立法と司法の二つの段階に分けて考えなければならないとして、次のように機能分担を行っている。すなわち、立法段階においては、「主に犯罪の法益侵害性を考える。刑法典の中で、罪名の設定、罪と非罪の区分または甲罪と乙罪の

区分は、主に立法者が行為の法益侵害可能性に対する見計らいによって決まる。よって、犯罪およびその刑罰に対する規定は、行為が持っているのであろう法益侵害性とかかわるし、立法者の選択ともかかわっている。」とする。一方、司法段階においては、「犯罪行為の刑事違法性を考えなければならない。とりわけ犯罪認定と量刑を行う際に、公民の法律の前における万人平等を強調すべきである。したがって、罪があれば必罰とし、罪がなければ不罰とする。同じ行為に対し刑法の規定によって同じ対処すべきであり、司法官は、刑法の規定のみによって処理を行い、刑法規範以外に基準を立ててはならない。」[47]としている。つまり、法益侵害性は、主に立法作用において機能し、刑事違法性は、司法作用において機能するとして、それぞれ役割の分担を図っている。

　ウ）**主張の特色**　　周光権説の主張の特色は、次のような内容である。まず、周説の犯罪概念の中には社会的危害性の要素が消え去っているが、それに代わるものとして法益侵害性という犯罪の実質的概念が導入されている。なお、社会的危害性についてまったく触れていないことから、犯罪概念の解釈においては、社会的危害性の存在を前提としないことを意味するのであろう。また、犯罪概念を論じるにあたって、法律的特徴を実質的な内容より先に挙げたことが大いに注目すべきである。しかし、社会的危害性の観念がどのような存在であるのか、また社会的危害性と法益侵害性とはどのような関係にあるのかについて、明白な論述は見当たらない。

　また、法益侵害性が主に立法の基準として機能するものとしているが、この「主」な機能以外に、どのような機能を果たしているのかは、不明である。少なくとも司法の基準において、刑事違法性のみを基準としているので、法益侵害性は、司法段階において判断材料とならないはずである。しかし、犯罪成立要件の違法性判断段階においては、「行為の『法益侵害性』は、ほかでもなくまさに違法性判断の核心である。」[48]と論じているので、法益侵害性立法機能一元論という主張とは、整合していないように見える。また、前述のように、「司法官は、刑法の規定のみによって処理を行い、刑法規範以外に基準を立ててはならない。」と述べる一方、超法規的違法性阻却事由[49]と超法規的責任阻

却事由[50]を認めている。

　第三に、犯罪概念は、罪と非罪を区別する原則的基準であるとしているが、周教授の犯罪論体系は、この犯罪概念から構築したわけではない[51]。犯罪概念と犯罪成立要件とがどのような関係にあるのかは、明らかにされていない。

4. 四特徴説（候国雲説）

　四特徴説は、候国雲教授が主張するものである。
　ア）主張の内容　　候国雲説によると、刑法第13条に規定されている犯罪概念の定義は、「我が国の人民民主専政と社会主義制度の本質的属性を明らかに示したのみならず、犯罪の違法性も明らかにしているものであって、実質と形式とを結び付けた犯罪の定義である。この定義は、我が国の社会においての各種の犯罪を科学的に概括しただけでなく、われわれが犯罪を認定または罪と非罪の境界を画定するに際しても、重要な指導的作用を果たしている。」[52]というものである。その犯罪概念は、次のような四つの基本特徴を有している。すなわち、「（一）犯罪は、行為である。……（二）犯罪は、社会に危害を与える行為である。……行為の社会的危害性が一定の重大な程度に達したもののみに、犯罪とみることができる。……（三）犯罪は、罪過のある行為である。……（四）犯罪は、刑事違法行為である。」[53]としている。

　イ）各要素間の関係付け　　刑事違法性と社会的危害性の関係については、「罪刑法定原則によれば、刑罰法規に明文で禁止されている行為のみが、犯罪の行為であるとすべきものである。もしある行為が刑法の中に明文で禁止されていないならば、この行為は、重大な社会的危害性があったとしても、犯罪として処罰してはならない。」[54]としていることから、刑事違法性の優位性を認めていると解される。また、一方において、「行為の社会的危害性は、犯罪のもっとも本質的、決定的意義を持つ特徴であると解されている。……社会的危害性を具有しない行為は、犯罪行為と成し得ない。」[55]という叙述から見ると、社会的危害性は、犯罪概念において決定的作用を持ち、刑罰法規を拘束する役

割を果たしているように読み取れる。そうなると、刑罰法規に規定されているが重大な社会的危害性を持てない行為は、犯罪としえないことになるはずであるが、それに関する記述は見当たらない。

ウ）**主張の特色**　候国雲説の特色は、次のような内容である。まず、刑法第13条の犯罪概念規定の枠内で犯罪概念の特徴を検討するのでなく、犯罪概念の規定の枠を超えて自説を展開するものである。目を引くのは、第三の特徴である「罪過」、すなわち責任要素を犯罪概念に導入したことである。その根拠は、「刑法第16条の不可抗力と偶発事件についての『犯罪ではない』のような規定は、実際上は刑法第13条の犯罪定義の一種の補充的な規定であり、刑法第13条の第2の『但書』に相当する。」[56]を挙げている。刑法第13条も刑法典の一条文であるにすぎないので、刑法全体を視野に入れて解釈することが、当然あり得る方法であると思われる[57]。

なお、この点については、候教授が刑事応罰性を可罰的有責性と解しないことにも係わっている。というのは、馬克昌説と同様、刑事応罰性を法的効果と解し、犯罪の特徴として認めないからである。その理由も馬説の論述からの援用である。

また、あたかも当たり前のような存在である行為要素を当たり前でないと宣言し、犯罪概念の第一の特徴として取り上げていることも、注目に値する。そして、行為を犯罪概念に取り組む理由の一つとして、「犯罪は行為であることを強調することは、また思想は犯罪ではないことを強調することでもある。」[58]を挙げている。「思想は犯罪ではない」という主張は、もっともなことである。しかし、なぜこの主張のすぐあとに、主張の裏付け理由に毛沢東の言説を典拠として引用したのかは、全く不可解なことである[59]。

第三に、社会的危害性と刑事違法性の関係については、「ある行為が犯罪として認められる所以は、まずもってこの行為が社会的危害性を持つからである。」という論述から、刑罰法規に規定された以上、その行為には、社会的危害性があると解しているようにも読み取れる。

第四に、犯罪概念の下では、罪と非罪の境界を区別している[60]が、犯罪概

念論によって犯罪論体系を構築しているわけではない。犯罪構成の意義に関する論述においても、罪と非罪を区別するための境界を画定することを挙げている[61]。犯罪の認定には、犯罪概念と犯罪構成の二元的体系を構成しているように見えるが、両者の間にどのような関係があるのかは、定かではない。

5. 一特徴説

(1) 陳興良説

ア) 主張の内容　陳興良教授によると、「本体刑法」[62]の見地から言えば、「犯罪の根本的特徴は、刑事違法性である。」、「実体法上の犯罪特徴は、犯罪の刑事違法性を指す。すなわち、法律が規定しているもののみ犯罪とするが、法律に規定されていないものは、犯罪と成し得ない」[63]としている。この実体法上の犯罪特徴以外に、証拠法上の犯罪特徴と手続法上の犯罪特徴をも展開している。証拠法上の犯罪特徴としては、「証拠の充分性を指す。すなわち、証拠によって有効に証明されたもののみが犯罪である。証拠による証明がないものは、犯罪ではない」[64]とする。手続法上の犯罪特徴としては、「公判審理の確認性を指す。すなわち、公判審理の確認を得たもののみが犯罪である。公判審理の確認を得ていないものは、犯罪ではない」[65]とする。このような刑事法上の三つの犯罪特徴を「刑事一体化」[66]という視野の中に入れて、「三位一体」の犯罪概念を構築することができるという。しかし、実定刑法上の犯罪概念規定の解釈に関する限りでは、犯罪の特徴として刑事違法性の一つだけを挙げているので、本稿では、一特徴説として扱う[67]。

イ) 各要素間の関係付け　陳興良説における社会的危害性と刑事違法性との関係は、次のようなものである。まず、マックス・ヴェーバーの実質的合理性と形式的合理性の理論を援用して、社会的危害性を実質的合理性に、刑事違法性を形式的合理性に図式化した。つまり、「相当重大な程度の社会的危害性に対しては、犯罪として刑罰による処罰を与えるべきである。このような社会

的危害性を柱とする観点は、実質的合理性を追求することを現わしている。一方、法律規定の範囲内で犯罪を認定し刑罰を科すというような罪刑法定を根拠とする観点は、形式的合理性を追求することを現わしている」[68]と論じている。また、「形式的合理性と実質的合理性の間に衝突が起きた場合は、われわれは、後者ではなく、前者を選ばなければならない。したがって、犯罪について言うと、刑事違法性は根本的な基準であり、刑事違法性を離れた社会的危害性は、犯罪の特徴にはならない」、「刑事違法性の範囲内においてのみ、社会的危害性は、犯罪の認定に対して意義を持つ」[69]とし、形式的合理性、すなわち刑事違法性の優位を説いている。

また、社会的危害性を立法作用に、刑事違法性を司法作用に、それぞれに機能を分担させるべきとして、次のように述べている。つまり、「立法上から言えば、立法は一種の規範的構造であり、社会的危害性は罪名設定の実体的根拠および基礎であるので、社会的危害性が刑事違法性を決定すると言える。なぜなら、まさに、社会的危害性は、ある行為がなぜ立法者によって犯罪として規定されたのかという問題に答えてくれるからである。しかし、司法上から言えば、法律効力のある規範と具体案件の事実に直面しているので、ある行為が刑事違法性を持つかどうかは犯罪を認定する根本基準となる。まさに、刑事違法性は、ある行為がなぜ司法者によって犯罪として認定されるのかという問題に答えてくれるのである」[70]としている。

さらに、刑法理論において、理論刑法学と規範刑法学の視点から、社会的危害性と刑事違法性の関係を分析することができるとして、次のように言う。つまり、「理論刑法学は、犯罪を社会的現象と法律的現象として研究するものであって、犯罪の法律的特徴にばかり関心を払うのではなく、犯罪の社会的特徴も究明しなければならないのである。そうすると、刑法理論上から犯罪を区分けすることは、とりもなおさず犯罪の本質を社会的危害性と人的危険性の統一したものとして捉えることになろうし、いわゆる犯罪本質二元論が成り立つことになろう。一方、規範刑法学においては、犯罪は単なる法律に規定されている行為であると認め、法律の規定から離れたら犯罪とは言えない。ここでは、

終始、犯罪の刑事違法性をしっかり掴まなければならない。社会的危害性は、刑法に規定されている成立要件の中からしか探し出せない。人的危険性は、刑法に規定されている犯罪の情節の中からしか認定しえない。」[71]としている。

ウ）主張の特色　陳教授の主張内容は、次のような特色がある。まず、陳教授の「本体刑法」論は、実定刑法を認識する法解釈論というより、あるべき刑法を探求しようとする刑事立法論に関するものである。この点は、陳教授自身が目指すところでもある[72]。しかし、かかる「三位一体」の犯罪概念は、実体刑法にとどまらず手続法上の観点も取り入れた、より大きな枠組みである「刑事一体化」論に関するものであることに留意すべきである。

また、社会的危害性と刑事違法性との関係は、それぞれ実質的合理性と形式的合理性、立法作用と司法作用、論理刑法学と規範刑法学に対応して、機能の分担を行うべきと主張している。この主張は、実は社会的危害性の機能を制限すべき、あるいはその機能を明確にされるべきであるという考えが、その背景にあると考えられる。陳教授の分析によると、これまでの中国刑法学界においては、理論が混乱しており、その理論上の混乱を招いた原因は、漠然とした社会的危害性を犯罪の本質特徴と解するところにある。社会的危害性の機能を明確にされることにより、そのような理論上の混乱を防ぐことができるとしている[73]。なお、陳教授は、社会的危害性を実質的合理性と規定しているが、それは、必ずしも的を射た解釈ではない。なぜならば、社会的危害性という観念は、実質的なものであることには疑いがないが、それが合理性のある理論であるかははなはだ疑問であるからである[74]。

第三に、実定刑法の犯罪概念から実質的犯罪概念である社会的危害性を排斥すべきと主張しているが、「われわれは、社会的危害性理論を反省するが、社会的危害性の犯罪においての地位と意義を全面的に否定するのではなく、社会的危害性という超規範的概念を法益侵害という規範的概念に転換させる必要性がある。」[75]としているように、社会的危害性を全面的に否定しているのではなく、超越的な存在である社会的危害性を規範論の枠内に引き落とそうとしているのである。この点については、張明楷教授と同様に、社会的危害性観念の

代わりに法益概念を導入するという方法を採っている。しかし、張教授の解釈論的理論構成[76]に対し、陳教授の主張は、立法論的な性格を持つと言えよう。

(2) 黎宏説

ア）主張の内容　黎宏教授によれば、罪刑法定原則の下で、犯罪は、「一つの特徴しか持っていない。それは、つまり刑事違法性である。すなわち、行為が刑法規範に違反し、刑法に規定されている犯罪構成に該当するものである。ただし、ある行為が刑事違法性を有しているか否かを判断するにあたっては、当該行為が刑事応罰程度の社会的危害性を有しているか否かを考慮しなければならない。」[77]とする。

イ）各要素間の関係付け　黎教授は、まずは、「行為が刑罰による制裁を受けるべき程度、あるいは刑事責任を負うべき程度の社会的危害性を有することは、犯罪の本質特徴である。これは、我が国の刑法規定を根拠にするものでもある。」[78]と述べ、重大な社会的危害性を犯罪の本質特徴と解している。

次に、刑事違法性と刑事応罰程度の社会的危害性との関係については、「後者は前者の基礎であり、前者は後者の法的表現であると言える。もし刑事応罰程度の社会的危害性が犯罪の本質要素であるならば、刑事違法性は犯罪の法律特徴であるということになる。」[79]とし、そして「犯罪は、重大な社会的危害性と刑事違法性との統一である。」[80]と解している。

ウ）主張の特色　黎宏説の特色は、次のような内容である。まず、刑事違法性を唯一の犯罪特徴としていることに注目すべきところである。ところが、黎教授は、社会的危害性の観念を放棄しようとするわけではなく、しかもそれを犯罪の本質特徴と規定している。このように、社会的危害性を犯罪の本質特徴とし、刑事違法性を犯罪の法律特徴とする見解は、他の多くの論者、とりわけ張明楷教授の「文理解釈」との差異があまりないように思える。

しかし、刑事違法性を犯罪概念の唯一の特徴と規定することにより、刑事違法性の枠内に重大な社会的危害性を判断するという構造が見えなくはない。黎教授は、他の論文において、日本の刑法理論と比較する際に、刑事違法性が構

成要件該当性に、社会的危害性が違法性に相応する概念であると説いている[81]。しかし、黎宏教授は、ドイツや日本における三段階的犯罪論体系を採っているわけではない[82]。

また、刑事違法性を犯罪の唯一の特徴としながら、社会的危害性を犯罪の本質特徴と規定していることは、論理的に整合しているとは思えない。また、そのような解釈からすると、社会的危害性と刑事違法性との間の緊張関係をなくすためには、他の多くの論者と同様に、両者が統一性を持つものと解さざるを得ないであろう。さらに、黎教授の理由は、やや独創的である。つまり、「立法機関は社会的危害性のない行為あるいは社会的危害性の少ない行為を刑法の中に犯罪として規定することはしない。犯罪は、重大な社会的危害性と刑事違法性との統一である」[83]という理由付けは他の論者にはない見解である。

これにより、社会的危害性は、刑事違法性を拘束する機能を持つことはあり得ない。このような黎教授の見解は、教授自身の実質的犯罪論の主張[84]と関係すると思われるが、推論にあたって立法者の無謬という前提に立っているのは、いささか奇異に感じられる。

第三に、犯罪概念の特徴を論じるにあたって、概念内部の矛盾を避けるために社会的危害性と刑事違法性のいずれかしか採らないとしていることは、李居全教授の見解と一致しているが、両者のとっている結論は対照的である。李教授は、「犯罪の本質」という見地から、刑事違法性より社会的危害性を犯罪の特徴として取り上げるに対して、黎教授は、「罪刑法定原則」の視点から、刑事違法性のみを取り上げている。

6. 結語

(1) 犯罪概念特徴論の議論の傾向

以上、9名の刑法学者の見解を取り上げて紹介したが、これをもって中国における犯罪概念論の全体像が浮き彫りにできたかは、若干の懸念がないわけで

はない。しかし、中国における犯罪概念特徴論の全体的な状況を把握し得たと考える。ここでは、その議論の傾向として、次のような傾向を見て取ることができる。

1) 三特徴説は通説と言われてきたが、その他の学説、とりわけ二特徴説も有力に主張されている。三特徴説は、もはや支配的な地位にないと言っても過言ではない。

また、本稿は、犯罪概念の特徴をめぐる論争に関する論考であるが、さらに特徴論と関連しながら、その枠を超えて各論者が伝統的理論の枠組みに対してどのような立場に立っているのかという観点から整理すると、大きく分けて三つの立場に分けることができよう。第一の立場は、伝統的理論の枠組みにおいて理論を展開しているものである。高銘暄、馬克昌、何秉松、李居全、候国雲の各教授がこの立場に属する。それに対して、第二の立場は、伝統的な理論を徹底的に糾弾し、新しい理論体系を導入すべきと主張するものである。この立場は、主に陳興良教授が展開している。第三は、中間的な立場である。この立場は、伝統的理論をある程度維持しつつ、新しい理論を次々に導入しようとしている。張明楷、黎宏、周光権の各教授がこの第三の立場にいる。もともと、第三の立場においては、見解が一致しているわけではない。周光権、張明楷両教授は、第二の立場の陳興良教授に近似しているが、黎宏教授は、第一の立場にかなり近いと思われる。

2) 従来の社会的危害性論に対する態度が大きく変わってきている。社会的危害性論に対する警戒的ないし批判的立場が徐々に広がっている。社会的危害性の機能を限定しようという動きがその一つである。犯罪概念においては、その機能を次元の異なる立法基準機能と司法基準機能とに段階的に分け、社会的危害性を立法基準機能に、刑事違法性を司法基準機能にそれぞれ機能分担させようとしている[85]。そのような立場は、社会的危害性を立法基準機能のみに限定しようとする、「社会的危害性立法基準一元論」ともいうべき見解である。

また、社会的危害性の代わりに実質的要素あるいは正当化要素として法益侵害性の理論を導入する見解が、次々と登場してきている。

3）社会的危害性の理論を放棄すべきでないとする立場においても、罪刑法定主義が導入されたことによって、刑事違法性要素をより重視するようになった。その多くが、刑事違法性を、罪刑法定主義を担保する要素として意識的に論じている。類推適用を容認する李居全説を除けば、いずれも刑事違法性を犯罪概念の一つの特徴として掲げている。しかし、その一方、多くの論者は、依然として社会的危害性を犯罪概念において決定的・本質的特徴と解し、刑事違法性を社会的危害性から派生した特徴にすぎないと位置付けている。そのような理解に徹すると、社会的危害性は刑事違法性を拘束する機能を持つことになるはずである。ところが、このような機能を社会的危害性に持たせることを明確に主張する論者は、管見の限り、見当たらない。

ここでは、刑事違法性と社会的危害性との関係は対峙している緊張関係ではないことをいかに矛盾なく説明するのかという問題が生じる。その論理的整合性を図ろうとする主張には、刑事違法性と社会的危害性との間の関係を統一的なものと解する見解が多い[86]。例えば、高銘暄説、馬克昌説、何秉松説、李居全説、黎宏説が挙げられる。

4）刑事応罰性を犯罪概念に取り入れない立場とともに刑事応罰性を犯罪概念の特徴に取り入れている立場においても、刑事応罰性を単なる犯罪の法的効果である刑罰と理解する見解が主張されている。前者の例としては馬克昌説と候国雲説があり、後者の例としては高銘暄説と李居全説がある。

他方、刑事応罰性を犯罪要件としての実質的要素と捉える立場においても、同じ実質的な要素である刑事応罰性と社会的危害性とをリンクして、刑事応罰程度の社会的危害性とする主張がなされている。例えば、張明楷説と黎宏説の立場がそれにあたる。この立場では、刑事応罰性は、社会的危害性の重大さを現す要素として機能するに止まることになる。

この刑事応罰性は、日本における可罰的違法性の理論と同じように機能するとは限らない。なぜなら、刑事応罰性は、刑罰と理解されたり、社会的危害性論の延長線に置かれていたりする[87]からである。

5）中国における犯罪概念論は、犯罪論体系を構築しようとして展開されて

いるわけではない。すなわち、犯罪概念をめぐる議論は、特徴論や犯罪本質論と称されるものであって、犯罪の成立に関する要件論ではないのである。この意味で、中国における犯罪概念論は、概して実念論的なものである[88]。

中国においても、刑事違法性は形式的犯罪概念として展開されてきた。しかし、ここでの形式的犯罪概念の意味は、混合的犯罪概念の下で展開されていることを失念すべきではない。すなわち、実質的犯罪概念である社会的危害性の対概念として刑事違法性が展開され、それを形式的犯罪概念としているのである。これは、日本刑法でいう形式的犯罪概念の下で犯罪論体系を構築し、違法論を論じることとは、全く別異なものである[89]。

(2) 犯罪概念特徴論の限界

近年の中国における犯罪概念の特徴をめぐる複雑な議論について、考察を加えた。犯罪概念の特徴をめぐって華やかな論争が展開されているが、この論争は、実りの多い議論であるとは思えない。この論争は、犯罪の本質を究明しようとする「特徴論」に関するものであって、法学上の意味合いが極めて薄く、政治的意味合いが強かった[90]。この特徴論がしきりに議論される理由は、刑法典上に規定されていることから解釈をしなければならないという事情のほかに、社会的危害性を重視する立場とそれを限定的に捉えようとする立場との間に綱引きがあったからである。このような犯罪概念の特徴をめぐる論争には、中国刑法における犯罪概念論の実念論的性格が反映されているが、犯罪の成立要件の理論である犯罪論として論じられていないことは明らかである。

犯罪概念特徴論において、犯罪概念は、実質的犯罪概念と形式的犯罪概念の両方によって構成されているとしているが、実質的犯罪概念と形式的犯罪概念の関係については、理論上の混乱が続いている。この混乱は、実質的犯罪概念をどのように位置づけるべきかという問題から生じるものである。犯罪概念の規定が離実定刑法的な存在であるとか、あるいは刑法典の他の条文より一段上の高次的存在であると主張する支配的な考え方[91]が、犯罪概念の理論上の混乱を招いている。実質的犯罪概念は、超越的離実定刑法的な存在であると観念

されながら、実定刑法上の規定によってその存在の確認を受けていること自体が、その超越性を有していないということを意味しているのではなかろうか。

現行の1997年刑法典では、第3条に罪刑法定主義が導入されているが、それにより、形式的犯罪概念がより重視されて議論がなされている。しかし、刑事違法性は、上述したように、社会的危害性との対概念として用いられており、その内容が定まっているわけではない。つまり、必ずしも犯罪論体系との関連において重要視されているのではないのである。むしろ、中国刑法においては、刑事違法性論ないし犯罪概念規定に依拠しない、罪刑法定主義に基づいた理論上の形式的犯罪概念を構築しなければならない。すなわち論理的・形式的な犯罪論体系を構築しなければならない。なお、刑法第13条の規定は、刑法典上の一条文であるので、犯罪論の認識対象であって、犯罪論を規制する上位概念ではない。

ところが、中国刑法第13条の犯罪概念規定から日本のような犯罪論体系を構築しようとする新たな解釈が登場している。つまり、刑事違法性は構成要件該当性に相当する概念とし、社会的危害性は違法性の概念と同様なものとする[92]。このような解釈は、中国刑法にドイツや日本のような犯罪論体系の導入の契機を与えることができ、非常に優れたやり方であると思われる。しかし、刑事違法性論をそのまま構成要件論に置き換えることには、いささか唐突感を覚える。加えて、この解釈方法は、通説が展開している犯罪概念特徴論を再度理論化したものにすぎないようにも思えるし、それは、法文の解釈から導き出されるものではなかろう。なぜなら、この解釈は、法律上の規定と法学上の理論、すなわち認識の対象と認識の手段とを混同してしまうものであるからである。法律は理論の認識対象である。刑法第13条はあくまで刑法典上の一条文にすぎず、この規定を出発点として犯罪論体系の理論を構築することは不可能であるように思われる。

注

(1) 「刑事応罰性」の中国語原語は、未だ統一されておらず、「応受懲罰性」、「応受刑罰処罰性」または「刑罰当罰性」などの用語が用いられている。なお、「刑事応罰性」の日本語訳の用語法については、野村稔・張凌『注解・中華人民共和国新刑法』早稲田大学比較法研究所（2003年）30頁は、「刑事可罰性」とし、坂口一成・後掲「中国刑法における罪刑法定主義の命運——近代法の拒絶と受容（1）」95頁は、「可懲罰性」という用語法を用いた。しかし、「刑事可罰性」という用語は、「可罰的違法性」に限定してしまう嫌いがあり、「可懲罰性」という用語は、刑法用語としてなじまない。あえて「刑事応罰性」という日本語訳を新たに作り出したのは、「刑事応罰性」には、可罰的違法性だけではなく、可罰的責任も含まれているのではないかという意味合いで扱いたいからである（例えば、陳浩然『応用刑法学総論』華東理工大学出版社（2005年）95頁、張明楷・後掲『刑法学』82頁）。なお、「応罰性」の用語は、馮亜東『刑法的哲学与倫理学——犯罪概念研究』天地出版社（1996年）91頁から援用した。

(2) 中国においては、一般的に「罪刑法定原則」と称する。「主義」は、思想的な意味合いが強く、「原則」は、制度としての意味が強いのであろう。この意味で、中国においての多くの論者は、罪刑法定主義を思想として見るよりは、それを刑法上の一つの制度として見ているようにも考えられるが、罪刑法定主義を「罪刑法定原則」とするのは、単なる用語法上の習慣という面が大きいであろう。

(3) 坂口一成准教授は、「罪刑法定原則」が明文規定されたからといって、罪刑法定主義が中国固有の実質的価値への志向などによって阻害されるので、これが中国刑法に受容されたと言えないと指摘している（同・「中国刑法における罪刑法定主義の命運——近代法の拒絶と受容（1）、（2・完）」北大法学論集52巻3号（53頁以下、特に57頁）、4号（197頁以下、特に265頁）、2001年）。確かに、罪刑法定主義が実際に適用されず、実務においてその実効性（effectiveness）が確立されているとは言い難いのが中国の現状であろうと思われる。しかし、中国刑法第3条の罪刑法定主義に関する規定は、有効性（validity）を持つ規定であることに変わりはないので、罪刑法定主義が中国刑法に導入されたことは否定できないであろう。

(4) 中山竜一『二十世紀の法思想』岩波書店（2000年）はじめに。もともと、中山教授は、「法の自立性」と称している。また、渥美東洋「法の関心と法のコンセプトの変遷」比較法雑誌第39巻第2号（2005年）1頁以下参照。

(5) そのため、1997年の罪刑法定主義を導入した新刑法が制定された以降の刑事違法性の地位、すなわち社会的危害性と刑事違法性との関係をより明確に分析するために、1997年以降に発表された諸学説を中心に考察したい。

(6) 例えば、高銘暄主編／趙秉志副主編『新編中国刑法学』[上冊] 中国人民大学出版社（1998年）66-71頁（高銘暄執筆）、陳明華主編『刑法学』中国政法大学出版社（1999年）83-90頁（賈宇執筆）、周振想編著『刑法学教程』（第4版）中国人民公安大学出版社（2005年）49-57頁、高銘暄・馬克昌主編／馮軍執行主編『中国刑法解釈』（上巻）中国社会科学出版社（2005年）164-192頁（劉艶紅執筆）、趙秉志主編／黄京平副主編『刑法』[第二版] 高等教育出版社（2007年）51-54頁（肖中華執筆）、孫国祥『刑法基本問題』法律出版社（2007年）61-81頁、劉家琛主編／徐兵役・倪愛虹・丁天球副主編『刑法［総則］及配套規定新釈新解』[第4版] 人民法院出版社（2008年）150-157頁、李希慧主編『刑法総論』武漢大学出版社（2008年）100-105頁（李希慧執筆）、郎勝主編『中華人民共和国刑法解読』中国法制出版社（2009年）16-17頁、蘇恵漁主編『刑法学』[第4版] 中国政法大学出版社（2009年）53-55頁（游偉執筆）などは、用語こそ少し違いがあるものの、三特徴説を支持している。

(7) 高銘暄・馬克昌主編／趙秉志執行主編『刑法学』（第四版）北京大学出版社、高等教育出版社（2010年）47-51頁（高銘暄執筆）。

(8) 高教授は、もともと、このような犯罪概念規定（旧刑法第10条）を実質的犯罪概念と解していた（高銘暄編著『中華人民共和国刑法的孕育和誕生〔一個工作人員的札記〕』法律出版社（1981年）36頁）。なお、犯罪の混合的概念については、賈宇・林亜剛「犯罪概念与特徴新論」法商研究1996年第4期31頁以下参照。

(9) 高銘暄ほか主編・『刑法学』47頁。

(10) 高銘暄ほか主編・『刑法学』51頁。

(11) 高銘暄ほか主編・『刑法学』51頁。

(12) 高銘暄ほか主編・『刑法学』28頁。

(13) 馬克昌主編『犯罪通論』（第3版）武漢大学出版社（1999年）18頁（馬克昌執筆）。同様の立場として、莫洪憲・葉小琴「社会危害性和刑事違法性関係弁正」江蘇警官学院学報2003年第4期73頁以下がある。

(14) 馬克昌主編・『犯罪通論』26頁。

(15) 馬克昌主編・『犯罪通論』75頁。

(16) 馬克昌主編・『犯罪通論』16-18頁。

(17) 何秉松主編『刑法教科書』〔2000年修訂〕[上巻] 中国法制出版社（2000年）143-153頁（何秉松執筆）。

(18) 何秉松主編・『刑法教科書』149頁。

(19) 何秉松主編・『刑法教科書』150-151頁。

(20) 何秉松主編・『刑法教科書』148頁。

第 3 章　犯罪概念特徴論

(21) 張明楷『刑法学』(第三版) 法律出版社 (2007 年) 78-80 頁。
(22) 張明楷・『刑法学』80-83 頁。
(23) 張明楷・『刑法学』80 頁。
(24) 張明楷『法益初論』中国政法大学出版社 (2000 年) 273 頁。
(25) 張教授は、「法益侵害性」以外に、「法益侵犯性」の概念を用いている。「法益侵犯性」は、法益の侵害と侵害の危険の両方を含むとしている (同・『刑法学』81 頁) が、日本で言う法益侵害性と違わない。
(26) 張明楷・『刑法学』78 頁。
(27) 張明楷・『刑法学』80 頁。
(28) 張明楷・『刑法学』79 頁。
(29) 張明楷・『刑法学』82 頁。
(30) 張明楷・『刑法学』174 頁。
(31) 限定的ではあるが、期待可能性の理論を認めている (張明楷・『刑法学』275 頁)。
(32) 町野朔『犯罪論の展開 I』有斐閣 (1989 年) 10 頁。
(33) 犯罪の成立要件についての伝統的な理論体系は、犯罪構成論である。伝統的な考え方によれば、犯罪構成は、犯罪概念を具現化し、犯罪の社会的危害性を認識するための法的標識というものである。犯罪構成の各要件は、異なった角度から社会的危害性を説明するものである、とされているのである。なお、この点については、第 4 章で詳論する。
(34) 従来、張明楷教授は、階級性原理に基づいた社会的危害性論を中心とした犯罪論体系を試みていた (同『犯罪論原理』武漢大学出版社 (1991 年)) が、今は階級性原理を積極的に展開していないようである。しかし、実質的犯罪概念より犯罪論を展開しようとするという志向は、いまも変わりがないと思われる。
(35) 張明楷・『刑法学』80 頁。
(36) 張明楷・『刑法学』82 頁。
(37) 李居全『犯罪概念論』中国社会科学出版社 (2000 年) 199 頁。
(38) 李居全・『犯罪概念論』144-172 頁。
(39) 李居全・『犯罪概念論』199-200 頁。
(40) 李居全・『犯罪概念論』206-207 頁。
(41) 李居全・『犯罪概念論』207 頁。
(42) 李居全・『犯罪概念論』167-170 頁。
(43) 李居全・『犯罪概念論』110 頁。
(44) 李居全・『犯罪概念論』152 頁。この観点から、行政違法行為も社会的危害性を持つ行

為であるから、これらの行為に対して、行政機関でなく、司法機関が対処すべきという主張に繋がる（同書153-154頁）。治安管理処罰条例（当時）などの具体的な法律名称を挙げていないものの、それらの行政違法行為も犯罪に取り組むべきであるとほのめかしているのであろう。

(45) 李居全・『犯罪概念論』207頁。
(46) 周光権『刑法総論』中国人民大学出版社（2007年）5頁。
(47) 周光権・『刑法総論』5頁。
(48) 周光権・『刑法総論』198頁。
(49) 周光権・『刑法総論』228頁。
(50) 周光権・『刑法総論』255頁。
(51) 周光権・『刑法総論』83頁以下。
(52) 候国雲主編『刑法学』中国政法大学出版社（2005年）47頁（候国雲執筆）。
(53) 候国雲主編・『刑法学』47-53頁。
(54) 候国雲主編・『刑法学』57頁。
(55) 候国雲主編・『刑法学』49頁。
(56) 候国雲主編・『刑法学』51頁。
(57) 小口彦太教授（同『現代中国の裁判と法』成文堂（2003年）231頁）、黎宏教授（同「中国刑法の特徴と犯罪構成論について」産大法学42巻1号（2008年）45頁）などは、中国刑法の犯罪概念に責任要素がないことを問題視している。
(58) 候国雲主編・『刑法学』48頁。
(59) 毛沢東の思想は、今日の中国においても正統の思想であることが間違いないし、中国の法学界においては、政治指導者の言説を引用して自説の正しさを論証する法学者も珍しくない。しかし、毛沢東時代においては、思想犯罪が多く生み出されたことを失念すべきではなかろうか。
(60) 候国雲主編・『刑法学』56-60頁。
(61) 候国雲主編・『刑法学』71頁。
(62) 「本体刑法」とは、陳教授自身が規定した概念であり、法文を本位とする規範刑法学に対して、法文から法理を抽出して刑法の一般原理を論究する理論である。
(63) 陳興良『本体刑法学』商務印書館（2001年）164頁。
(64) 陳興良・『本体刑法学』167頁。なお、証拠に関する規定を犯罪概念に取り入れた刑法草案がある。「中華人民共和国刑法草案（修訂二稿）（第35次稿）」（1979年2月）第8条の犯罪概念規定には、「確実な事実と証拠」という内容が入っていた（高銘暄・趙秉志編『新中国刑法立法文献資料総攬』（上冊）中国人民公安大学出版社（1998年）

403 頁)。
(65) 陳興良・『本体刑法学』168 頁。
(66) 「刑事一体化」論は、儲槐植教授が提唱した、刑法、刑事訴訟法、刑事政策、犯罪学、刑事立法論、行刑学などのすべてを視野に入れて刑事法全般の統合を目指す刑事政策的な理論である(儲槐植『刑事一体化』法律出版社(2004 年)、とりわけ「建立刑事一体化思想」(同書 187 頁以下所収、初出 1989 年)参照)。
(67) 陳説を「新しい三特徴説」と名付けるものもある(趙秉志主編／黄京平副主編『刑法教学参考書』中国人民大学出版社(2006 年)35 頁(胡陸生執筆))。
(68) 陳興良・『本体刑法学』157 頁。
(69) 陳興良・『本体刑法学』158 頁。
(70) 陳興良・『本体刑法学』160 頁。
(71) 陳興良・『本体刑法学』160-161 頁。
(72) 陳教授は、この『本体刑法学』の性格を、中国刑法典を解釈する「規範刑法学」ではなく、超規範的な「立法刑法学」として位置付けている(陳興良・『本体刑法学』「一種叙述性的刑法学(代序)」)。
(73) 陳興良・『本体刑法学』161 頁。
(74) 陳教授は、社会的危害性を政治的な概念と性格づけており、それに対し一連の批判を展開していた(例えば、陳興良「社会危害理論——一個反思性検討」同『当代中国刑法新境域』中国政法大学出版社(2002 年)52 頁以下所収)ので、陳教授自身も社会的危害性が合理性を持つ概念と見ていないのではなかろうか。
(75) 陳興良・『本体刑法学』161 頁。
(76) 張教授は、立法批判よりも、解釈方法を用いて条文の操作により問題の解決を図るのが望ましいという(李立衆・呉学斌主編『刑法新思潮——張明楷教授学術観点探求』北京大学出版社(2008 年)前言 3 頁(李立衆執筆))。
(77) 黎宏「罪刑法定原則下犯罪的概念及其特徴——犯罪概念新解」法学評論 2002 年第 4 期 14 頁。
(78) 黎宏・「罪刑法定原則下犯罪的概念及其特徴——犯罪概念新解」14 頁。
(79) 黎宏・「罪刑法定原則下犯罪的概念及其特徴——犯罪概念新解」19 頁。
(80) 黎宏・「罪刑法定原則下犯罪的概念及其特徴——犯罪概念新解」19 頁。
(81) 黎宏・「中国刑法の特徴と犯罪構成論について」45 頁。
(82) 伝統的な犯罪構成論の改善論を支持している(黎宏「犯罪構成体系」同『刑法総論問題思考』中国人民大学出版社(2007 年)40 頁以下所収)。
(83) 黎宏・「罪刑法定原則下犯罪的概念及其特徴——犯罪概念新解」19 頁。

(84) 黎宏・「犯罪構成体系」。
(85) 王世洲「中国刑法理論中犯罪概念的双重結構和功能」法学研究 1998 年第 5 期 123 頁以下参照。刑罰法規は、立法規範ではないので、この考えに徹すれば、社会的危害性は、刑法解釈学においてその姿を消されなければならない。
(86) このような考えは、長尾龍一教授が指摘しているようなハト派の自然法論の立場と似通っており、一皮むけば法実証主義である（長尾龍一『法哲学入門』講談社学術文庫（2007 年）217 頁）が、刑法理論において目的論的深化に繋がると思われる。
(87) 髙見澤磨教授は、社会的危害性論がある以上、「可罰的違法性論はそもそも不要となる」と指摘している（木間正道・鈴木賢・髙見澤磨・宇田川幸則『現代中国法入門』〔第 5 版〕有斐閣（2009 年）266 頁）。この指摘は、社会的危害性論の存在を前提としているので、社会的危害性論を排斥した場合では、刑事応罰性が有意義な概念となろう。
(88) もともと、張明楷教授の犯罪概念に対する「論理解釈」は、犯罪論体系の構築を念頭に置いている。しかし、上述に指摘したように、この「論理解釈」の犯罪概念は、犯罪の本質から犯罪論体系を演繹しようとするので、実念論的なものと解されよう。
(89) 日髙義博『刑法総論講義ノート』〔第 3 版〕勁草書房（2005 年）37 頁。
(90) 政治からの法の独立は、中国刑法学にとって大きな課題の一つであると言えるが、刑法に政治的要素を持ち込もうとしている媒介的概念としては、まずは社会的危害性の概念を挙げることができるだろう。社会的危害性論の問題点は、第 2 章において検討した。
(91) 犯罪概念を刑法典の「小憲章」と評する（徐章燕「対我国犯罪構成理論的思考——以出罪為視角」広西政法管理幹部学院学報第 22 巻第 1 期（2007 年）27 頁）のは、このためであろう。なお、この超越的な存在である「小憲章」の主人公は、社会的危害性のことに他ならない。
(92) 小口・『現代中国の裁判と法』230-231 頁、田中信行・小口彦太『現代中国法』成文堂（2004 年）114 頁、李立衆『犯罪成立理論研究——一個域外方向的賞試』法律出版社（2006 年）161 頁、小口彦太「中国刑法上の犯罪概念再論」早稲田法学 85 巻 3 号（2010 年）389 頁以下。なお、黎宏・「中国刑法の特徴と犯罪構成論について」45 頁、早稲田大学孔子学院編『日中刑法論壇』早稲田大学出版部（2009 年）197 頁（小口彦太教授の質問に対する陳興良教授の回答）。

第4章　犯罪概念と犯罪構成論

1. 問題設定

　日本刑法理論においては、犯罪の定義について、一般的に、「犯罪とは、構成要件に該当し、違法かつ有責な行為である。」と定義されている。この定義は、形式的犯罪概念に関するものであると解されており、犯罪の成立要件を論理的に提示し、犯罪論体系との連動を意識したものである。一方、第3章においてすでに指摘したように、中国の伝統的な刑法理論においては、このような犯罪成立要件の構築に関連した形式的犯罪概念は、存在していないのである。中国刑法第13条には犯罪概念に関する規定が設けられているが、この規定をめぐる論争は、犯罪の本質を究明しようとする特徴論であって、犯罪の成立要件との係わりをほとんど持っていないのである。この犯罪概念にあっても、刑事違法性の要素が形式的犯罪概念に当たると言われている。しかし、この刑事違法性の要素は、実質的犯罪概念と形式的犯罪概念とが総体化したいわゆる「混合的犯罪概念」の中での一つの要素にすぎず、犯罪成立要件理論としての機能を持っていない。

　中国刑法においては、犯罪の成立要件についての伝統的な理論体系は、犯罪構成論である。その犯罪構成論は、形式的犯罪概念によって構成されるものではない。犯罪構成論と犯罪概念論とは、もともと、別々の体系を持っており、異なった理論構成をしている。

そのような異なった理論体系を持っている犯罪概念と犯罪構成とが一体どのような関係にあるのかは、問題である。伝統的な考え方によれば、犯罪構成は、犯罪概念を具現化し、犯罪の社会的危害性を認識するための法的標識とされる。犯罪構成の各要件は、異なった角度から社会的危害性を説明するものである、とされているのである。つまり、この考え方によると、犯罪構成論の役割は、もっぱら実質的犯罪概念を確認するためにあるということになる。はたして、このような実質的志向の犯罪成立要件の理論が罪刑法定主義の要請に合致しているかについては、疑義が生じる。

　本章は、上述したような問題意識の下で、1）犯罪構成論の歴史的展開および基本的な構造、2）犯罪構成と犯罪概念との関係、3）犯罪論体系の改善論を検討し、日本の犯罪論体系と比較しながら、次の三つの問題点を解決することにしたい。つまり、第1は、犯罪論体系は、刑罰法規を認識するための存在であるのか、それとも実質的犯罪概念を確認するための存在であるのか、という問題である。この問題には、実質的評価を先行させるのか、それとも形式的評価を先行させるのかという方法論的な問題も含まれている。第2は、犯罪概念と犯罪構成論とはどのような関係にあるのか、中国における犯罪論体系はどのようなものであるのか、という問題である。そして第3は、罪刑法定主義の見地から、如何に犯罪成立要件の理論を構築すべきなのかということが問題になる。

2. 犯罪構成論の概説

(1) 犯罪構成論の歴史的概観

1) 犯罪構成と構成要件

　中国の伝統的な犯罪成立要件の理論は、旧ソ連刑法から導入された犯罪構成論である。犯罪構成という概念は、一見したところ、ドイツや日本における犯罪論体系の要素の一つである構成要件（Tatbestand）と似通っている。犯罪

第 4 章　犯罪概念と犯罪構成論

構成と構成要件とは、明白に区別されない時期もあった[1]が、今では、別個なものであることが意識され、両者は区別されている[2]。しかしながら、この犯罪構成と構成要件という両概念の間に関連性が全くないわけではない。両者は、むしろ緊密な関連性を有しているのである。なぜなら、犯罪構成の概念も、Tatbestand に由来するものであるからである。犯罪構成の概念は、ロシア語の состав преступления という専門用語[3]を中国語に訳したものである[4]。もともと、その состав преступления という用語は、19世紀の半ばにドイツのTatbestand をロシアに導入する際に用いられたロシア語の訳語であった[5]。したがって、犯罪構成の語源は、Tatbestand の流れを汲んでいるのである[6]。

① 構成要件論の生成

ベーリングは、1906 年に公刊された『犯罪の理論』[7]において、Tatbestandと違法性とを区別し、Tatbestand に犯罪成立要件の一つとしての「構成要件」という特別な意義を与えた。構成要件は、犯罪類型の輪郭であり、それは、犯罪論における罪刑法定主義の要請を充足するためのものである[8]。

「構成要件」として再構成された Tatbestand は、その後の学説に承継され、今日に至った。また、この特別な意義を持つ Tatbestand は、日本においても継受されたことは、周知のとおりである。「構成要件」の訳語も、昭和初期にそれが日本に導入された際に、用いられた専門用語である。ただし、構成要件論を日本に導入する際には、必ずしも罪刑法定主義と関連して論じられるわけではなかったのである[9]。また、構成要件否認論という見解も展開された[10]。しかし、構成要件が罪刑法定主義的機能（自由保障的機能）を持つことは、一般的に承認されており、構成要件の概念は維持されるべき概念であるとされている。

② ロシアにおける犯罪構成論史

イ）背景

一方、ロシアにおいては、19 世紀の半ばに Tatbestand を導入したわけであ

るが、当時のロシアは、ヘーゲルの弁証法の強い影響下にあった[11]。そのため、犯罪構成の理論の構築も、ヘーゲルの方法論に基づいていたのであり、その犯罪構成理論は、犯罪を構成するための主観的・客観的な総体であると論じられていたという[12]。

Tatbestand がロシアに導入された当時は、「構成要件」という意味合いを持っていなかったと考えられる。そして、Tatbestand がロシアに導入された後も、この理論に対する関心は少なかったし、それに関する法学の文献もそれほど多くはなかったのである。総じて、帝政ロシアないしソビエト政権の初期においては、Tatbestand に対する大きな発展がなかったと言えよう[13]。

ソビエト社会主義共和国連邦成立後、最初に犯罪構成理論を刑法教科書に導入したのは、ピォントコフスキー（А. А. Пионтковский）である。彼が1928年に公刊した『ソビエト刑法総論』（第3版）においては、犯罪構成の概念を導入し、犯罪構成論に基づいた犯罪論の構築が始められた。なお、ピォントコフスキーは、犯罪構成の理論を法律的犯罪論と位置づけていた[14]。

犯罪構成論の発展を後押ししたのは、社会主義的合法性を強調した当時の法理論の指導者ヴィシンスキーであった。1935年に、ヴィシンスキーは、「5月4日のスターリン同志の演説と司法機関の任務」という報告において、犯罪構成要件を明確に理解し、法律が規定している構成要件により犯罪を認定しなければならないことを求めた[15]。さらに、その後、彼は、「厳格な犯罪構成」の概念を提出した。1938年7月に行われた「ソビエト社会主義の基本的諸問題」の報告では、「厳格な犯罪構成と類推問題が、重要な課題である」[16]と論じた。そのヴィシンスキーの報告を受け、犯罪の成立要件に関する理論研究は活発になった。

ロ）トライニンの所論

犯罪構成論の理論形成に関しては、トライニン（А. Н. Трайнин）の寄与がとりわけ大きかった。彼が1940年代の後半から1950年代にかけて発表した犯罪構成論に関する一連の著書および論文の影響は、絶大的であった[17]。トライニンは、ブルジョア犯罪論体系を批判することにより、独自の犯罪論体系を

作り上げ、いわゆる社会主義に適する犯罪構成論を創出したのである。Tatbestandを犯罪成立要件の総体と理解した上で、ベーリングの構成要件論を批判した。つまり、Tatbestandは犯罪成立の要件の一つとしてではなく、犯罪成立の全要件を含むこととしており、「ソビエト国家において、犯罪構成は、刑事責任の唯一の根拠である。」というテーゼに至っている[18]。また、犯罪構成の定義については、ソビエト法により犯罪として定められた、社会主義国家に危害を与える、具体的な作為（あるいは不作為）のあらゆる客観的、主観的要件（要素）の総体である[19]、としている。

トライニンの犯罪構成論の一つの大きな特徴は、犯罪構成と実質的犯罪概念である社会的危害性（社会的危険性）とを関連させることである[20]。社会的危害性と犯罪構成の関係については、次のように論じた。①犯罪構成は、徹頭徹尾、社会的危害性の行為である[21]。②行為の社会的危害性は、個々の犯罪構成の本質を決定する本質的な総体である。犯罪構成概念の定義によって明らかにされたように、社会に危害を与えた行為のみが犯罪構成を成しうる。それゆえ直接的には、社会的危害性は犯罪構成の一要素では有りえないという結論が得られる。③社会的危害性は、犯罪構成の一要素までに降格されることは有りえない。社会的危害性は、それが作為（あるいは不作為）の刑法上の全体的な評価である犯罪構成のすべての要素によって表現されていることから、犯罪構成の一要素という意味より、遥かに大きな意味を有している[22]。このように社会的危害性は、犯罪構成の中に含まれておらず、犯罪構成の上位に位置づけられている。

ハ）犯罪構成論と罪刑法定主義

犯罪構成論は、構成要件論の場合のように、罪刑法定主義を貫徹するために刑法理論に導入されたものではないだろうか。犯罪構成論を犯罪論体系に導入することは、犯罪本質論ばかりに力を注ぐのではなく、実定刑法の認識にも目を向けるようになったので、その意義が大きい。この点からみると、犯罪構成論は、罪刑法定主義に大きな一歩を踏み出したと言える。犯罪構成論は、罪刑法定主義の産物であるという見解もある[23]。しかし、犯罪構成論は、社会主

義的合法性の強化と関連するものであるが、罪刑法定主義と直接に結び付くとするのは、早計な結論であろう。なぜならば、犯罪構成論の形成に決定的な役割を果たしたピォントコフスキーとトライニンは、類推適用制度を肯定する態度を取っていた[24]ことからすると、犯罪構成論が罪刑法定主義を貫徹するために意識されたものと考えることは難しいからである。また、犯罪構成論が刑法理論に導入されたからと言って、社会的危害性の刑法理論における支配的な地位が動揺したわけではない。

2) 犯罪構成論の中国への導入

中華人民共和国が成立したことで、旧法の不継受が宣言された。それとともに、旧法の理論もブルジョア的なものであるとされ、糾弾の対象になった。

旧法理論の代わりに、ソビエト法理論が無批判的に導入された。犯罪構成の理論が中国に導入されたのは、1950年代であった。1950年代の後半から、中国独自の刑法教科書が公刊されるようになったが、これらは、ソ連刑法理論を再現したようなものであった。1956年に出版された『中華人民共和国刑法教学大綱』(中国人民大学刑法教研室、北京政法学院刑法刑訴教研室編印) や、1957年に出版された『中華人民共和国刑法総則講義(初稿)』(中国人民大学法律系刑法教研室編印) などの四つの刑法教科書は、例外なく旧ソ連の犯罪構成論をベースにしていた[25]。

中国の犯罪構成論に対する旧ソ連の影響の中でも、トライニンの犯罪構成論の影響が、とりわけ大きかった。彼の『犯罪構成の一般理論』は、1958年に中国語[26]に翻訳され、当時の中国において数少ない刑法の専門研究の一つであった。中国刑法の通説と言われる犯罪構成に関する理論は、ほとんどトライニン説の中国語版と言っても過言ではない。

しかし、罪刑法定主義に一歩踏み出した犯罪構成論は、中国においてその発展は順調ではなかった。かかるトライニンの著名な著書が中国において影響を発揮し始めたのは、この著書が出版された20年後の1978年頃であった。なぜならば、この著書が出版される前に、すでに反右派運動が1957年6月に突如

第 4 章 犯罪概念と犯罪構成論

始まったからである。法ニヒリズムが台頭し、犯罪構成理論は厳しい批判を受け、全面的に否定される状況にまで至ってしまったのである。1958 年に中国人民大学法律系刑法教研室が編修した刑法教科書である『中華人民共和国刑法是無産階級専政的工具』においては、「犯罪構成」について触れることさえもなかったという[27]。

その後も、第 1 章で述べたように、さまざまな政治運動が絶え間なく続けられていたので、犯罪構成論の研究は、改革開放が宣言される 1978 年まではタブー視され続けた。犯罪構成論の研究が再び刑法学研究の重要課題の一つになったのは、1979 年以降のことであった[28]。最初の段階では、1950 年代に導入した旧ソ連の犯罪構成の理論を再認識することがなされ、主に犯罪構成の概念およびその意義の再確認が行われた。その後、徐々に理論的な探求が始まったが、その研究内容は、主に犯罪構成の概念と犯罪構成の要件についてであった[29]。

(2) 犯罪構成論の基本内容

犯罪構成論の基本的内容については、おおよそ次のような三つの問題点がある。つまり、それは、犯罪構成の属性、犯罪構成の要件、犯罪構成の中での各要件（要素）間の順序、という三つの問題点である。

1) 犯罪構成の属性

① 各学説

犯罪構成という概念を定義するに当たって、犯罪構成というものが、法律に規定されているものを指しているのか、それとも理論上の概念であるのかが議論されている。すなわち、この議論は犯罪構成の属性に関する議論である。ここでは、主に法定説、理論説、法定・理論説、罪状説という四つの見解が主張されている。

ア）法定説　　法定説は、通説と評価されている[30]。法定説の犯罪構成についての典型的説明としては、次のようなものが挙げられる。つまり、犯罪構

成というのは、「ある具体的な行為の社会的危害性およびその程度を決定し、当該行為が犯罪を構成するに必要とされる、中国刑法上に規定されているすべての客観的要件と主観的要件の総和を指す。」[31]と定義している。

イ）理論説　　法定説に対し、犯罪構成それ自体は刑法理論上の概念にすぎず、刑法典上において犯罪構成の概念に関する明確な規定がないままに、犯罪構成の概念は1979年刑法典が制定される以前にすでに導入されているので、犯罪構成の概念を刑法典上の規定とするのは、そもそも無理であるとの批判が理論説からなされている。

犯罪構成は、一種の理論であって、法律そのものではない。また、権力機関による法律についての解釈でもない。犯罪構成は、理論と実践とを結び付けた原則の指導の下で、中国刑法が規定している犯罪を構成する各要件についての概括および説明であるとされる[32]。

ウ）法定・理論説　　法定説と理論説との対立の中で、法定・理論説という折衷的な見解がある。

法定・理論説は、法定説と理論説とを組み合わせたものである。この説によれば、犯罪構成は、刑法上に規定されている犯罪が成立するに必要な主観的・客観的諸要件の総和であり、また刑法理論の重要な構成部分をなしており、犯罪認定と刑の量定の基本的な理論根拠にもなるとされる[33]。

エ）罪状説[34]　　しかしながら、上記のような議論とは全く異質的な見解として従来、しばしばそれらの議論とともにその中の一学説として取り上げられ[35]、法定説に分類されることさえもあった、罪状説という見解がある。この罪状説は、元来、犯罪成立要件の意味において犯罪構成を捉えるものと異なり、犯罪成立要件の一要件として捉えようとする点に新味がある。

罪状説は、まずは犯罪要件と犯罪構成要件とを区別した上で、前者を犯罪成立の諸要件のことを指すとし、その諸要件の中での一要件が後者に当たるとする[36]。犯罪構成は、「刑法の『罪状』である」[37]。つまり犯罪構成要件は、「法定されたある種の社会的に危害なものであって、刑事応罰的（原文は「応受刑罰懲罰」）である主観的側面と客観的側面の総和である。」[38]とする。この犯罪

構成が「『各犯罪行為に対して設けられている具体的な規定』の刑法各則の中においてのみ存在しており、個々の構成は、一種（あるいは一類）の具体的な犯罪行為を規定している。」[39]という。

この主張は、紛れもなく、構成要件の概念に近似した理論構成を持っている。このような見解は、犯罪成立要件に関する議論が本格的に始まったばかりの1983年という早い時期に提起されたものであり、このことは特筆すべきことであろう。しかし、この見解は、ソ連刑法理論の影響を払拭できず、大きな影響も発揮することなく、ほどなく途切れてしまった。

② 検討

犯罪構成の属性に関する法定説と理論説の議論は、基本的には、刑罰法規上に規定されている個々の犯罪行為を構成する各要素である「犯罪構成」と、「犯罪構成」の各要素を対象として認識するための理論構成である「犯罪構成論」との混同によって生じたものである。この混同は、法律と法学との区別、あるいは認識の対象と認識の手段との区別を明確にしなかったゆえに生じたものである。刑罰法規上の規定と刑法理論は、あくまで別個なものであり、両者は認識の対象と認識の手段との関係にあると明確に位置づけたならば、そのような議論はそもそも不要であったであろう。

犯罪構成を犯罪成立要件と捉える法定説、理論説および法定・理論説に対して、罪状説は、犯罪構成は単なる犯罪成立要件の一つとしているので、全く異質なものであると言える。罪状説に対しての従来の見解は、犯罪成立要件説というべきであろう。

2）各要件間の順序

犯罪構成の各要件間の順序の問題は、主に通説である四要件説において展開されている。通説では、犯罪構成の要件が犯罪の客体、犯罪の客観的側面、犯罪の主体、犯罪の主観的側面という四つの要件によって犯罪構成がなされている。そして、これらの四つの要件は、どういう順序で検討すべきかについての

論議が活発に行われている。主な学説は、次のようなものである。つまり、①立法者の認識の視点から、犯罪客体→犯罪の客観的側面→犯罪の主体→犯罪の主観的側面という通説の順序のほかに、②行為者の視点から、犯罪の主体→犯罪の主観的側面→犯罪の客観的側面→犯罪の客体という順序で論じる説[40]、③システム論の視点から、犯罪の主体→犯罪の客体→犯罪の主観的側面→犯罪の客観的側面という順序で構成すべきとする説[41]、などが展開されている。

しかしながら、これらのいずれの説によっても、その四つの要件間の内的な論理関係は、有機的に統一されており、不可分な総合体であるとされているので、各要件間の順序は大きな意味を持たない。後に述べることで明らかになるが、犯罪構成論は、積極的に犯罪を認定する理論であり、その内部では犯罪阻却事由が存在していないので、各要件間の順序が段階的構造の意味を有していない。そもそも、各要件間の順序を変えることが簡単にできてしまうことからも、それらの順序が重要ではないことが窺える。したがって、これらの要件間の順序が変わったりしても、日本の犯罪論が展開しているような段階的・順次的に犯罪を認定するという思惟様式ではない。犯罪構成の各要件は、それぞれが独立したものではなく、「総合」して犯罪の認定がなされるのである。この各要件間の順序が重要な意味を持たない犯罪構成論の体系は、いわゆる平面的な体系である。

ところが、中国でもドイツや日本の犯罪論体系のような構成要件→違法性→有責性という段階的順序関係を意識した主張が展開されている。すなわち、犯罪構成の各要件の順序を、犯罪の客観的側面→犯罪の客体→犯罪の主観的側面→犯罪の主体という順で並べる説[42]と、犯罪の客観的側面→犯罪の客体→犯罪の主体→犯罪の主観的側面という順で並べる説[43]が主張されている。これらの説は、ドイツや日本における犯罪論の成立要件と中国伝統的な犯罪構成の各要件とを比較して、犯罪の客観的側面が構成要件に、犯罪の客体が違法性に、犯罪の主体と犯罪の主観的側面が有責性に当て嵌まるとしている。このような主張は、犯罪構成の各要件においても、その順序に大きな意義を与え、日本刑法の犯罪論のような論理構造を作り上げようとしていることから、犯罪構

成改善論に繋がるものである。なお、この犯罪構成改善論については、第4節で検討する。

3）犯罪構成の要件

犯罪構成の要件についての議論は、犯罪の成立するにはいかなる要件が必要であるのかをめぐるものである。

①四要件説

四要件説は、犯罪を構成するには四つの要件が必要であるとする。同説は、通説の立場である。四要件説における要件は、犯罪の客体、犯罪の客観的側面、犯罪の主体、犯罪の主観的側面という四つのものである。また各要件の内容については、次のとおりである。つまり、「犯罪の客体とは、刑法によって保護され、犯罪行為によって侵害される社会主義的社会関係をいう。犯罪の客観的側面とは、刑法によって規定される、行為が客体に対して侵害をもたらす客観的事実の特徴を説明するものをいう。……犯罪の主体とは、社会に危害を与える行為を行い、法律に基づいて刑事責任を負うべき者をいう。犯罪の主観的側面とは、犯罪の主体が自己の社会に危害を与える行為およびその結果に対して抱く心理状態をいう。」[44]というものである。

四要件説のほかに、二要件説、三要件説、さらに五要件説も展開されている。簡単に紹介すると、次のとおりである。

②二要件説

二要件説には、二つの種類がある。その一つは、犯罪構成の要件を単に行為要件と行為主体要件の二つの要件に分けて、これらの二つの要件によって犯罪が構成されるとする。この説では、行為要件は主観的要件と客観的要件が統一したものであるとしている。もう一つは、犯罪構成の要件を主観的要件と客観的要件の二つの要件に分ける説である。この説によれば、犯罪の主体は前提条件であって、犯罪の客体は行為に付属しているものであるため、この両者は、

犯罪構成の要件になりえない。

③三要件説

　三要件説も二種類がある。その一つは、犯罪構成は、主体、社会に危害を与える行為、客体、の三つの要件からなる。その中の社会に危害を与える行為という要件は、主観的側面と客観的側面の統一したものであるとされる[45]。もう一つの説は、四要件説の四つの要件から犯罪の客体を除いて、その他の三つの要件を犯罪構成の要件とするものである[46]。

④五要件説

　この説は、犯罪には、ア）社会に危害を与える行為、イ）危害行為の客体、ウ）社会に危害を与える結果およびそれと危害行為の間の因果関係、エ）危害行為の主体条件、オ）行為者の主観罪過の五つの要件によって構成されるとしている[47]。その中のア）とウ）は、四要件説の犯罪の客観的側面という要件を細分化したものであるが、行為を最初の要件として挙げていることが注目に値する。

　四要件説以外の説においても、全体から見ると、通説をベースにして、単に四要件説が挙げている上述した四つの要件を統合させたり細分化したりしているので、通説とは大きな差があるわけではない。その少数説の中において最も目を引くのは、犯罪の客体を除いた説である。つまり犯罪構成の各要件のうちで、最も犯罪の本質である社会的危害性を反映する要件として機能しているのが犯罪の客体であるので、それが外されることにより、犯罪構成は、より形式的なものになると言える。犯罪の客体を犯罪構成に取り入れない理由は、犯罪の客体は犯罪の本質を反映するものであって、犯罪構成の要件にはなりえないからであるとしている[48]。

4）犯罪構成論の特徴

 伝統的な犯罪構成論は、次のようないくつかの特徴がある。つまり、まず第一に、犯罪の客体を犯罪成立要件の一つの要件として認める点に大きな特徴がある。これは、社会主義犯罪構成理論の特徴の一つであるともされている[49]。また、通説の立場においては、実質的要素である犯罪の客体が第一要件とされていることから、この見解は、形式的判断よりも実質的判断を先行させていることになる。すなわち、これは、価値判断先行型であると言える。

 また第二に、有力説として、犯罪の主体を第一要件とし、犯罪の主観的側面を第二要件としている説が展開されている。この説は、客観的要素より主観的要素、一般より個別を先行させていることが明らかである。

 第三に、犯罪構成論は、段階的判断ではなく、総合的判断によっている。犯罪構成の各要件間においては、相互に独立しておらず、統合されている。この判断は、一回のみでの判断である。このことは、「犯罪構成は、刑事責任を問う上での唯一の基礎である。」というテーゼからも明らかである。そのため、ある行為が犯罪構成に該当するか該当しないかという判断のみが行われ、それだけで判断は完結される。例えば、正当行為の場合は、この行為がいったん犯罪構成に該当した後に、犯罪性阻却（社会的危害性排除）という判断を行うのではなく、最初から犯罪構成に該当しないという判断がなされる。

3. 犯罪構成論と犯罪概念の関係

 中国における従来の犯罪論体系は、犯罪概念論と犯罪構成論の二つの異なった体系からなる。すなわち、この犯罪論体系は、二重構造を持っていると言える。従来の犯罪論体系をめぐる議論では、犯罪概念と犯罪構成とが、相互に密接に関連し合うものの別々の理論であるとされてきた。では、この両者が具体的には一体どのような関係にあるのだろうか。この問題について、次に検討する。

(1) 概観

1)「混合的犯罪概念」の観念について

　刑法第13条（1979年刑法第10条）の犯罪概念規定の性質については、それが犯罪に関する実質的概念であると解されていた[50]。しかし、その後、犯罪概念規定は、実質的要素を表わす社会的危害性と形式的要素を表わす刑事違法性との両方によって構成されているので、このような犯罪概念規定はいわゆる混合的犯罪概念であるとするという見解が登場した[51]。今や、中国刑法における犯罪概念規定は、混合的犯罪概念であると解するのが一般的である。混合的犯罪概念については、次のように定義されている。すなわち、「犯罪の混合概念は、犯罪の実質的概念と形式的概念との統合であり、犯罪の本質特徴を指摘するだけでなく、犯罪の法律特徴も指摘している概念である。」[52]というものである。しかし、通説である犯罪概念三特徴説にしても、犯罪の社会的危害性、刑事違法性、刑事応罰性という三つの特徴を羅列しているにとどまり、それを定義風に言い替えると、「犯罪とは、重大な社会的危害性を有し、法律に基づいて刑罰による処罰を受けるべき行為である。」というようなものになる。

　これらの三つの特徴が、犯罪を成立させるための要件であるとするならば、定義上では、一種の形式的犯罪概念にすぎないとも言える。もともと、形式的犯罪概念の内容については、形式的なものであったり実質的なものであったりする。概念規定の中に、実質的なものと形式的なものとが含まれている場合が多い。混合的犯罪概念という観念は、思考上の論理性を示すものではない。日本刑法における「犯罪とは、構成要件に該当し、違法かつ有責な行為である。」という形式的犯罪概念の定義にあっても、各の個々の判断においては、形式的なものだけでなく、実質的なものも含めて判断される[53]。そうだからと言って、このような犯罪概念が混合的犯罪概念であるとは、日本では解されていない。

　また、このような混合的犯罪概念が成り立つとしても、この犯罪概念により

犯罪の成立要件が定められるわけではない。この概念は、上述した犯罪構成論とは、異なったものである。中国における犯罪概念論は、第3章に指摘したように、犯罪の本質を究明するためのものであって、それは犯罪成立要件の体系を構築するためのものではないことが明らかである。

2）犯罪概念と犯罪構成論の関係

本書の上述の各章においては、犯罪本質論あるいは犯罪概念特徴論がきわめて重要視されてきたことを指摘した。しかし、犯罪構成論が軽視されるわけではない。離実定刑罰法規の意味においての実質的犯罪概念はもとより、実定刑罰法規としての形式的犯罪概念も、抽象的な存在であることは変わりがない。犯罪の本質または刑罰法規の規定を現実の個々の事案に適用するには、個別的に具体化しなければならない。その個別化・具体化の過程においては、実質的犯罪概念であれ、形式的犯罪概念であれ、いずれも犯罪を成立させるための理論上の道具が必要とされる。犯罪構成論は、そのような理論上の道具の一つである。そのため、通説においても、犯罪概念の重要性が強調されるが、犯罪構成が軽視されるわけではないと思われる。犯罪構成は、犯罪概念とともに刑法理論の礎石であり、刑法学体系の中において中核の地位にあるとも言われている。

犯罪概念と犯罪構成との関係について、通説は、次のように解説している。つまり、「犯罪構成と犯罪概念とは、密接な関連を持つと同時に、相違点も備えている、二つの概念である。犯罪概念は犯罪構成の基礎であり、犯罪構成は犯罪概念の具体化である。犯罪概念が解答する問題は、何が犯罪であるのか、犯罪はどのような基本的な属性を有するのか、ということである。犯罪構成は、それを一歩進めて、犯罪は如何に成立するか、犯罪が成立するには、いかなる法定的要件を備えていなければならないか、すなわち、犯罪を構成する具体的な基準と条件について答えるものである。犯罪構成は、その一連の主観的・客観的要件を通して、いかなる行為が社会に危害を与え、刑罰法規を犯し、よって、刑罰を受けなければならないかを総合的・具体的に説明する。す

なわち、犯罪概念の各基本的属性は犯罪構成を通して具体的に説明する。」[54]というものである。両者は、抽象と具体、総体と個別の関係にあるが、犯罪構成は犯罪概念を説明するための存在である。

また、犯罪構成論の創立者の一人であるピョントコフスキーは、犯罪概念と犯罪構成との関係性について、前者を政治的概念、後者を法的概念と位置付けられると主張した[55]。これは、両者を使い分けして、犯罪構成を法的なものとして強調することによって、政治的な存在である犯罪概念からある程度の独立を保とうとした主張であると言えよう。しかし、この主張は、ただちに否定された[56]。犯罪構成概念は、政治的な概念でもあるとされたのである。

犯罪構成は、犯罪概念の具体化（具現化）であるとされている。そうであるならば、犯罪概念と犯罪構成とは一致しなければならないはずである。しかし、犯罪構成論は、積極的に犯罪の構成を評価するという機能を持つが、消極的な評価である犯罪阻却事由に関する理論構成については、犯罪構成論の中においては解消されない。犯罪阻却事由は、犯罪構成に還元されることなく、犯罪概念の独自の理論構成によってのみ正当化されうるのである。ある行為に犯罪阻却事由がある場合、たとえば、正当化事由がある場合は、社会的危害性論の枠組みの中において判断されるのである。

（2）犯罪阻却事由から見た場合

正当化事由[57]と犯罪構成論との関係について、従来の見解をあえて単純化すれば、社会的危害性のないところには犯罪構成もつねに存在しないというものである。犯罪構成論においては、責任の要素に関しては、犯罪の主観的側面の要件と犯罪の主体の要件の一部分がそれに当たるが、言うまでもなく、それらは、独立した要件としての地位を有しているわけではない。一方、正当化事由については、犯罪構成論において独立した要件として存在しないだけではなく、それについての要素さえも見当たらないのである[58]。正当化事由は、犯罪構成論においては解消されない。通説の犯罪概念特徴論には責任に当たる要素がないと言われているが、犯罪構成論には違法性に当たる明確な要素が存在

していないように見える⁽⁵⁹⁾。そこで、正当化事由は、犯罪構成とはどのような関係にあるのか、犯罪論体系上において、どのように位置付けられているのか、という問いを立てることができるだろう。これらの問題については、二つの代表的な見解を取り上げて検討する。

1）高銘暄の教科書

通説を代表する高銘暄教授が編著した教科書においては、正当化事由と犯罪構成との関係について明確に論じられてはいなかった。しかし、正当化事由の定義から、両者の関係をわずかだが確認することができる。その定義は、次のようなものである。すなわち、「正当行為とは、客観上において一定の損害結果をもたらし、形式的には何らかの犯罪の客観的要件に合致するが、実質的には社会的危害性を有していないだけではなく、刑事違法性も有していない行為である。例えば、正当防衛、緊急避難、合法的な職務執行、許された危険行為など。」⁽⁶⁰⁾と定義されている。

正当行為は、「形式的には何らかの犯罪の客観的要件に合致する」としており、「犯罪の客観的要件」という文言が用いられているが、この用語についての説明がない。つまり、「犯罪の客観的要件」がどのような理論であるかは、明らかにされていない。それは、犯罪構成の一部分に相当するとしているのか、もしそうであるとするならば犯罪構成のどの要素に当たるのか、それとも、犯罪構成とは無関係なものであるとするかは不明である。

正当化事由と犯罪構成の関係については、その問題について論述していない点から見ると、両者が無関係であることを意味するのであろう。また、正当行為の定義では、その正当行為が社会的危害性を有しないだけではなく、刑事違法性も有しないとしているので、犯罪概念にその正当化根拠を求めているように見える。したがって、正当行為は、犯罪構成の判断を待つことなく、すでに犯罪概念によって犯罪を阻却されたということになる。しかし、もしそうであるとすれば、体系上、正当化事由は、犯罪概念において論述されるべきところだが、その問題についての論述は、犯罪構成論の後ろに置かれている⁽⁶¹⁾。

2）馬克昌の教科書

通説は正当化事由と犯罪構成との関係について、明確な論述をしていない。ところが、通説と同様の立場にある馬克昌教授が編著した教科書においては、その問題を取り上げて明確に論じている。つまり、「社会主義刑法学においては、実質的な犯罪構成を強調しており、犯罪構成は、実質的要件と形式的要件との統一であり、形式的要件は実質的要件を基礎とし、実質的要件の排除は、形式的要件を否定することをも意味する、と考える。犯罪でない行為が犯罪を構成しない理由は、まずはその行為が実質的要件である（相当重大な程度の）社会的危害性を欠いており、それを基礎としている形式的要件であるところの刑事違法性も欠けることになるからである。言い換えれば、社会主義刑法では、正当防衛、緊急避難などの犯罪性を排除する行為は犯罪構成の形式を備えていない、と考える。なぜならば、社会的危害性が排除され、それとともに刑事違法性も排除され、当然犯罪構成が存在しえないからである。この評価は、社会主義刑法学が強調している犯罪構成の実質的特徴によって決定されている。」[62]としている。

正当化事由は、すでに犯罪概念においてその犯罪性が排除される。したがって、正当化事由は、犯罪構成の形式を備えることもない。しかしながら、正当化事由の問題について、高銘暄教授の体系と同様に、馬教授は犯罪概念において論じているわけではない。その体系上の位置付けは、罪数論より後ろに置かれ、犯罪論の末尾に置かれている[63]。

（3）犯罪構成論と形式的犯罪概念

犯罪構成は形式的犯罪概念のことを指すのであろうか。この問いについて筆者は、第2章と第3章において、中国刑法では犯罪成立要件論を構築するための形式的犯罪概念を有していないと指摘したが、犯罪構成は、形式的犯罪概念、つまり刑事違法性のことではないのかという疑問が提起されうる[64]。確かに、刑事違法性は、実定刑罰法規のことであるとされており、犯罪構成も主に刑罰法規の内容を認識するとされているので、両者は、共通性を持っている

と言えなくはない。

　しかし、犯罪構成が刑事違法性のみを指すとすれば、実質的犯罪概念である社会的危害性を確認するという機能を担うことができなくなるのである。つまり、犯罪構成が形式的犯罪概念であるとすれば、犯罪構成は、「混合的犯罪概念」の一要素になり、犯罪概念の片方の機能しか担わないことになる。そうであるならば、犯罪概念は犯罪構成の基礎をなしており、犯罪構成は実質的犯罪概念を認識する役割を果たさなければならないとしている通説の主張と矛盾が生じることになる。同時に、犯罪概念と犯罪構成とは、密接的に関連し合いながら、一応別々の概念であるという通説の主張とも矛盾する。

　また、両者の内容は異なっている。例えば、正当化事由は、刑事違法性の中に含まれているが、犯罪構成論の中では、検討の対象になっていない。

　さらに、そもそも、旧ソ連において形式的犯罪概念の提示が1940年代前後であったことは第1章で明らかにしたが、それに対し、犯罪構成の理論は、すでに1920年代において導入されていたのである。したがって、形式的犯罪概念よりも犯罪構成論の方がより先に提示されていたことになるので、形式的犯罪概念は、犯罪構成論を構築するためのものではないことが明らかである。

　たとえ形式的犯罪概念としての刑事違法性が犯罪構成論と一致すると観念しえたとしても、各教科書においては、このような形式的犯罪概念ないし刑事違法性により犯罪構成論を展開しようとした痕跡は全く見当たらない。

(4) 犯罪構成論と実質的犯罪概念

1）二重構造的犯罪論体系

　犯罪概念は、犯罪構成の基礎であるが、構造上において犯罪概念は社会的危害性に支配されていることから、社会的危害性論は、犯罪構成論より以前に存在しているのである。社会的危害性は犯罪構成の各側面のいずれにも属しておらず、より上位の意義を持つ犯罪の本質を解明するものであり、犯罪構成の上位概念である。

　まさに、「犯罪構成と犯罪概念の両者の間を繋げる接点あるいは橋梁は、ほ

かならぬこの両者の共同の対象である『犯罪行為』の社会的危害性という基本的属性である。犯罪行為が持つ社会的危害性は、犯罪概念において解き明かされた基本的属性であって、犯罪構成によって表現された基本的属性でもある。」、「犯罪構成は、犯罪が成立に必要とされるすべての主観的諸要件と客観的諸要件とを有機的に統一したものであるので、そのすべての要件は、犯罪行為の社会的危害性を説明するための存在である。」[65]という指摘があるように、犯罪構成は、社会的危害性が存在していることを説明するためのものである。

社会的危害性によって、犯罪概念と犯罪構成とが統合されているが、犯罪構成論は、ある行為が有罪か無罪かの判断を行うものというよりも、社会的危害性によって判断された有罪の結論を説明するための理論である。つまり、犯罪構成論は、犯罪を認定するための理論というよりは、犯罪の社会的危害性を説明する理論であると指摘できる。

社会的危害性と犯罪構成との関係は、突き詰めれば、ある行為が犯罪であるかどうかについて、まずは行為の社会的危害性を判断し、それが重大な社会的危害性を有するもので犯罪の行為であると判断された場合は、つぎに構成要件論によって、この犯罪行為がいかなる犯罪行為であるのかを具体的に説明するという理論関係にあるとまとめることができる。例えば、犯罪構成の各要件は、「犯罪の客体」、「犯罪の客観的側面」、「犯罪の主体」、「犯罪の主観的側面」などとあるように、どれも「犯罪……」と名付けられていることからみても、犯罪構成における検討は、「犯罪」であることを前提にしている。犯罪阻却事由が犯罪構成論において解消されない原因は、ここにもある。犯罪構成論は、犯罪を阻却する要素を含まず、積極的にある行為が犯罪であることを認定するのみを志向しているので、「積極的犯罪成立要件論」と言ってもよいであろう。

馮亜東教授は、より明確にこの体系の構造を論じている。「但書は、罪と非罪との境界を引く唯一の法律根拠である。」[66]としているので、犯罪の成否は、実は社会的危害性の判断に委ねられることになっている。犯罪構成は、もはや社会的危害性の大小を説明するための存在にすぎないのである。

このように、中国刑法理論における伝統的犯罪論体系は、社会的危害性論

（あるいは犯罪概念論）と犯罪構成論との二重的構造によって構成されており、「二重構造的犯罪論体系」と言える。なお、この体系が社会的危害性の絶対的支配の下に置かれた構造になっていることは、言うまでもない。

2）犯罪の客体と社会的危害性

社会的危害性は、犯罪構成の上位に置かれており、犯罪構成の各要件は、社会的危害性の大小を説明するためのものであるとされている。このように、社会的危害性概念は、犯罪構成の基礎になっているとされているが、その役割を最も果たしているのは、犯罪の客体の要件である。「犯罪の客体は、行為の社会的危害性を決める最も重要な要素である。」[67]という論述があるように、犯罪構成の中で、とりわけ犯罪の客体は、社会的危害性と密接に関連している。

犯罪の客体は、刑法任務規定に関する刑法第2条の内容である。これは、刑法第13条の社会的危害性の規定と対応している。社会的危害性の内容として挙げられている具体的なものは、ほかならぬ犯罪の客体の内容である。社会的危害性は、主に犯罪の客体を通してイデオロギー的要素を犯罪構成に送り込むのである。犯罪構成が法的概念たりえない主な原因は、犯罪の客体の存在にある。

犯罪構成論を修正しようとする立場の大半が、犯罪の客体に手を加えようとしていることは、犯罪の客体が重要なイデオロギー的役割を担っているからである。

4. 伝統的犯罪論体系の再構成論

(1) 犯罪の客体による改善論

1）犯罪の客体に関する通説の見解
① 概観

通説的立場によれば、犯罪の客体とは、刑法によって保護され、犯罪行為に

よって侵害される社会関係である。中国刑法での犯罪の客体は、日本で一般的に言う犯罪の客体（行為の客体）とは異なっており、保護の客体の概念に当たる[68]。なお、行為の客体は、中国刑法では犯罪の対象という。

犯罪の客体は、そこに含まれている社会関係の内容によって、三つの種類に分けられている[69]。

イ）犯罪の一般的客体

これは、すべての犯罪が共通に侵害する客体であって、中国刑法によって保護される社会関係の総体である。犯罪の一般客体は、あらゆる犯罪の客体が有する共通性を反映し、刑法によって保護される最高の段階である。中国刑法第2条の刑法任務に関する規定、第13条の犯罪概念に関する規定は、犯罪の一般的客体の主な内容を説明している。犯罪の一般的客体を研究することは、刑法が保護しているあらゆる社会関係に対し総体的な研究を行うことであり、すべての犯罪の共通性を究明し、その上で犯罪の階級性を認識し、犯罪の社会的危害性を認識し、中国の犯罪と闘争するところの社会的政治的意味を理解するものである。

この概念は、刑法の任務規定における究極的目的や社会的危害性の概念と緊密な繋がりを持ち、絶対主義的・全体主義的な志向のある概念であることが明らかである。

ロ）犯罪の同類的客体

これは、同種の犯罪が共通に侵害する客体であり、刑法によって保護される社会関係のある一部分、あるいは一方面である。これは、主に刑法各則の章分けに当たる。

ハ）犯罪の具体的客体

これは、ある犯罪行為によって直接に侵害され、中国刑法によって保護される社会関係である。すなわち、中国刑法によって保護される個々の具体的な社会関係である。これは、日本刑法における個々の具体的な法益に相当するものである。

犯罪の客体の概念と法益概念とはかなり近似していると言えるが、両者には

大きな違いがある。すなわち、法益の概念には一般的客体のような概念が存在せず、法益の内容も通常は社会関係と解されないことが挙げられる。

② 犯罪の客体の内容——社会関係説

犯罪の客体の内容について、19世紀末から20世紀初頭の帝政ロシアにおいては、多数説が法益説であって、その他に、利益説と規範説が主張されていたという[70]。しかし、ソビエト政権に入ってから、支配的学説として君臨していたのは、社会関係説であった。社会関係説というのは、犯罪の客体の内容を「社会関係」と解する説である。この説は、ピョントコフスキーによって考案されたものである[71]。彼は、1924年に、犯罪の客体を「ある階級社会の社会関係」と表記した[72]。つまり、この社会関係の内容は、階級間の支配-被支配関係のことである。彼は、帝政ロシア期において通説であった法益説に対して、ブルジョア階級刑法がその階級本質を覆い隠そうとするものであると糾弾した。社会関係という概念を用いて犯罪の客体の内容と解した起因は、犯罪の客体においての刑法の階級性をはっきりと示そうとすることにあった[73]。トライニンもこのピョントコフスキーの社会関係説を支持し、この説は、旧ソ連時代において支配的学説となっていた。

中国の通説も、このピョントコフスキー説をそのまま継承した[74]。社会関係説の内容は、もともと「犯罪の客体とは、刑法によって保護され、犯罪行為によって侵害される社会主義的社会関係をいう。」[75]と規定していた。ところが、改革開放後、政治路線の転向により、社会関係は、中国においても社会主義的なものに限らなくなった。そこで、「刑法が社会主義的社会関係を保護するのみではなく、生産力発展に有利な非社会主義的社会関係も保護しなければならない。」[76]という理由から、本来の「社会主義的社会関係」の表記から「社会主義的」という修辞を除いて、単に「社会関係」だけを表記すべきだという主張がなされた。この見解が受け入れられ、今や、通説の犯罪の客体の概念に関する規定は、「犯罪の客体とは、わが国刑法によって保護され、犯罪行為によって侵害される社会関係をいう。」という表記に至っている。

また、通説の規定に若干の修正を入れて、「犯罪の客体とは、わが国刑法によって保護され、犯罪行為によって侵害されまたは脅かされる社会関係をいう。」[77]との主張が、馬克昌教授が編著した刑法教科書にはなされている。すなわち、この定義は、社会関係に対する侵害だけではなく、それに対する脅威も考慮に入れて、犯罪の客体の内容を規定したものである。

2) 社会関係説からの離脱

　通説の社会関係説に対し、犯罪の客体の要件を犯罪構成論の枠の中に維持しながら、その内容を変更しようとする立場としては、主に社会利益説、法益説がある。

　① 社会利益説

　ソ連からそのまま導入した社会関係説に対して、何秉松教授は、犯罪の客体の内容を狭く捉え過ぎていると批判した。つまり、「いわゆる社会主義の社会関係は、単に経済基礎および上部構造の範疇に属しているもので、生産力を内包していない。」[78]のであるが、しかし、「刑法は、経済基礎および上部構造としてのいわゆる『社会主義の社会関係』を保護しなければならないのみならず、さらにとりわけ社会の生産力を保護しなければならない。」[79]と、社会関係のほかに、特に社会の生産力も犯罪の客体の内容に採り入れるべきと主張している。

　また、「利益というのは、広範囲にわたる社会的カテゴリである。人々の生存や発展の欲求を満足させうるもののすべては、総じて利益と称する。……利益というカテゴリは、社会の生産力、または経済基礎および上部構造とはいずれも密接な関係を持っている」ので、利益概念を用いて犯罪の客体の概念を決めることは、多くの利点を持っている[80]。したがって、犯罪の客体とは、「犯罪行為によって侵害され、わが国の刑法によって保護される社会利益である。」[81]と定義すべきであるとしている。もともと、社会利益説も、社会関係説と同様に、社会利益の前に「社会主義」というイデオロギー的な表現が付さ

れていた[82]が、その後、それが外された。

② 法益説
　犯罪の客体の概念を維持し、それを犯罪構成の要件として留め置きながら、犯罪の客体の内容に法益という新しい意味合いを付与しようとしたのが、法益説である。
　イ) 薛瑞麟の見解
　薛瑞麟教授は、まずは「『法益説』を用いて『社会関係説』に取って代わることに賛同する。」[83]と法益説を支持する見解を明らかにし、犯罪の客体について、「わが国刑法によって保護され、犯罪行為によって侵害されまたは脅かされる利益である。」と定義している[84]。ところが、利益概念について、「利益は関係のカテゴリである。現代科学は次のようにはっきりと示している。利益は、系統として存在し、系統性は、利益の本質的属性である。」[85]として、利益は系統性を持つものであるという考えを示している。そして、この系統性論から、「人民民主専政の政権、社会主義制度などは、直接的に利益になるわけではなく、間接的な意味においてのみわれわれはそれらを利益と認める。」としながらも、「人民民主専政の政権は、広範な人民群衆の利益を実現する手段のみならず、その利益を守る保障である。まさにこの意味において、われわれは、人民民主専政の政権が一種の利益であると認める。」[86]と、人民民主専政の政権なども法益としうるという結論に結び付けている。
　ロ) 馮亜東の見解
　馮亜東教授は、伝統的犯罪構成論の理論構成には、何らかの不都合も生じないとしている。ただし、犯罪の客体の定義については、通説の「社会関係」という表記は若干の問題があるだけである。刑法理論上に関する「社会関係」の用語の問題点について、次のような指摘をしている。
　「社会関係、すなわち人と人の関係を犯罪の侵害客体とすることは、大きく見れば、大きな誤りがあったわけではないが、漠然としすぎることに問題がある。なぜなら、いかなる犯罪も、必ず何らかの人間関係を侵害するのである

が、司法や裁判にとっては、明確な指示的な意義があるとは言い難いからである。刑法によって保護される客体の具体的な内容について言えば、異なる個所においてさまざまな記述が存在する。『刑法』総則第2条では、刑法の任務を強調する際に、それぞれ『安全』、『制度』、『財産』、『権利』、『秩序』などの概念（分則の各罪においてもこれらの概念をそれぞれ踏襲する）を使用した。刑法理論上、表記の便宜を図るため、この『社会関係』の概念を用いてこれらの概念をすべて一つにまとめた。その理由は、この種の概念については、社会関係の表現形式（例えば、安全、制度、秩序）と見ることができるし、社会関係の要素の一つ（例えば、財産、権利）と見ることができるからである。

ただし、社会関係（法律関係と限定解釈する）を犯罪の客体の上位概念とすることは、具体的な犯罪構成および具体的な事案の分析において、要領をえないことが明らかである。『関係』と言った以上、関係の双方の主体が存在するのが当然である。しかし、被害者のある案件（例えば、殺人、傷害、窃盗）においては、犯罪の主体が、関係自体を侵害するのか、あるいは関係の中に身を置きながら、相手方ないし相手方の権利を侵害するのかは、はっきりしない。被害者のいない案件（例えば、密輸、規制薬物の密売）においては、犯罪を行う側とそれによって『侵害される社会関係』との間に新しい関係が形成されるかどうか、いかなる関係が形成されるのかについては、悩ましいことである。」[87]

このような「規範注釈」の領域において実際的な意義を有しない社会関係という理論的問題点を解決するには、ドイツや日本の刑法学に由来する「法益」の概念を参考にすることができるとしている。その理由として、法益概念の利点が次のように挙げられた。つまり、「『法益』という概念は、焦点を強く絞ることができ、広範な包括性を有し、『社会関係』、『制度』、『権利』、『秩序』などの犯罪によって侵害されるさまざまな内容を包容することができる。この概念は、各種の犯罪の客体についてそれぞれの説明を包容することができると同時に、分析の筋道を終始、具体的に実在する生活現象に向かわせしめる。」[88]としている。

③ 検討

社会関係説は、階級性のイデオロギーを犯罪の客体の要件を通して犯罪構成論に直接送り込もうとするために考案されたものである。また、犯罪の客体を犯罪構成の第一要件として置くことは、体制側のイデオロギーの先行を志向することになる。このような犯罪論体系は、体制イデオロギー先行型というべきであろう。

何秉松教授の社会利益説は、社会関係説に比べてより法的な表現であると言える。しかし、社会利益説は、社会関係説が展開している社会関係の内容を批判しているわけではなく、社会関係説がカバーしている範囲が狭きに失することを問題視しただけである。社会関係のほか、社会の生産力という内容を追加して、両者を合わせたものが、社会利益とされている。社会利益の内容ないし社会利益説がとる方法論は、社会関係説と同様、マルクス主義理論の枠内に展開されている。そのため、この説も、社会関係説と本質的な差異が感じられない[89]。薛瑞麟教授の説も、名称こそ法益説とされているが、その説の中身を検討してみると、社会利益説ないし社会関係説とは大差がないことが分かる。

馮亜東教授は、社会関係の概念に問題があると指摘するにとどまり、この概念の背後に階級性イデオロギーの側面があることを指摘していない。しかも、馮教授は、法益概念に「社会関係」、「秩序」を織り込んでいる。

今日の中国刑法理論においては、法益の概念に対して抵抗がなく、この概念を採用した論者は多い。この専門用語は洗練されており、実質的な要素を説明するには、非常に便利であるからであろう。もちろん、法益説は、「『社会関係説』に対する否定としての犯罪の客体理論である」[90]ことは否定しえない。しかし、この概念を用いて今までの理論を限定するのではなく、再正当化しようとするという傾向さえあった。したがって、学説の名称によって判断するのではなく、当然のことであるが、その学説の中身を見ないと判断しえないのである。法益の内容を社会関係と解するならば、それは社会関係説と何ら差異を生じないのである。建国初期の刑法教科書においても、犯罪の客体を法益と言い換えるものもあった。つまり、「犯罪の客体とは、刑法によって保護される社

会関係である。支配階級は、個々の社会関係に刑法を用いて保護を与えるが、それは他ならぬ当該階級の政治的利益と経済的利益によって決定されている。この意味から言うと、ある者は犯罪の客体を『法益』（刑法によって保護される利益）と称しているけれども、それは、全く構わないことである。」[91]というものであった。夏目文雄教授らも、法益の内容を社会関係や生活関係と解している。つまり、「刑罰法規によって保護されている抽象的な『生活関係』『社会関係』、それこそ『法益』（Rechtsgut）の実体である。」[92]としている。

犯罪の客体の内容を、社会関係から社会利益や法益に置き換えることは、犯罪構成を法的な概念に若干近づかせただけであって、犯罪論体系あるいは犯罪構成論の大きな改善に繋がるものではない。

3）犯罪の客体を犯罪構成から除外する見解

この見解は、犯罪構成の要件から犯罪の客体を切り外そうとする見解である。つながりが分かりづらい。犯罪概念の犯罪構成に対する支配は、より抽象的となり、犯罪概念と犯罪構成の距離を広げる大きな一歩になった。犯罪の客体を排除することにより、犯罪構成論は、より法的、形式的なものになると言える。

この立場には、張明楷教授の旧見解がある。張教授は、犯罪構成の各要件が「異なる角度から犯罪の社会的危害性を説明する」もので、社会的危害性が犯罪構成の上位概念であるという従来の二重構造的犯罪論体系を支持していた。しかし、犯罪の客体は、社会的危害性と同内容のものであって、本来、犯罪構成の上位概念である犯罪概念の内容であるべきところを、犯罪の客体を犯罪構成の一要件とすることは、社会的危害性を犯罪構成の一要件として降格させてしまうことになる。そのため、犯罪の客体は、犯罪構成の要件ではないとの主張がなされた[93]。

ただし、犯罪の客体を排除した犯罪構成論の内的構造は、伝統的な立場と同様、平面的なものであった。すなわち、「わが国において、行為が犯罪構成に該当することは、行為が犯罪を構成する唯一の根拠であるとされている。行為

が犯罪を構成するか否かは、刑律を犯すか否かとは完全に一致している。言い換えれば、犯罪構成の該当性以外に、独立した違法性や有責性の判断は存在しない」[94]としていることから、その平面的構造は明らかである。張教授は彼の教科書の第二版において、このような犯罪論体系を採っていた[95]。劉艶紅教授が編著した『刑法学総論』（第二版）も、このような体系を採用しており、教科書の全体的な体系も張教授のものと近似している。

このように、張教授の旧見解は、犯罪の客体を犯罪構成から外した後、犯罪の客観的側面が犯罪構成の第1要件とされ、犯罪の客観的側面において、まず検討されるのが危害行為である。危害行為というのは、社会に危害を与える行為を指すとされているので、何が危害行為であるのか、何がそうではないのかは、結局のところ、社会的危害性論を持ち出さなければならないのである。また、劉艶紅が編著した教科書においては、危害行為は、社会的危害性と人的危険性を統一したものであると解されている[96]ので、犯罪構成に該当するかどうかの判断では、主観的要素が含まれる判断が先行することとなる。

張教授は、この体系の限界を感じたのであろうか、新版の第三版[97]においては、旧体系を改め、前田雅英教授と近似した犯罪論体系を採用した。つまり、第三版では、構成要件の概念を導入し、段階的犯罪論体系を採用している。

(2) 全面的再構成論

従来の犯罪論体系をある程度温存しながら、ドイツや日本のような犯罪論体系に組み替えようとする見解が続出している。

1) 犯罪構成論に対する全面的再構成

前述したように、ドイツや日本の犯罪論体系を意識し、犯罪構成論を全面的に再構成しようとする動きがある。この動きでは、犯罪構成論は、旧ソ連の学者らがドイツにおける犯罪論体系を改造したものであるという認識を示した上で、「構成要件は犯罪の客観的要件に改造し、実質的違法性は犯罪の客体に改

造し、有責性は犯罪の主体と犯罪の主観的要件に分解された。」[98]との理解を示した。このことを逆に解すると、犯罪の客観的側面を構成要件に、犯罪の客体を違法性に、犯罪の主体と犯罪の主観的側面を有責性に組み替え、さらに平面的な構造を段階的な構造に観念すれば、犯罪構成論の体系をドイツや日本の犯罪論体系に組み替えることができる。

① 童偉華の見解

童偉華教授は、以上の各改善論の見解と同様、まず犯罪の客体の改造に着手した。犯罪の客体の内容を通説の社会関係から法律関係に変更し、いわゆる法律関係説を展開した。つまり、「犯罪の成否の評価基準として、犯罪の客体の内容は、評価的なものでなければならず、ある事実に対する記述ではない。これは、最も重要な点である。」、また、「犯罪構成の要素の一つとしての犯罪の客体は、『価値の世界』や『当為の領域』に属している。具体的にいえば、犯罪の客体は、行為に対する判断あるいは評価であって、評価はその実質上は行為の属性に対する判断である。」としている。このような事実・価値二元論の前提に立った上で、犯罪の客体は、行為に対する価値判断で行わなければならないものであると解する。そして、通説の社会関係説について、「『犯罪行為によって侵害され、刑法によって保護される社会関係』というのは、犯罪の事実に関する説明であり、『存在論』からの説明であるが、『価値論』の観点からの説明ではない」ので、規範的評価基準として馴染まないと批判した。よって、「犯罪の客体の実質は、刑法によって保護される『法律関係』であるべきであって、『社会関係』ではない」と論じた[99]。

したがって、犯罪の客体とは、「(行為が)刑法によって保護される法律関係に対する破壊性である。」[100]との定義に至る。加えて、「『行為の法律関係に対する破壊性』は、実質的には行為の違法性のことである。」[101]としているので、犯罪の客体の中身を違法性の概念に置き換えることになるが、この点には、童教授が法律関係説を展開する本当の狙いがあるのであろう。さらに、「行為の法律関係に対する破壊性は、実質的には行為の法益に対する侵害性である」[102]

とも論じている。

　犯罪の客体の体系上の序列は、犯罪構成客観要件[103]の後方に置かれ、第二序列に位置づけられている。この順序付けの意義は、「犯罪性阻却事由を犯罪構成の外から犯罪構成の中に取り込む」[104]ことにある。このことは、「大陸法系の国家における構成要件該当性、違法性および有責性の犯罪成立体系とは同工異曲である。」[105]としている。

　したがって、童教授の見解は、犯罪構成論を全面的に再構成して、ドイツや日本のような犯罪論体系に改造しようとするものである。

　だたし、童教授の見解は、犯罪構成論の内的構造を組み替えることであり、従来の犯罪論の体系そのものを変更するものではない。犯罪構成は、「社会的危害性を価値の指針とするべきであり、犯罪構成の要件は、全体において行為の社会的危害性の特徴をはっきりと示すべきである。」[106]と性格付けている。そのため、社会的危害性の影響を払拭しようとしておらず、同説は、なお従来の社会的危害性と犯罪構成との二重構造的関係を維持している。

② 黎宏の見解

　犯罪構成論を再構築する必要がないと主張している黎宏教授は、しかし、実質的には、犯罪構成を再構成する立場にある。

　日本に長年留学した経験を持ち、日本の犯罪論体系の理解者である黎教授が、伝統的犯罪構成論を再構築する必要がないと主張することは、大いに説得力を持つに違いない。上記の指摘とともに、黎教授は、ドイツや日本の犯罪論体系も欠陥があるとも指摘した。つまり、ドイツや日本における犯罪を判断する体系は、同様に前後の矛盾、現状と当初の理念との背離、体系論への偏りなどの問題点が存在している、としている[107]。

　一方、黎教授は、従来の伝統的犯罪構成論に対しては、問題がないわけではないと指摘するが、それは改善しうるものであるとしている。つまり、中国の犯罪構成体系には、「犯罪構成の各要件間の順序関係がはっきりしておらず、犯罪を認定するにあたって主観主義に陥りやすい。犯罪概念が単一であり、刑

事的処罰に隙間が生じてしまう」[108]などの問題点が存在すると指摘している。ただし、これらの問題点は、「現有の犯罪構成体系において、客観優先の段階的な漸進の考えを貫き、異なった意味での犯罪概念を樹立すれば」、解決されうると主張している[109]。そのため、「わが国の犯罪構成体系を再構成する必要はない。」と結論づけた。

しかし、再構成の必要がないとする黎教授の見解は、実はドイツや日本の犯罪論体系を念頭に置いている。「ドイツや日本の刑法での違法性は、わが国の犯罪構成体系においての犯罪の客体の内容である。有責性は、わが国の犯罪構成体系においての主観的側面と犯罪の客体側面（筆者注：犯罪の主体か）の内容によって包括される。構成要件該当性の内容は、大半犯罪の客観的側面において研究される。」[110]という認識の下で、従来の犯罪構成論に対して、「客観優先の段階的な漸進」、「異なった意味での犯罪概念」という改善論を展開しているので、けっきょくは、ドイツや日本の犯罪論体系のように、従来の犯罪構成論を全面的に再構成しようとしているものである。

2）犯罪概念特徴論による改造

犯罪構成論からドイツや日本の犯罪論体系との関連性を見出すのではなく、通説が展開している犯罪概念の三特徴の要素を犯罪の成立要件として再構成することにより、犯罪概念を日本のような犯罪成立要件に作り直しうるとする見解がある。

第3章ですでに述べたが、近年、刑事違法性概念を構成要件に当たるとし、社会的危害性を違法性のことと解釈する立場がある[111]。このような立場は、ドイツや日本のような、形式的犯罪概念から犯罪論体系を構築する理論構造に類似している。これは、伝統的犯罪論体系の二元的構造を一元的構造に変換しようとするものである。また、これは、従来の実念論的犯罪概念を唯名論的犯罪概念に改造するものでもある。

しかし、刑事違法性概念と構成要件概念の両者が持つそれぞれの思想的背景は隔たっている。刑事違法性は、社会的危害性の対概念として存置されている

ので、犯罪論体系上においては大きな意味を有するものではない。また、両者の内容は異なっている。刑事違法性とは、実定刑罰法規に反するという意味で用いられている。例えば、正当防衛のような正当化事由の場合は、刑事違法性を有するものとは言えないのである。しかし、一方、構成要件はそれを定義するのが難しいが、正当化事由を消極的構成要件要素と解しない限り、正当化事由は構成要件に含まれないだろう。

　また、社会的危害性は違法性の概念と対応しあうものであると解する立場がある。その理由は、中国の刑法教科書において、「社会的危害性を排除する行為」が正当行為と同等視されているからである[112]。社会的危害性が、違法性の機能を持っていることは確かである。しかし、社会的危害性は、違法性の機能だけを持つのではなく、有責性の機能の保持にとどまらず、刑法全体までを支配するものであるので、違法性の概念だけを有すると解することはできない。

3）検討

　以上の見解は、従来の犯罪構成論を再構成したり、犯罪概念特徴論を再解釈したりして、ドイツや日本のような犯罪論体系に合わせようとするものである。これらの見解は、日本のような犯罪論体系を中国に導入する上で有益であることに疑いの余地はない。これらの見解は理論自体も優れていると言える。

　しかし、この見解のアプローチは、旧理論の通説であるという既存の権威を借りながら、実際には旧理論を否定しようとするようなものであり、最初から論理的矛盾を秘めているものである。犯罪概念特徴論や犯罪構成論が中国において通説であるとはいえ、それらは、一つの理論であることには変わりがない。導入したい新しい理論が優れているのであれば、そのまま導入すべきではなかろうか。旧理論を新しい理論に合わせて再度理論化するというようなアプローチは、理論上の混乱を招くものであり、あまり生産的ではないように思える。

5. 三段階的犯罪論体系の導入に向かって

　今日の中国では、犯罪論体系に対する研究が深化するにつれ、従来の伝統的犯罪論体系が秀逸な体系であると確信を持てる論者は少ないのではなかろうか。それにもかかわらず、なお従来の犯罪論体系の主な枠組みを維持しながら、それに対して修正を加える立場が、大半を占めている。そこでは、微調整であれ全面的再構成であれ、社会的危害性を超越的な存在とする体系構造がなお維持されている。

　どのような犯罪論体系を採用するのか、どの犯罪論体系が優れているのかは、相対的であることは言うまでもない。政治介入を容易にすることを求めるならば、旧ソ連から導入された伝統的犯罪論体系が優れていると言える。この体系は、もともとそのために創出されたものであるからである。

　しかし、刑事司法への政治介入を阻止し、罪刑法定主義の深化を図るためにより緻密な分析が可能となる論理的体系を求めようとするならば、従来の伝統的犯罪論体系は、放棄されなければならないのである。すなわち、犯罪の本質や実質的犯罪概念を明らかにするための存在である二重構造的犯罪論体系は、放棄されなければならない。

　筆者も、全面的再構成論者と同様、中国に日本のような犯罪論体系を導入すべきだと考えている。しかし、全面的再構成論とは異なり、既存の伝統的犯罪概念論や犯罪構成論をベースにせず、あえてそのまま日本のような犯罪論体系を直接に導入することを提唱したい[113]。中国刑法の伝統的犯罪構成論においては、構成要件の概念が存在していないことは、上述した通りである。ただし、上述したように、犯罪構成論の源泉は、Tatbestand に由来するものである。その発展の過程において、ベーリングの構成要件論を中心とした犯罪論の発展が欠けているだけである。この理論的な発展を中国刑法理論に導入すれば、ドイツや日本における犯罪論体系と同様なものを構築することができる。英米やフランスなどの各犯罪論体系の導入も考えられる[114]が、ドイツや日本

の犯罪論体系をそのまま中国に導入しても違和感はそれほど大きくないであろう。なお、ドイツや日本の犯罪論体系の導入に際しては、形式的犯罪概念一元論と形式的犯罪論を強調すべきだと考えている。

(1) 形式的犯罪概念一元論体系の提唱

　形式的犯罪概念一元論というのは、絶対的な犯罪本質論を排除し、唯名論的犯罪概念を構築するものである。なお、ここでの形式的犯罪概念は、中国の伝統的な刑法理論における刑事違法性の概念とは無関係のものである。

　これまで論じたように、中国の従来の刑法理論は、イデオロギーとの関係で犯罪本質論を一貫して積極的に展開してきた。犯罪本質論が華やかに論じられた末、その結論が、例外なく法の階級性原理に結び付けられてきたことは言を俟たない。犯罪の成立要件の上位に犯罪本質論や実質的犯罪概念の実在を認めることは、以下の三つの弊害がある。すなわち、一つは、法への政治介入を招き、法秩序の自律性や法的安定性を害すること、二つは、全体主義、絶対主義の傾向に陥りやすいこと、三つは、方法論上は、論理的分析を経ぬまま全体的考察や総合的判断の思考様式を招き、判断のプロセスを可視化できず、検証可能性を害すること、である。

　前述したように、中国では、伝統的犯罪論体系は犯罪概念と犯罪構成の両者によって成り立っている。両者はそれぞれ各自の体系があり、相対的に独立している。犯罪概念は犯罪の本質を解明するとし、犯罪構成は具体的な行為の犯罪に当たるかどうかを認定する際の具体的な基準となる犯罪成立要件の総和である。このような体系は、犯罪概念と犯罪構成との二重構造的犯罪論体系である。この二重構造的犯罪論体系は、もともと、犯罪成立要件である犯罪構成を実質的犯罪概念である社会的危害性の支配の下に置くための構造を持つ。この構造上においては、実質的犯罪概念が犯罪の成立要件の上位に置かれ、犯罪の成立要件は、実質的犯罪概念を確認しまたは説明するための存在としてしか認められないこととなる。このように、伝統的犯罪論体系である二重構造的犯罪論体系は、犯罪の成立要件を、法の階級性原理を現している社会的危害性論に

順応させ、政治介入に道を開く、という構造を有している。

　犯罪概念は、犯罪の成立要件ではない一方で、犯罪の成立要件を構成する犯罪構成論は、犯罪概念ではない。それは、犯罪概念が犯罪の本質を究明しようとする実念論的なものであるからである。その実念論的概念を排除し、唯名論的概念の思考様式を導入することが必要である。このことは、従来の犯罪概念と犯罪構成論による二重的犯罪論体系から、形式的犯罪概念の一元論的犯罪論体系へ転換しなければならないことを意味する。

　犯罪論体系といえば、日本の刑法理論では、一般的に、「犯罪とは、構成要件に該当する違法で有責な行為である。」という形式的な犯罪概念を用いて定義している。犯罪論体系も、この形式的犯罪概念に依拠するものであり、犯罪が成立するためには、「構成要件該当性」、「違法性」および「有責性」という要件に該当する「行為」であることが必要とされている。この構造としての犯罪成立要件は、「行為」→「構成要件該当性」→「違法性」→「有責性」、あるいは、「構成要件該当性」→「違法性」→「有責性」であるとされ、犯罪は、それらの要件を段階的・順次的に検討するものとされ、そのうちの一つでも欠ける場合は犯罪が成立せず、すべてがそろった場合にだけ犯罪が成立するとされる。犯罪論体系の組み立て方と形式的犯罪概念の内容とは一致している。この犯罪論体系が犯罪の本質を究明するために存在しているわけではないと解するのは、一般的な認識であろう。また、この体系においては、形式的犯罪概念が独自の体系を持っているため、法解釈上は、実質的犯罪概念の重要性は僅少であり、当然両者を分離することもできる。実質的犯罪概念は、「刑事学や刑事立法論において重要な意味を持つ。」とする一方、形式的犯罪概念は、「現に刑法典に規定してある犯罪の要素を問題にするものであり、刑法解釈学において重要な意味を持つ。」[115]とされている。そのため、実質的犯罪概念それ自体は、法解釈の指針となる犯罪論体系に取り込まれることはない。

(2) 形式的犯罪論の提唱

1）中国の伝統的犯罪論体系と実質的犯罪論

　実質的犯罪論は、張明楷教授によって中国に導入されている。張教授は、次のように実質的犯罪論を理解している。つまり、「私は、実質的犯罪論を主張する。その上で、たとえ罪刑法定原則の下でも、実質的犯罪論を採用すべきだと考える。すなわち、犯罪の本質を指針として刑法規定の構成要件を解釈しなければならない。」(116)としている。この理論は、ただちに中国で一世風靡をした(117)。このことは、張教授の絶大な影響力に負うところが多いが、ほかにも原因があろう。

　中国の伝統的犯罪論体系は、犯罪の本質を究明するための存在である社会的危害性論を刑法理論の出発点としているので、実質的犯罪論(118)との馴染みが深いものである。実念論的犯罪概念を展開する以上、本質的ないし実質的な思惟様式にならざるをえないのである。社会的危害性論を積極的に展開する論者は、その犯罪論体系を必然的に実質的刑法理論ないし実質的犯罪論の立場に置いている。そのため、中国においては、実質的犯罪論の支持者が多いことは、特段に驚くことではない。特に実質的犯罪論を強調するまでもなく、従来の犯罪論体系そのものは、本質的ないし実質的なものである。

　実質的犯罪論を明確に主張する代表的な論者としては、張教授のほかに、劉艶紅教授が挙げられる。ただし、張教授と劉教授の見解は、本質的に異なっている。実質的犯罪論を展開するにあたって、構成要件概念の承認を前提とするかどうかについて、両者の見解には雲泥の差がある。すなわち、一方で、張教授は、構成要件概念を承認した上での実質的犯罪論であるが、他方で、劉教授は、構成要件概念を明確には承認しておらず、あるいはそれを前提としない実質的犯罪論である。従来の伝統的犯罪論体系から見る場合、構成要件を導入している張教授の犯罪論体系は、かなり論理的・形式的なものであると言える。ただし、張教授は、犯罪の本質を犯罪論の出発点としているので、この点は、従来の伝統的犯罪論体系と同様である。

ところで、以上の中国における実質的犯罪論の主張は、日本での実質的犯罪論の提唱者である前田雅英教授の見解と比較する必要があろう。前田教授の犯罪論体系[119]は、中国刑法の伝統的な平面的犯罪構成論と近似しているという指摘[120]さえあるが、どのぐらい中国の伝統的犯罪構成論と類似しているかは、判断し難い。確かに、思考様式の実質的な傾向という点では一致していると思われる。しかし、少なくとも、前田教授の犯罪論体系は、構成要件論を基礎とし、段階的な犯罪体系論を構築しているので、平面的な犯罪構成論とはかなりの距離がある。また、前田教授は、「犯罪の本質を明らかにする」ための犯罪論体系の構築を拒否している[121]ので、前田教授の体系は、なお形式的犯罪概念の下での実質的犯罪論であると言える。

2）実質的犯罪論か形式的犯罪論か
① 構成要件と「ワク」論

　三段階的犯罪論体系の中では、構成要件の概念がポイントになる。法解釈は、法の本質を明らかにするのではなく、すでに存在する実定法の枠（Rahmen）を認識する[122]ことであるとすれば、構成要件論は、まさにこの「ワク」論の観念と一致しているのである。構成要件の罪刑法定主義の機能は、この点にあると言える。

　法解釈は実定法のワクの認識であるが、このワクは、法解釈の限界であるとも言える。しかし、このワクは必ずしも明確ではない。法文は言葉によって構成されているが、言葉もまたつねに曖昧で多義的であるからである。この意味で、法解釈は、多くの場合、価値判断を伴う実践的作業であるとも言える。そうすると、法解釈には、どの程度の客観性を持てるかという問題が生じる。

② 実質的犯罪論か形式的犯罪論か

　大谷實教授は、形式的犯罪論を精力的に展開しており、構成要件を社会通念の下で類型的に把握するとしている[123]。一見すると、大谷教授の構成要件の解釈は、客観的・形式的な解釈であるように見える。しかし、この構成要件解

釈の基礎にある「社会通念」は、けっきょく、価値的な概念であり、それについての判断は実質的な判断に他ならないと思われる。なお、逆に言うと、実質的な判断をしながら、それをあたかも類型的・形式的な判断であるようにするのは、かえって自説の結論を絶対視してしまう恐れさえある。

一方、前田教授は、形式的犯罪論のアンチテーゼとして、実質的犯罪論を構築しようとしている。これは、主に可罰的違法性を解消するために、実質的違法性の判断のみならず、構成要件の実質的解釈をも展開するものである。そして、構成要件の実質的解釈が許容しうる限界としては、実質的正当性に比例し、言葉の中心的意味からの距離に反比例するという図式を提示した[124]。この法解釈の図式自体は、長尾龍一教授が提唱している「富士山理論」と似通っている[125]。この理論の図式は、次のようである[126]。

$$解釈の限界 = \frac{実質的正当性}{中心意味からの距離}$$

前田教授は、さらに一歩踏み込んで、上記の解釈の限界における分子である実質的正当性に当たる部分を、処罰の必要性と解している[127]。この処罰の必要性を法解釈に取り入れることは、法解釈の刑事政策的効果を追求しようとするものである。したがって、前田教授の構成要件の実質的解釈は、刑事政策的効果を法解釈ないし構成要件論にも導入しようとしていることは明らかである。なお、前田教授は、刑事政策の観点を構成要件論に導入しても、今日の日本においては不当な人権侵害を生ぜしめないという確信を持っている[128]。しかしながら、逆に、戦後の日本の刑事司法が、国民からの信頼感を勝ちえたのは、客観主義的な刑法を重視し、刑罰権の発動に限定的であったからであると思われる。

確かに、法文を解釈するにあたっては、実質的に展開せざるを得ないという側面がある。まさに、日高義博教授が指摘したように、法は動的なものであって、現実の法は実定性と正当性の緊張関係の中にあるのである[129]。ところが、実定性（ないし形式的正当性）と正当性（ないし実質的正当性）との調和は、犯罪論体系においてどの段階で判断すべきか、さらにいずれを重視すべきなの

かという問題がある。処罰の必要性を構成要件の解釈において全面的に承認する前田教授の見解は、正当性を重視している。

しかしでは、人権を抑圧しやすいという面を持っている刑法には、解釈上の特殊性はないであろうか。長尾教授も刑法の特殊性を認め、「刑法などは許容点が高く、実質的正当性があっても中心意味から離れることは仲々許容されない。」[130]としている。また、法解釈に刑事政策的効果を取り入れることは、法解釈の客観性を保持するのが困難になろう。これは、法解釈の一線を越えたものであり、政策提言の領域に入っていると言えよう。処罰の必要性が高いものは、立法によって解決すべきではなかろうか。構成要件該当性段階での判断は、形式的正当性を重視すべきである。構成要件の全面的実質化は、その罪刑法定主義の機能を浸食する危険性を孕むものである。実定性と正当性との調和を図る法解釈は、主に違法性を判断する段階において行うべきであろう[131]。

3）中国の現状と形式的犯罪論

前田教授の実質的犯罪論の理論は、日本においては妥当的な見解であるとしても、中国においても同様に妥当であるとは限らない。前田教授が、実質的犯罪論を展開するにあたって、戦後の日本の刑事司法システムが、総体としては信頼できることが一つの前提になっていることを失念すべきではない。また、前田教授は、「昭和40年代までは、戦前の恣意的な刑事システムの運用に基づく弊害への反省から、刑法の解釈の形式性が重視されたし、また重視されるべき時期であった」という認識を示している。

今日の中国司法が戦前の日本司法のレベルに達しているかどうかは、筆者の判断能力を遥かに超えてしまっているため、これについての判断は差し控えたい。ただし、中国の司法が国民に信頼され、あるいは信頼できるものになっているとは言い難い[132]。罪刑法定主義が中国刑法に導入されてから十数年しか経ておらず、恣意的な刑事司法への反省の過程にあることは間違いであろう。また、第2章において指摘したように、中国の司法は独立したものになっておらず、つねに政治の干渉を受けており、司法を信頼するには、政治への信頼が

なければならない。今日の中国の状況は、まさに前田教授が上記の論考で指摘している「刑法の解釈の形式性が……重視されるべき時期」である。中国において実質的犯罪論の批判者としては、陳興良教授など[133]が挙げられるが、いまだ少数に止まっている。

中国司法の現状を直視するならば、中国においては、構成要件該当性の段階において形式的判断を重視すべきだということは、どんなに強調しても強調しすぎることではないであろう。このことを強調しなければ、罪刑法定主義の定着は、一層険しいものになろう。中国では、罪刑法定主義と合致しない制度が今なお多く存在しており、このままでは罪刑法定主義の定着は相当厳しいと思われる。しかしながら、法理論においては、罪刑法定主義に沿って理論を展開し、罪刑法定主義の定着を目指すべきではなかろうか。そのためには、実定性を重視して法文の中心的意味から離れないように、まずは形式的・厳格的な解釈が必要であるし、現段階では論理的・形式的な犯罪論体系を構築する必要があると思われる。この意味で、形式的犯罪論を強調すべきであると考えているが、この枠組みの中でも、違法性や有責性の実質的な判断を入れ込むことが可能であると考えている。

6. 結語

本章は、犯罪構成論の歴史的概観およびその基本的内容、犯罪構成論と犯罪概念との関係、従来の犯罪論体系を再構成する動きについて考察した上、ドイツや日本のような犯罪論体系を直接的に中国に導入すべきだと提案し、その上で形式的犯罪概念一元論および形式的犯罪論を強調すべきだと提言した。

(1) 犯罪構成論は、社会主義的合法性の強化に伴い、形成された犯罪の成立要件に関する理論である。第1章に明らかにしたように、刑事違法性の概念も同様な背景で提示された概念である。しかし、この両者は、犯罪の本質を究明するための社会的危害性(社会的危険性)に対抗できる理論ではなく、社会的危害性の支配下にある理論である。

犯罪構成論では、犯罪が成立するにはどのような要件によって構成されるべきか、各要件間の順序を如何にすべきなのかという議論がなされている。この議論は、通説によって提示されている、犯罪の客体、犯罪の客観的側面、犯罪の主体、犯罪の主観的側面という四つの要件とそれらを吟味する順序をめぐって展開されている。しかし、この各要件を組み直したり、各要件の順序を入れ替えたりする議論は、大きな意味を有するものではない。犯罪構成論の構造は、段階的・順次的な判断ではなく、平面的・総合的な判断の構造だからである。

　(2) 中国における伝統的犯罪論体系は、犯罪の成立要件である犯罪構成論のみによって構成されているのではなく、社会的危害性論あるいは犯罪概念論をも組み合わせたものである。この体系の中では、社会的危害性が上位に位置し、犯罪構成が社会的危害性を説明するための存在として下位に位置付けられている。犯罪構成論は、犯罪阻却事由の要素を有しておらず、社会的危害性論によって判断された有罪の結論を具体的に説明するためのものであって、「積極的犯罪成立要件」というべきである。このように、中国における伝統的犯罪論体系は、社会的危害性に支配されている「二重構造的犯罪論体系」であると言える。それは、犯罪概念が犯罪の本質を究明するための存在で、犯罪の成立要件を構築するものではなく、一方で、犯罪の成立要件である犯罪構成は犯罪概念によるものではない、という奇妙な体系であると言えよう。

　(3) 犯罪構成論に対する改善論が提起されている。改善論は、犯罪構成における犯罪の客体の要件を再解釈して、イデオロギー的概念をより法的な意味合いを持ったものに変更させることで、犯罪構成をより法的な理論に改善させようとするものである。このうち、犯罪の客体を犯罪構成から排除し、これを犯罪概念に一本化させることで、犯罪構成論をより形式的・法的なものに変更する見解は、最も評価できるものである。しかし、改善論は、犯罪構成論を法的な概念に若干近づかせただけであって、従来の犯罪論体系の大きな改善に繋がるものではない。

　改善論は、従来の犯罪構成論の枠内において展開するものであるが、それに対し、全面的再構成論は、ドイツや日本の犯罪論体系のような体系の構築を目

標とし、従来の犯罪論体系を再構成しようとするものである。この再構成論には、犯罪構成論を再構成する見解と、犯罪概念特徴論を再解釈する見解がある。これらの見解は、一定の成功を収めたと言える。しかし、この再構成論のアプローチは、従来の理論の権威を借用して、実は従来の理論を否定しようとするもので、最初から論理的矛盾を孕んでいると思われる。

(4) 以上のような状況の下で、罪刑法定主義を定着させるためには、伝統的犯罪論体系を放棄し、従来の犯罪概念論や犯罪構成論を基礎とはせずに、日本のような犯罪論体系を直接に導入すべきだと考える。なお、ドイツや日本の犯罪論体系の導入に際しては、二つの点を強調すべきだと考える。すなわち、絶対的な犯罪本質論や実質的犯罪概念を排除し、形式的犯罪概念一元論を強調すべきだと考える。中国司法の現段階の状況を踏まえるならば、形式的犯罪論を強調すべきだと考える。論理的・形式的犯罪論体系は、判断のプロセスを可視化することにより、その判断の分岐点を明確化することができ、結論について検証したり反証したりすることが可能になる。つまり、議論可能性があることにより、法解釈の客観性もある程度担保しうることになる。

このことは、中国の刑法学の進展にとって極めて重要なことである。

注

(1) 肖中華『犯罪構成及其系統』中国人民大学出版社（2000年）2頁以下。なお、中国では、犯罪構成においての各要件のことを「構成要件」と称する傾向がある。

(2) ただし、近年においても、構成要件と犯罪構成とをはっきりと区別しない文献（王昭振『犯罪構成視野下規範的構成要件要素基礎理論研究』中国検察出版社（2008年））がある。また、「わが国刑法において、『犯罪構成』、『構成要件』あるいは『犯罪構成要件』の三つの概念の意味が同じである」という認識もある（劉艶紅『走向実質的刑法解釈』北京大学出版社（2009年）3頁）。

(3) 日本では、「犯罪構成要件」と訳すのは、一般的である（下掲のトライニン論文に関する一連の日本語訳を参照）。中国においては、「犯罪構成要件」と記したりもするが、一般的には、単なる「犯罪構成」と称している。

(4) 日本の犯罪成立要件に相当する理論である。
(5) 何秉松・科米薩羅夫・科羅別耶夫主編『中国与俄羅其犯罪構成理論比較研究［中文版］』法律出版社（2008 年）5 頁。
(6) なお、もともと、Tatbestand は、手続法上の用語 corpus delicti（罪体）をドイツ語に訳したものである（小野清一郎『犯罪構成要件の理論』有斐閣（1953 年）2 頁、199 頁）ので、犯罪構成という言葉の語源は、corpus delicti にあると言える。さらに corpus delicti の語源を遡ると、constare de delicti の用語に辿り着く。
(7) Ernst Beling, Die Lehre vom Verbrechen, 1906（Neudruck 1964）.
(8) E. Beling, a. a. O., S. 21f.
(9) 構成要件の概念の日本への導入に際して大きな役割を果たした小野清一郎博士は、構成要件論は罪刑法定主義と必然的な関係にあるわけではないとしている（小野・『犯罪構成要件の理論』216 頁以下）。
(10) 例えば、金山薫「構成要件論の終焉」『小林充先生　佐藤文哉先生古稀祝賀刑事裁判論集』（上巻）判例タイムズ社（2006 年）2 頁以下。
(11) 劉祖熙主編『斯拉夫文化』浙江人民出版社（1992 年）249 頁（孫成木執筆）。また、М・Р・沢斉娜、Л・В・科什曼、В・С・舒金利／劉文飛・蘇玲訳『俄羅斯文化史』上海訳文出版社（1999 年）176 頁参照。
(12) トライニン著／木田純一・上野達彦訳「ブルジョア犯罪構成要件論批判」愛知大学国際問題研究所紀要 No.48（1971 年）91 頁。なお、薛瑞麟『犯罪客体論』中国政法大学出版社（2008 年）序Ⅶ。
(13) 何秉松など主編・『中国与俄羅其犯罪構成理論比較研究［中文版］』6 頁。
(14) 上野達彦『犯罪構成要件と犯罪の確定—ソビエト刑法における—』敬文堂（1989 年）2 頁、何秉松ほか主編・『中国与俄羅其犯罪構成理論比較研究［中文版］』8 頁。
(15) 何秉松『犯罪構成系統論』中国法制出版社（1995 年）31 頁、上野・『犯罪構成要件と犯罪の確定—ソビエト刑法における—』73 頁。
(16) 何秉松・『犯罪構成系統論』31 頁、上野・『犯罪構成要件と犯罪の確定—ソビエト刑法における—』73 頁。
(17) 著書には、『犯罪構成の理論』（1946 年）、『ソビエト刑法における犯罪構成』（1951 年）、『犯罪構成の一般理論』（1957 年）があり、論文には、「犯罪概念と犯罪構成」（1955 年）がある。
(18) А・Н・特拉伊寧／薛秉忠・盧佑先・王作富・潘其昌訳『犯罪構成的一般学説』中国人民大学出版社（1958 年）1 頁。
(19) トライニン著／木田純一・上野達彦共訳「社会主義刑法と犯罪構成要件」愛知大学国

際問題研究所紀要 No.49（1971 年）128 頁、A・H・特拉伊寧／薛秉忠ほか訳・『犯罪構成的一般学説』48-49 頁。
(20) 薛瑞麟・『犯罪客体論』序 XI。
(21) A・H・特拉伊寧／薛秉忠ほか訳・『犯罪構成的一般学説』43 頁。
(22) トライニン著／木田純一・上野達彦共訳「犯罪概念と構成要件およびその要素」愛知大学国際問題研究所紀要 No.50（1972 年）90 頁、A・H・特拉伊寧／薛秉忠ほか訳・『犯罪構成的一般学説』63-64 頁。
(23) 黎宏『刑法総論問題思考』中国人民大学出版社（2007 年）62 頁。
(24) A・A・皮昂特科夫斯基ほか著／曹子丹ほか訳『蘇聯刑法科学史』法律出版社（1984 年）32 頁（A・A・皮昂特科夫斯基執筆）。ただし、ピォントコフスキーは、その後、類推制度を反対する立場に変わった（同書 34 頁）。
(25) それらの刑法教科書の中には、極端の場合、事例までソ連の教科書をそのまま写したものさえあったという（何秉松・『犯罪構成系統論』46 頁）。
(26) A・H・特拉伊寧／薛秉忠・盧佑先・王作富・潘其昌訳『犯罪構成的一般学説』は、1958 年 7 月に中国人民大学出版社によって公刊され、5000 冊余りが印刷された。
(27) 劉仁文「中国刑法学六十年」浙江大学学報（人文社会科学版）第 40 巻第 1 期（2010 年）85 頁以下。
(28) 寧漢林「反対刑法科学中的法律虚無主義傾向——犯罪構成理論浅談」北京政法学院学報 1979 年第 1 期 8 頁以下は、1978 年以降犯罪構成論に関する最初の論文であると推測される。
(29) 高銘暄主編『新中国刑法科学簡史』中国人民公安大学出版社（1993 年）83 頁以下（陳興良執筆）。
(30) 下掲の周振想説以外に、蘇恵漁主編『刑法学』［第 4 版］中国政法大学出版社（2009 年）61 頁（遊偉執筆）、馬克昌主編『犯罪通論』（第 3 版）武漢大学出版社（1999 年）70 頁（簡明執筆）などがある。
(31) 高銘暄主編『刑法学原理』（第 1 巻）中国人民大学出版社（1993 年）444 頁（周振想執筆）。
(32) 陳沢傑「犯罪構成与刑事責任」法学研究 1987 年第 6 期 39 頁。
(33) 李潔「法律的犯罪構成与犯罪構成理論」法学研究 1999 年第 5 期 83 頁以下。
(34) 劉守芹「論犯罪構成的要件」河北学刊 1983 年第 3 期 105 頁以下。
(35) 高銘暄主編『新中国刑法学研究綜述（1949-1985）』河南人民出版社（1986 年）115 頁（張智輝執筆）。
(36) 劉守芹・「論犯罪構成的要件」106 頁。

(37) 劉守芹・「論犯罪構成的要件」105 頁。
(38) 劉守芹・「論犯罪構成的要件」106 頁。
(39) 劉守芹・「論犯罪構成的要件」105 頁。
(40) 胡正謁「論犯罪的基本特徴及其構成要件」江西社会科学 1982 年第 1 期 74 頁以下、趙秉志「論犯罪構成要件的邏輯順序」政法論壇第 21 巻第 6 期（2003 年）16 頁以下。また、このような順序を採用している教科書としては、陳明華主編『刑法学』中国政法大学出版社（1999 年）108 頁以下、周振想編著『刑法学教程』（第 4 版）中国人民公安大学出版社（2005 年）62 頁以下がある。
(41) 何秉松・『犯罪構成系統論』112 頁以下。このような順序を採用している教科書として、何秉松主編『刑法教科書』〔2000 年修訂〕［上巻］中国法制出版社（2000 年）207 頁以下がある。
(42) 王充「従理論向実践的回帰——論我国犯罪構成中構成要件的排列順序」法制与社会発展 2003 年第 3 期 85 頁以下。
(43) 童偉華『犯罪構成原理』知識産権出版社（2006 年）26 頁以下。
(44) 高銘暄主編／趙秉志副主編『新編中国刑法学』（上冊）中国人民大学出版社（1998 年）94 頁（趙秉志執筆）。
(45) 顧永忠「犯罪構成理論新探」政法論壇 1985 年第 3 期 68 頁以下。
(46) 張文「犯罪構成初探」高銘暄・趙秉志主編『新中国刑法学五十年』（上冊）中国方正出版社（2000 年）453 頁以下所収（初出北京大学学報 1984 年第 5 期）、張明楷『刑法学』（第二版）法律出版社（2003 年）134 頁以下、劉艶紅主編『刑法学総論』（第 2 版）北京大学出版社（2006 年）55 頁以下。
(47) 周密「試論『構成犯罪』」政法論壇 1987 年第 6 期 41 頁以下。なお、周密教授は、先入観を防ぐために、ほかの各説が各要件の名称に付けている「犯罪」という修飾を外した。
(48) 張明楷・『刑法学』（第二版）134 頁。
(49) 高銘暄主編『新中国刑法科学簡史』89 頁以下（陳興良執筆）。
(50) 高銘暄編著『中華人民共和国刑法的孕育和誕生〔一個工作人員的札記〕』法律出版社（1981 年）36 頁。
(51) 賈宇・林亜剛「犯罪概念与特徴新論」法商研究 1996 年第 4 期 31 頁以下。
(52) 高銘暄・馬克昌主編／趙秉志執行主編『刑法学』（第四版）北京大学出版社、高等教育出版社（2010 年）47 頁（高銘暄執筆）。
(53) 中国刑法における犯罪概念は、犯罪の本質を究明するためのものであるので、実念論の性格を有している。それに対し、日本刑法における犯罪概念（とりわけ形式的犯罪

概念）は、犯罪を認定するための各共通要件を抽出したものであるので、唯名論の性格を有するものであると言える。

(54)　高銘暄ほか主編・『刑法学』54 頁（高銘暄執筆）。

(55)　ピョントコフスキー／井上祐司訳「社会主義的合法性と犯罪構成要件の基本問題」ソヴエト法学第一巻第三号（1955 年）164 頁以下。

(56)　トライニン著／木田純一・上野達彦訳「犯罪概念と構成要件およびその要素」愛知大学国際問題研究所紀要 No.50（1972 年）73 頁以下。

(57)　正当化事由の名称について、中国刑法では、排除社会危害性行為、排除犯罪性行為、正当行為などが用いられている。

(58)　犯罪の客体の要件において正当化事由の問題を論じようとする見解が出ているが、このような見解は、犯罪構成論の改造論に繋がるので、後に検討する。

(59)　ただし、後に述べるように、犯罪の客体に正当化事由の機能を付そうとする見解がある。

(60)　高銘暄ほか主編・『刑法学』136 頁（黄京平執筆）。また、劉艶紅主編・『刑法学総論』145 頁（黄明儒執筆）は、ほぼ同じ内容の定義を規定している。

(61)　高銘暄ほか主編・『刑法学』では、犯罪概念の問題は 44 頁以下、犯罪構成の問題は 52 頁以下、正当化事由の問題は 136 頁以下に、それぞれ論じている。

(62)　馬克昌主編・『犯罪通論』68-69 頁（簡明執筆）。

(63)　馬克昌主編・『犯罪通論』では、犯罪概念の問題は 12 頁以下、犯罪構成の問題は 59 頁以下、正当化事由（排除犯罪性行為）の問題は 707 頁以下に、それぞれ論じている。

(64)　高銘暄・『刑法肆言』249 頁。劉艶紅主編・『刑法学総論』44 頁。

(65)　高銘暄・馬克昌主編／馮軍執行主編『中国刑法解釈』（上巻）中国社会科学出版社（2005 年）150 頁（黄明儒執筆）。

(66)　馮亜東「犯罪概念与犯罪客体之功能弁析」中外法学 2008 年第 4 期 588 頁。

(67)　薛瑞麟・『犯罪客体論』109 頁。

(68)　植松正『再訂刑法概論 I 総論』勁草書房（1974 年）124 頁、日高義博『刑法総論講義ノート』〔第 3 版〕勁草書房（2005 年）54 頁。

(69)　以下の犯罪の客体の種類についての説明は、高銘暄ほか主編・『刑法学』60-61 頁（黄京平執筆）による。

(70)　薛瑞麟・『犯罪客体論』3 頁。

(71)　薛瑞麟・『犯罪客体論』3 頁。

(72)　犯罪の客体を社会関係と解することは、1919 年の「ロシア共和国刑法の指導原則」の犯罪概念に関する実質的規定との関連があるように見える。同「指導原則」の第 5 条

に「犯罪とは、刑法によって保護される社会関係の秩序の侵犯を言う。」という規定から、すでに「社会関係」を中心的な存在としていた。また、同「指導原則」では、法の定義（第1条）、刑法の定義（第2条）、刑罰の定義（第7条）などにおいて「社会関係」の概念を使用していた（中山研一「ソビエト刑法史資料（1）」法学論叢81巻6号（1967年）112頁）。社会関係説は、「指導原則」起草の中心的役割を果たしたストゥーチカの法に対する定義に由来したものであると言える。

(73) 薛瑞麟・『犯罪客体論』95頁。
(74) 例えば、中国の初期の刑法教科書において、その見解を承継した（孔釧ほか『中国人民共和国刑法総則講義（初稿）』（上冊）中国人民大学法律系刑法教研室（1957年）81頁（黄守礼執筆）、中央政法幹部学校刑法教研室編著『中国人民共和国刑法総則講義』法律出版社（1957年）73頁）。
(75) 高銘暄主編・『刑法学原理』（第1巻）447頁（周振想執筆）。
(76) 馬克昌・『犯罪通論』109-110頁（熊選国執筆）。
(77) 馬克昌・『犯罪通論』113頁（熊選国執筆）。
(78) 何秉松「論犯罪客体」北京大学学報（哲学社会科学版）1987年第3期106頁。
(79) 何秉松「関於犯罪客体的再認識――学習十三大報告的一点体会」政法論壇1988年第3期9頁。
(80) 何秉松・『犯罪構成系統論』171-172頁。
(81) 何秉松主編・『刑法教科書』284頁（何秉松執筆）。
(82) 何秉松主編・『刑法教科書』284頁。
(83) 薛瑞麟・『犯罪客体論』95頁。
(84) 薛瑞麟・『犯罪客体論』160頁。
(85) 薛瑞麟・『犯罪客体論』146頁。
(86) 薛瑞麟・『犯罪客体論』173-174頁。
(87) 馮亜東「対我国犯罪構成体系的完善性分析」現代法学第31巻第4期（2009年）94頁。
(88) 馮亜東・「対我国犯罪構成体系的完善性分析」94頁。
(89) 陳興良「犯罪客体的去魅――一個学術史的考察」政治与法律2009年第12期100頁。
(90) 薛瑞麟・『犯罪客体論』101頁。
(91) 孔釧ほか・『中国人民共和国刑法総則講義（初稿）』（上冊）81頁（黄守礼執筆）。また、同書72頁。
(92) 夏目文雄・上野達彦『刑法学概説』【総論】敬文堂（2004年）77頁、84頁。
(93) 張明楷「論犯罪構成要件」中南政法学院学報1987年第4期40頁以下。
(94) 張明楷・『刑法学』（第二版）101頁。

(95) 張明楷・『刑法学』(第二版)。劉艶紅教授が編著した『刑法学総論』(第二版)も、このような体系を採用しており、両教科書の全体的な体系も近似している。
(96) 劉艶紅主編・『刑法学総論』69頁(童徳華執筆)。
(97) 張明楷『刑法学』(第三版)法律出版社(2007年)。
(98) 張明楷・『法益初論』179頁。
(99) 童偉華・『犯罪客体研究——違法性的中国語境分析』52頁。
(100) 童偉華・『犯罪客体研究——違法性的中国語境分析』52頁。
(101) 童偉華・『犯罪客体研究——違法性的中国語境分析』53頁。
(102) 童偉華・『犯罪客体研究——違法性的中国語境分析』57頁。
(103) 犯罪構成客観要件は、童教授が創出した概念であるが、通説の犯罪の客観的側面に当たる概念である。
(104) 童偉華・『犯罪構成原理』49頁。
(105) 童偉華・『犯罪構成原理』45頁。
(106) 童偉華・『犯罪構成原理』20頁。
(107) 黎宏・『刑法総論問題思考』52-61頁。
(108) 黎宏・『刑法総論問題思考』72頁。
(109) 黎宏・『刑法総論問題思考』72頁。
(110) 黎宏・『刑法総論問題思考』47頁。
(111) 小口彦太『現代中国の裁判と法』成文堂(2003年)230-231頁、田中信行・小口彦太『現代中国法』成文堂(2004年)114頁、李立衆『犯罪成立理論研究——一個域外方向的嘗試』法律出版社(2006年)161頁、189頁、小口彦太「中国刑法上の犯罪概念再論」早稲田法学85巻3号(2010年)389頁以下。なお、早稲田大学孔子学院編『日中刑法論壇』早稲田大学出版部(2009年)197頁(小口彦太教授の質問に対する陳興良教授の回答)。
(112) 小口・『現代中国の裁判と法』230-231頁。なお、小口教授は、中国の犯罪概念では有責性の要素が見当たらないとしている(同書231頁)が、第3章で述べたとおり、中国の犯罪概念の刑事応罰性という要素には、有責性の意味合いが含まれている。
(113) ドイツや日本の刑法理論体系の導入は、すでに陳興良教授が編著した刑法教科書によって試みられている。陳興良主編/周光権副主編『刑法学』復旦大学出版社(2003年)がそれである。本書の第二版(2009年)はこの体系を維持している。また、付立慶『犯罪構成理論——比較研究与路径選択』法律出版社(2010年)も直接導入論の立場にある。なお、周光権/金光旭訳「中国における犯罪体系をめぐる論争と展開」西田典之編『日中刑事法シンポジウム報告書 環境犯罪と証券犯罪』成文堂(2009年)

32頁参照。
(114) 英米の犯罪論体系を導入すべきだと主張する論者として、儲槐植教授を挙げられるが、現段階では、英米の犯罪論体系を採用した教科書はない。
(115) 日髙・『刑法総論講義ノート』36頁。
(116) 張明楷『刑法的基本立場』中国法制出版社（2002年）110頁。また、同・『刑法学』（第三版）緒論11頁、124頁。
(117) 張明楷教授以外に、劉艶紅『実質刑法観』中国人民大出版社（2009年）、蘇彩霞「実質的刑法解釈論之確立与展開」法学研究2007年第2期38頁以下、呉学斌『刑法適用方法的基本準則──構成要件符合性判断研究』中国人民公安大学出版社（2008年）などがある。
(118) なお、中国では、「実質刑法観」や「実質的刑法解釈論」と称したりするものも、実質的犯罪論と同様な傾向を持つ。
(119) ここでは、黎教授は、前田雅英『刑法総論講義』［第3版］東京大学出版会（1998年）のことを指した。
(120) 黎宏・『刑法総論問題思考』60-61頁。
(121) 前田雅英『刑法総論講義』［第5版］東京大学出版会（2011年）28頁。
(122) 宮沢俊義『法律学における学説』有斐閣（1968年）96-97頁、長尾龍一『法哲学批判』信山社（1999年）341頁。
(123) 大谷實『刑法講義総論』（新版第3版）成文堂（2009年）97頁、同「実質的犯罪論と形式的犯罪論─実質的犯罪論批判─」法学教室No.158（1993年）11頁以下。
(124) 前田雅英『現代社会と実質的犯罪論』東京大学出版会（1992年）30頁。
(125) 長尾龍一『法哲学入門』日本評論社（1982年）144頁以下、同書文庫版（講談社学術文庫、2007年）171頁以下。また、同・『法哲学批判』343頁以下。
(126) 長尾・『法哲学批判』344頁。
(127) 前田・『現代社会と実質的犯罪論』30頁
(128) 前田・『現代社会と実質的犯罪論』24頁。
(129) 日髙義博『違法性の基礎理論』イウス出版（2005年）11頁。
(130) 長尾・『法哲学批判』345頁。
(131) 日髙・『違法性の基礎理論』11頁。
(132) 拙稿「中国の人民参審員制度の沿革と概要─日本の裁判員制度との比較─」専修総合科学研究第17号（2009年）261頁以下参照。
(133) 陳興良「形式解釈論的再宣示」中国法学2010年第4期27頁以下、鄧子濱『中国実質刑法観批判』法律出版社（2009年）などがある。

第5章　犯罪概念規定但書の射程範囲
―― 治安管理処罰法を中心に ――

1. 問題設定

　第2章においては、犯罪概念規定但書をもって社会的危害性論を美化しようとする見解が登場してきていると指摘した。このような見解の論法は、まずは、この犯罪概念規定但書が非犯罪化の効果を持っており、刑法の謙抑性理論の理念と合致するものであるとし、そして、犯罪概念規定但書の背後にある正当化根拠が社会的危害性であるという理由から、社会的危害性の理論は、まさに刑法の謙抑性を現した理論であると論じる。そこで、犯罪概念規定但書の受け皿となる諸制度の中で、労働教養制度および収容教育制度に比べて、問題が相対的に少ない治安管理処罰法を検討していく。

　現行の「中華人民共和国治安管理処罰法」[1]（以下「05年新法」と略記す）が、2005年8月28日に、第10期全国人民代表大会常務委員会第17回会議において採択された。05年新法が、2006年3月1日より施行され、それと同時に同法119条により、「中華人民共和国治安管理処罰条例」（1986年9月5日公布、1994年5月12日改正。以下では、前者を「86年条例」、後者を「94年改正条例」と略記す）が廃止された。なお、公安部は、05年新法の適用に関する具体的な問題について、2006年1月23日と2007年1月26日の2回にわたって、「公安機関が『中華人民共和国治安管理処罰法』を執行する際の諸問題に関する解釈」と「公安機関が『中華人民共和国治安管理処罰法』を執行す

る際の諸問題に関する解釈（2）」（以下、それぞれ「執行解釈」と「執行解釈（2）」と略記す）を発布し、いわゆる行政解釈を行った。

　今回の改正は11年ぶりとなり、全面改正は19年ぶりとなる。治安管理処罰法は、一般の公民にとって身近な存在であるがゆえに、注目度が高い。各メディアも大きく取り上げ、一種の世論が形成されて、立法に影響を及ぼした。05年新法は、ほかの多くの法律案と同様に、全国人民代表大会常務委員会で3回の審議を経て可決されたが、2004年10月22日に第10期全国人民代表大会常務委員会第12回会議に上程された公安部の「草案」に対し、上述の「民意」の影響で、異例とも言えるほどの修正が加えられ、警察権がある程度制限された。それによって、一般公民の自由保障については、多少の改善が見られる。その意味で、05年新法は「進歩」があった。しかしながら、その「進歩」は、旧法と比べたものであり、なお検討する余地が多く残っている。

　治安管理処罰法規は、その規制対象を「軽い違法行為」としているが、それと同じ行為類型のうち、重いものは大部分が刑法典に取り込まれている。この意味で、刑法典が中核刑法（Kernstrafrecht）であるのに対して、治安管理処罰法規は、周辺刑法（Nebenstrafrecht）の役割を担っている。しかし、治安管理処罰法規は行政法の体系に属しているため、その適用は刑事法の諸原則の拘束を受けない。とはいっても、刑事法に沿った類似規定は置かれている。つまり、治安管理処罰法規の内容は、刑事法的なものであるが、その運用は、行政法的なものであるという特徴を有している。

　本章は、現代中国における治安管理に関する法的規制の沿革を振り返るとともに、05年新法の改正経緯、主な改正内容等を中心に検討を加える。そして制裁体系の一翼を担う治安管理処罰法の性格を分析し、中核刑法との関係を考察した上で、犯罪概念規定但書の意義を明らかにしたい。

2. 中国における治安管理処罰法規の変遷

　中国は建国後、今回の全面改正した05年新法を含めて4度にわたる総合的

な治安管理処罰法規に手を入れた。ただし、この関連法規は、すでに建国前にその萌芽が現れていた。

（1）建国以前

治安管理に関する法的規制[2]は、中華人民共和国建国（1949年10月1日）以前に遡ることができる。その関連法規は、中国共産党の実質的な支配下にあった革命根拠地においてすでに存在していた。陝甘寧辺区政府が1942年2月に公布した「陝甘寧辺区違警罰暫行条例」[3]、と晋冀魯豫辺区政府が1942年10月に公布した「晋冀魯豫辺区違警処罰暫行弁法」[4]がそれである。

前者の「暫行条例」は、34ヵ条からなり、4章に分けられている。第1章総則（1条-23条）、第2章違警罰の類別（24条-30条）、第3章誣告、偽証、証拠隠滅等の違警罰（31条-32条）、第4章附則（33条-34条）からなっている。後者の「暫行弁法」は、14ヵ条からなっていたが、章別の編成をなしていなかった。両者は、制定の時期が離れてはいないが、交流が制限された戦時中のことでもあることから、違警罰の種類や規制の内容などを比べると、類似点が少ない。「暫行弁法」の規制内容の大半は、軍事的な利益に関するものであって、戦時立法の性格が鮮明に現れていた。違警罰の種類は、労役（1日から2ヶ月）、罰金（1元以上150元以下、ただし、賭博についての罰金は10元以上500元以下）、訓戒の3種類であった。これに対して、「暫行条例」は、体系が相対的に整っていた。内容面においては軍事的な規制に関する条文が相当部分を占めていたことから、戦時立法の側面も大きかったが、社会治安の管理に重点を置いていた。加えて違警罰の種類についても異なっており、拘留（7日以上15日以下）、罰金（1日間給料額以上15日間給料額以下）、訓戒の3種類の主罰のほかに、従罰として、没収、営業停止、強制的廃業命令の3種類があった。また、両法令とも、類推適用に関する規定が設けられていなかったことは、一つの特徴として挙げられる[5]。

しかし、国共内戦を経た建国後において、時代が戦時から平時に替わり、軍事的な利益を優先した両法令の基礎に係わる諸事情が変化した。治安管理法と

いう立法の形態が建国後も承継されたものの、内容面に関しては、両法令からの影響をあまり受けていないと思われる。

(2) 57年条例

1) 制定の背景

　中華人民共和国が建国してからしばらくの間は、革命の果実の確保を最優先の課題としていたため、刑事的な立法については、国家的な法益を中心とした立法がほとんどであった。国家的法益に関する法整備は、単行刑法[6]や特別刑法の形で少しなされたが、個人的法益が軽視されていた。治安管理処罰に関する法規についても、個別的行政法規または治安管理法規に委ねられており、これらを総合するような治安管理処罰法規は成立しなかった[7]。だが、1956年9月に、中国共産党第8期全国代表大会において、「社会主義体制はすでに基本的に打ち立てられ、……国内の主な矛盾はすでにプロレタリア階級とブルジョア階級の矛盾ではない」[8]と宣言したので、「反革命に対する直接的な弾圧の時代から、社会の治安を防衛する統治の時代への移行という認識」[9]を背景に、1957年10月22日の第1期全国人民代表大会常務委員会第81回会議において、「中華人民共和国治安管理処罰条例」（以下「57年条例」と略記す）が採択された。

2) 主な内容

　57年条例は、章別の編成を採っておらず、34ヵ条からなっている。処罰の種類は、警告、過料（0.5元以上20元以下）、拘留（半日以上10日以下）の3種類であった。救済制度としては、公安機関の裁決に対する不服の申立があるが、1級上の公安機関に対してのみしか認められておらず、人民法院に訴訟を提起することは認められなかった[10]。また、第31条に「本条例に記載されていない治安管理違反行為は、市、県公安局が本条例第5条ないし第15条の中の最も類似した条項を参照して処罰することができる。ただし、市、県人民委員会の承認を得なければならない。」と規定して若干の制限を設けているが、

類推適用を認めていた。加えて、治安管理違反者の拘留について、家族等への告知を必要としなかった[11]。

57年条例の成立により、従前には重要視されていなかった個人的法益の保護が視野に入れられた。さらに、第1章に指摘したように、57年条例を比附適用して個人的法益に対する犯罪が補充されるようになった。57年条例は、1979年に最初の刑法典が制定されるまでは、実質的に刑法典の役割を部分的に果たしていた。

3）効力の停止と回復

ところが、57年条例が成立してから10年も経たないうち、文化大革命が勃発し、「修正主義路線の産物」という批判を受けて、57年条例は、実質的に効力を失うに至った[12]。

文化大革命が収束した1976年以降、社会治安の混乱に対応するため、地方ごと[13]に治安管理法規が定められ、法の空白を埋める作業がなされた。その後、1979年11月29日の第5期全国人民代表大会常務委員会第12回会議においては、「中華人民共和国建国以来制定された法律、法令の効力問題に関する決議」が採択され、本決議は、第5期全国人民代表大会が制定した憲法、法律、並びに同常務委員会が制定しあるいは承認した法令に抵触しない法規類を引き続き有効であるとした。57年条例は、それらの法規に抵触していないと判断されたため、80年2月23日に国務院によって再公布され、その効力が回復された。

（3）86年条例

1）全面改正の背景

57年条例が実際に実効力をもって執行された期間は長くはなかったが、制定されてからすでに20数年を経ていた。その間、社会情勢が大きく変化し、とりわけ1970年代末、高度集権に基づく計画経済から「改革開放」への路線変更により、社会の治安が急速に悪化した[14]が、57年条例は、それに対応し

きれなくなっていた。そのことを背景に、1983年に改正作業が着手された。

約3年間の準備を経て、1986年9月5日に第6期全国人民代表大会17回会議において治安処罰管理条例の全面的な改正案が採択され、1987年1月1日より施行された。

2）主な改正点
86年条例の主な改正点は、以下の5点が挙げられる。

① 体系の整備
条文数は、57年条例が34ヵ条からなっていたのに対し、86年条例では、45ヵ条に膨らみ、章別の編成が採用された。つまり、第1章総則、第2章処罰の種類及び運用、第3章治安管理違反行為及び処罰、第4章裁決及び執行、第5章附則によって構成されていた。

② 類推適用規定の削除
57年条例にあった類推適用に関する第31条規定が削除された。これは、中国の刑事的な立法にとっては、画期的な出来事であると言えよう。ただし、処罰についての法定主義（Legalitätsprinzip）が明言されていなかった。

③ 行政拘留の期間の引き上げ
行政拘留の上限期間は、57年条例の10日間（併合処罰の場合は最長15日）から15日間までに引き上げられた（6条3号）。なお、86年条例では、併合処罰の場合は、その上限が置かれていなかった。

④ 司法による事後的審査手続の新設
処罰の決定に対する不服の救済については、57年条例第18条第4号の不服申立手続をあらため、はじめて司法による審査手続を導入した[15]。これにより、公安機関による終局的な裁決がなされることはなくなった。それまでは、

公安機関の裁決に不服がある場合には、不服申立が認められるのは1級上の公安機関に対してのみであったが、86年条例では、さらに1級上の公安機関の裁決に対して不服な場合には、人民法院に行政訴訟を提起しうるように改正された（39条）。これによって、従来の司法手続から切り離されていた公安機関に対する不服申立は、最終的には司法手続によって解決しうることになった。この点は、大きな意味を有すると言える[16]。しかし、86年条例では、不服申立手続については、必ず1級上の公安機関に不服審査申立を先行させ、その決定にも不服な場合について、はじめて人民法院に提訴しうるとされていた。いわゆる行政再議前置制を採っていることから、処罰の決定に対する不服の司法救済は遅れることになった。

⑤ 時効の延長

治安管理違反行為の追及時効は、57年条例では3ヶ月（19条）であったが、86年条例では6ヶ月に延長された（18条）。

(4) 94年改正条例

1994年5月12日に、86年条例に対して部分改正が行われた。この改正は、18種類の治安管理違反行為の新設を行い、処罰範囲の拡大化を図った。その中で注目されたのは、新興宗教等への対策と思われる結社に対する規制規定である。すなわち、「社会団体登記管理規定に違反し、登録登記を経ずに社会団体の名義で活動を行い、又は登記が取り消され、解散を命じられあるいは取り締まりされた後、なお元の社会団体の名義で活動を続け、刑事処罰に及ばない場合」（24条6号）を規制の対象とする新たな規定が設けられた。

加えて、86年条例の曖昧な処罰規定を明確化する作業も行われた。例えば、第19条第5号の「デマを飛ばし大衆を惑わし、揉め事を煽り立てた場合」というような明確性の欠ける規定を、「事実を捏造しあるいは歪曲し、故意にデマを散布し、又はその他の方法を用いて社会秩序の攪乱を煽り立てた場合」と規定し直し、ある程度明確な規定に改正した。

(5) 05年新法

1) 86年条例の全面改正背景

　激動期にある中国社会においては、今まで、便宜的な立法が多かった。成立してから20年を経たものの、未だに全面改正が行われず、あるいは全面改正の準備が進んでいない法規は、憲法だけである。86年条例が制定されてから約20年近くも経過しており、全面改正の時期にきている。

　より具体的な背景には、周辺の行政訴訟法、行政再議法、刑事訴訟法、刑法、行政処罰法などの法律が次々と制定され、あるいは全面的に改正されたことが挙げられる。関連法規が全面的に改正されていないのは、治安管理処罰条例と労働教養制度[17]である。86年条例が上記の法律と整合性を有しないことが大きな問題となった。特に、その中でも刑法典の全面改正の影響は大きい。1997年の新刑法典は、その条文が、旧刑法の192ヵ条から452ヵ条までに増加され、多くの犯罪類型が新設された。治安管理処罰法規と刑法典とは相互に補完し合う関係にあるため、新刑法典で新設された犯罪類型の比較的軽いものについて、処罰の空白を生じさせないように治安管理処罰法規はこれらを補填しなければならなかったのである。治安管理処罰法草案の説明においても、しばしば強調されていたように、新刑法典と整合させることが治安管理処罰法の主な改正の理由として挙げられた。

2) 経緯

　以上の背景の下で、86年条例の改正作業は、1997年8月に公安部の主導で着手され、2002年4月に「送審稿」ができ上がり、国務院に提出された。その後、検討が重ねられ、まとまった最終案は、2004年9月29日に国務院第65回常務会議において可決されたので、2004年10月22日の第10期全国人民代表大会常務委員会12回会議に上程されることとなった（第1回目の審議）。この会議において活発な議論が行われた。草案を各関係機関や専門家に配布して意見を求めたが、その結果、草案に対して、公民の権利への保護や警察権力へ

の制限が弱すぎるなどの批判的な意見が多く寄せられた。2005年6月26日に、全国人大法律委員会は、寄せられた意見を参考に修正を施した審議案を第10期全国人民代表大会常務委員会第16回会議に提出した（第2回目の審議）。その後、さらに修正が加えられた審議案は、同年8月23日に、第10期全国人民代表大会常務委員会第17回会議に提出された（第3回目の審議）が、そこでもさらに修正する必要があると判断され、再審議されることになった。けっきょく、05年新法が同会議において可決されたのは、数日後の27日であった。翌日の28日に、新法は、中華人民共和国主席令（10期第38号）をもって公布され、2006年3月1日より施行された。

3. 05年新法の主な改正点

(1)「条例」から「一般法」へ

　治安管理処罰法規は比較的早い時期の1957年に成立したが、そういった建国早期に成立した法規が現行法の05年新法に引き継がれている例は、中国においてめずらしい存在である。しかし、かかる法規は、「条例」というタイトルが示しているように、過渡的なものであったことを物語っている。上述したように、治安管理処罰法規は、従来の「条例」の形を採ってきたが、今回の全面改正を契機に、「条例」から「一般法」に変わり、法体系上のランク上げがなされた。これは、治安管理処罰法規の過渡的な性格が払拭され、より安定的な時期を迎えたことを意味する。しかし、05年新法は、人身自由の剥奪等について刑事手続を排除するだけでなく、司法の事前審査でさえ未だに認めておらず、近代の司法制度と相容れない「警察裁判権」[18]を容認していることを注目するならば、過渡的性格を完全に脱却したとは言いがたい。

　また、「法」になったため、体系もいっそう整った。86年条例の構成は5章45ヵ条であったのに対して、05年新法は「執行に対する監督」を第5章として新たに加えた6章編成となり、条文も119ヵ条に増えて、中型の法律となっ

た。

(2) 立法の目的

立法の目的については、05年新法は、第1条前半部分の「社会の治安秩序を維持し、公共の安全を保障し、公民、法人及びその他の組織体の合法的な権益を保護し」という部分については、86年条例の趣旨を引き継いでいるが、その後半部分においては、86年条例の「社会主義現代化建設の順調な進展を保障する」の最終目的規定を、「公安機関及びその人民警察が法に基づく治安管理の職責を遂行することを規律しかつ保障する」という文言に入れ替えた。この改正点は、治安管理処罰法が一般公民の行為規範となるだけでなく、警察の治安管理における活動規範にもなることを意味している。これは、「権力の行使を規律し監督することによって、公民の権利を保護することの切実性と必要性がある」[19]という要請から、第2回審議案に追加されたものである。警察の自由裁量の幅が大きいために、警察権の濫用や警察の腐敗の深刻な問題を生みだし、それに対する批判が高まっていた。この規定は、警察活動を規律することによって、警察権の濫用の防止を図ろうとする意図を含んでいると言える。加えて、警察を「性善」モデルとする従来型の立法様式からの解放という意味では、大きな転換であったとも言える。

(3) 基本原則

1) 治安管理違反行為の定義の変容

治安管理違反行為の定義について、86条例第2条では、「公共の秩序を攪乱し、公共の安全を妨害し、公民の人身の権利を侵害し、公私財産の権利を侵害し、中華人民共和国刑法の規定に照らして犯罪を構成する場合は、法に基づき刑事責任を追及する。刑事処罰に及ばず、治安管理処罰とすべき場合は、本条例に照らして処罰を与える。」と規定されていた。この条文には、刑法典の犯罪概念規定[20]に明記されている社会的危害性というメルクマールが入っていない。中国が母法とする旧ソ連においても、行政違法行為について、1980年

の「ソ連邦及びソ連邦構成共和国の行政上の法違反に関する立法原則」第7条、「ロシア共和国の行政上の法違反法典」第10条には、「国家的または社会的秩序、社会主義的所有、市民の権利と自由、所定の行政秩序を侵害する違法で有責な（故意または過失による）行為または不作為で、法令によってそれにつき行政責任が定められているもの」と規定されていた。旧ソ連の関係法規においても、「社会的危険性（社会的危害性）」のメルクマールが入っていなかった[21]。

これに対し、05年新法の第2条は、「公共秩序を攪乱し、公共の安全を妨害し、人身の権利及び財産上の権利を侵害し、社会管理を妨害し、社会的危害性を有し、中華人民共和国刑法の規定に照らして犯罪を構成する場合には、法に基づき刑事責任を追及する。刑事処罰に及ばない場合には、公安機関が本法に基づいて治安管理処罰に付す。」と規定している。ここでは、治安管理違反行為の定義に新たに「社会的危害性」のメルクマールを持ち込んだことが、大きな特徴だと言える[22]。したがって、刑法典上の犯罪行為と治安管理違反行為とは、社会的危害性を有するという共通の実質内容を持つことがより明確になっている。

２）処罰の原則

処罰の原則に関する規定について、05年新法は、86年条例第4条の「教育と処罰とを結合する原則」を引き継ぎ、5条第3項に規定するが、新たに裁量基準、人権配慮等の原則を新設した。

① 裁量基準に関する原則

第5条第1項に「治安管理の処罰は、必ず事実に依拠し、治安管理に違反する行為の性質、情状及び社会に危害を与えた程度に相応するものでなければならない。」という裁量基準の規定が新設された。この規定は、行政処罰法第4条第2項に対応する条文である。なお、刑法第61条の量刑基準にも対応している。

② 人権配慮等の原則

　第5条第2項には、「治安管理処罰を実施するにあたって、公開、公正にし、人権を尊重しかつ保障し、公民の人格的尊厳を保護しなければならない。」という公開公正原則、人権配慮原則及び人格的尊厳保護原則が新設された。公開公正原則は行政処罰法第4条第1項にすでに設けていたが、人権配慮原則及び人格的尊厳保護原則については、行政処罰法上には存在しなかった。この人権配慮原則の新設は、2004年3月14日に行われた憲法修正によって「国家は、人権を尊重し保障する。」という条項が第33条第3項に新設されたこと[23]の影響を受けた結果、設けられたと言えよう。この原則は、立法の目的の改正と同様に、権力の行使を規律する必要性があるという要請を受けて、第2回目の審議に加えられた内容である。人権への配慮に関しては、日本においても、軽犯罪法の第4条に「この法律の適用にあたっては、国民の権利を不当に侵害しないように留意し、その本来の目的を逸脱して他の目的のためにこれを濫用するようなことがあってはならない。」という濫用禁止の訓示規定が設けられている。これは、軽犯罪法の前身である警察犯処罰令が、違警罪即決例と相まって、戦前において大衆運動等の弾圧や犯罪捜査のために濫用された苦い経験への反省として濫用を戒めるものであると解されている[24]。しかし、中国では、治安管理処罰法は、大衆運動への規制や犯罪捜査のための存在でもあるので、それらに関する警察活動は、法的には何らの問題もない。ここでは、中国で言う人権配慮等の原則は、警察の腐敗を防止し、警察権の私物化的な濫用を戒めるためのものと考えられる。

3）社会治安総合管理への強化

　05年新法第6条は、各レベルの人民政府に対し、社会治安総合管理の強化を促すものである。本条は、第2回審議案に加えられたものである。もともと、社会治安総合管理とは、党委員会、政府の統一的指導のもとに、公安、人民法院、人民検察などの各法執行機関を中心に、特に公安機関を中核に据え、その他の各機関、団体と連携し合い、広範な人民大衆を動員し、政治的・経済

第5章　犯罪概念規定但書の射程範囲—治安管理処罰法を中心に—

的・行政的・法律的・文化的・教育的手段を通じて、社会治安を管理し、犯罪に打撃を加え、犯罪を予防して、社会の安定を保障し、社会主義現代化建設及び改革開放に良好な社会環境を作り出すために行われる総合的な社会治安対策である[25]。その内容は、社会治安総合管理の基本任務でもある[26]。

　そして、現段階で強化すべき社会治安総合管理の主な対象は、中共中央・国務院の「社会治安綜合治理をさらに強化することに関する意見」(2001年9月5日)によると、次の通りである。つまり、「敵対勢力はわが国に対し浸透や破壊活動を一段と強めており、国内外の民族分離勢力、極端な宗教勢力、テロリズム勢力が互いに結託して、いわゆる民族、宗教、人権等の問題を利用して紛擾を引き起こし、わが国の社会安定を破壊すると企てていること。『法輪功』邪教組織は絶え間なく騒動を画策煽動し、社会秩序をひどく攪乱していること。一部の地方において社会治安情勢が相当深刻であり、暴力団的性質のある犯罪集団や無頼悪勢力が横行し、爆発、殺人、誘拐、毒物混入、女子・児童誘拐売渡し等の重大凶悪事件がしばしば起こっており、窃盗、強盗等の多発的事件が高い水準にあること。多くの地方において人民内部の矛盾が際立っており、群衆（騒乱）事件が増加していること。」の四つの対象が挙げられている。したがって、現段階の社会治安総合管理が公安対策や凶悪犯罪を中心としているのは、明らかである。

　ところが、なぜ社会治安総合管理の強化を治安管理処罰法に規定する必要があるのだろうか。社会治安総合管理の刑事政策は、すでに「社会治安綜合治理の強化に関する全国人民代表大会常務委員会の決定」（1991年3月2日）によって立法化され、その第4条規定は、05年新法第6条とほぼ同じ内容である。また、治安管理処罰法は、治安対策法体制の一環としての機能しか持っていない。それにもかかわらず、わざわざ治安管理処罰法において社会治安総合管理の強化を再確認することは、治安管理処罰法の公安対策や犯罪予防的効果、犯罪の早期発見などの機能が期待され、社会治安総合管理において重要な担い手として、一般公民の生活の安全を図るほかに、政治体制の維持という公安対策の性格を一段と強くさせようとする目的があると考えられる。

ちなみに、本条は各人民政府を宛名人としているが、社会治安の総合的対策の統率機関は、中央においては治安対策の最高機関である党の中央社会治安綜合治理委員会[27]であって、地方においては各レベルの党委員会が最高位の責任機関であり、あくまで党の機関にある。

4）公安機関による民事賠償の裁決の削除

86年条例では、治安管理違反行為によって生じた損害賠償については、公安機関にその裁決権を付与し、強制執行権を与えていた。これに対して、05年新法では、この制度が削除され、警察による民事介入を取りやめた。

(4) 処罰の種類

治安管理処罰の種類については、従来の警告、過料、行政拘留が維持された上で、さらに、公安機関による許可書の取消が追加されて4種類となった（10条1項）。また外国人に対しては、附加的措置として、期間内の国外退去と国外追放が増設された（10条2項）。

1）行政拘留

行政拘留[28]（治安管理処罰に関しては、治安拘留とも言う）の日数の上限については、05年新法では、86年条例と同様に15日間を維持した。ただし、行政拘留の併合処罰の上限については、86年条例に規定していなかったが、05年新法では、最高20日間に限定された。公安部の草案では、併科の場合は、最高30日とされていた。しかし、治安管理違反行為が犯罪を構成しない行為であることから、治安権利処罰法上の自由の拘束期間は、刑法典上の拘役刑[29]の1ヶ月という下限よりも低く設定しなければならないという理由から、第1回目の審議においてその上限が20日間に修正された。また、86年条例では、行政拘留の期間の幅は、一般的に1日から15日間としていたのに対して、05年新法では、治安管理違反行為の性質や具体的事情によって、1日から5日間、5日から10日間、10日から15日間の3段階に分けられている。そのため、処

罰権を行使する公安機関の裁量範囲が狭められた。また、行政拘留の場合は、公安機関が、速やかに治安管理違反者の家族などへの告知を行わなければならない（97条1項後段）。なお、行政拘留は、「労働改造」を伴う刑罰とは異なり、強制労働による改善更生を行わない。

2) 過料

一つの治安管理違反行為につき、それに対する過料の額は、売買春、賭博、規制薬物に関わる治安管理違反行為について、86年条例での3000元から5000元という幅を維持した。その他の一般治安管理違反行為については、86年条例での200元の上限に対して、05年新法では、上限を1000元に引き上げた。もともと、公安部の草案は、過料の額は、統一的に50元以上5000元以下に引き上げようとしたが、一般治安管理違反行為は、違法な収益を剥奪する必要のある違法経営等の行為と異なっているという理由で、第1回目の審議において1000元以下に限定された。さらに、上述した行政拘留と同様に、過料の額も、200元以下、200元から500元、500元から1000元の3段階に分けられた。

3) 行政拘留と過料の併科

行政拘留と過料を併科する場合については、86年条例では、任意的併科だけであったが、05年新法では、任意的併科のほかに必要的併科が新たに設けられた。

4) 強制措置

処罰の種類としては分類されていないが、強制措置としては、次のようなものがある。すなわち、違法な収益、財物の剥奪（11条）、入場禁止、強制退場措置（24条2項）、活動停止命令（38条）、改善命令（39条）、未登記社会団体及び無許可営業への取締（54条）、強制的教育措置[30]（76条）、などである。

(5) 治安管理違反行為の拡大と整理

　治安管理違反行為の種類は、86年条例では73種類であったが、05年新法では238種類に拡大した。また、治安管理違反行為の分類は、86年条例では、行なわれていなかったが、05年新法では、治安管理違反行為を公共の秩序を攪乱する行為、公共の安全を妨害する行為、個人の人身の権利及び財産上の権利を侵害する行為、社会管理秩序を妨害する行為の4類型に整理された。
　05年新法で新たに規制対象に加えられた治安管理違反行為、並びに削除された治安管理違反行為の主なものは、次のように挙げられる。

1）追加された処罰対象
　① 公共秩序を攪乱する行為について
　ここでは、主に次のような行為が処罰対象として追加されている。すなわち、選挙の秩序を妨害する行為（23条1項5号）、文化・スポーツ等の大型イベントの秩序を攪乱する行為（24条）、偽の危険物を投げつけて公共秩序を攪乱する行為（25条2号）、放火・爆発の実施又は危険物の投棄を揚言して公共秩序を攪乱する行為（25条3号）、無線電信を妨害する行為（28条）、電子計算機情報システムに不法に侵入する等の行為（29条）、などである。

　② 公共の安全を妨害する行為について
　ここでは、主に次のような行為が処罰対象として追加されている。すなわち、規制器具を携帯して公共の場所又は公共の交通機関に立ち入る行為（32条2項）、石油・ガスパイプ施設等の公共設備を窃取し又は損壊する行為（33条1号）、国境の標識を移動し又は毀損する等の行為（34条2号、3号）、航空設備を窃取し、損壊し又は無断に移動する行為、航空機内においての操縦室に強引に立ち入る行為や電子機器類の不正使用行為（35条）、などがある。

③ 個人の人身の権利及び財産上的権利を侵害する行為について

ここでは、主に次のような行為が処罰対象として追加されている。すなわち、強制労働行為（40条2号）、他人を困惑させる方法で物乞いをする行為（41条2項）、迷惑メールを送信する等の行為（42条4号）、他人のプライバシーを窃視し、盗撮し、盗聴し、又は流布する行為（42条5号）、他人を殴打する行為（43条1項）、猥褻な行為（44条）、商品の押し買い若しくは押し売り行為、他人を強要して役務を提供させ若しくは受けさせる行為（46条）、などである。

④ 社会管理秩序を妨害する行為について

ここでは、主に次のような行為が処罰対象として追加されている。すなわち、人民政府が緊急事態において法に基づき発布した決定、命令に従うことを拒否する行為（50条1号）、緊急車両の通行を妨害する行為（50条3号）、警戒網・警戒区域に強引に突入する行為（50条4号）、文書偽造、変造、売買、行使行為（52条1号、2号）、旅館業従業者の管理違反行為（56条）、家屋賃貸人の管理違反行為（57条）、騒音による迷惑行為（58条）、禁制品を買い付ける行為（59条）、墳墓破壊、死体放置等の行為（65条）、公共の場で売春の客引きをする行為（66条2項）、インターネット等の通信機器を用いて猥褻な情報を頒布する行為（68条）、猥褻な上演を組織し又は行う行為（69条1項2号）、多衆を集合して淫行活動に参加する行為（69条1項3号）、動物の飼育による迷惑行為（75条）、などである。

2）削除された内容

86年条例に規定されていた消防管理違反行為、交通管理違反行為、戸口及び住民身分証管理違反行為は、消防法（40条-51条）、道路交通安全法（87条-114条）、住民身分証法（16条、17条）において処罰規定が設けられたため、05年新法では、それらをあらためて規定する必要がなくなった。刑法典の無頼罪が細分化されたことにより、05年新法においても、旧来の無頼行為の規定が

削除され、刑法典で細分化した無頼行為に相応した行為の細分化がなされた。

(6) 処罰手続の厳格化

処罰手続に関する規定については、86年条例（33条-42条）では、簡略的な記述が多く、条文も10ヵ条であった。これに対して、05年新法では、1996年の新刑事訴訟法の規定を多く借用し[31]、条文数が35ヵ条に増えた。改正された主な点は、以下のようなものである。

1) 違法収集証拠の排除法則と自白の補強法則

違法収集証拠の取扱いに関しては、1996年刑事訴訟法では、違法な方法による証拠の収集を禁じる（43条）と規定しているに止まり、違法によって収集された証拠の扱いについては明記されていない。この点について、最高人民法院の「『中華人民共和国刑事訴訟法』を執行する際の若干問題に関する解釈」（法釈［1998］23号）第61条では、違法収集証拠を排除すると明確に規定している。05年新法も、この最高人民法院の司法解釈の規定に沿って、第79条第2項に違法収集証拠の排除法則を宣明した。また、自白の証明力については、日本の憲法38条3項、刑事訴訟法319条2項のように、自白の補強法則を導入している（93条。なお、刑事訴訟法46条）。これらの規定から、真実発見よりも適正手続が重視されているように見える。しかし、捜査機関と裁決機関が同一であるため、それらの規定の実効性にはかなりの疑問が残る。

2) 尋問査証の時間の短縮（83条）

86年条例では、（召喚して）尋問査証の時間について、状況が複雑で行政拘留の処罰が適用されうるという特別な場合には、24時間以内としていたが、そうではない一般的な場合については、制限を設けていなかった。これに対して、05年新法では、尋問査証の時間は、原則として8時間以内とした上で、特殊な場合には、86年条例と同様に、24時間以内としている。第2回審議案においては、特殊な場合にも12時間以内としていた[32]が、「尋問の時間が短

すぎると、治安案件を迅速に解明し又は適切に処理する要求に相応しないだけでなく、被侵害者の権益の擁護にも不利」という理由で、第3回審議案では、24時間以内に規定が戻った[33]。人身自由の擁護よりも、真実の解明に重点に置いたと見ることができる。加えて指摘するならば、特殊な場合であるか否かの判断は、警察の裁量にすべて委ねられているという現状にある。尋問査証の時間が86年条例より限定されたという改善点が見られるが、刑事訴訟法と同様に、証拠あっての身柄拘束でなく、身柄拘束をもって捜査を開始するという体制は、基本的には変わっていないと思われる。

また、召喚は、任意同行でもなければ間接的強制でもなく、直接的強制を伴う身柄拘束である。召喚に応じない場合、強制召喚になる（82条2項）。なお、強制召喚の場合には、手錠等の戒具を用いて直接的強制による連行が認められている（「公安機関による行政事案の処理手続の規定」[34]（以下、「処理手続の規定」と略記する）44条2項）。

なお、召喚には、速やかに被召喚者の家族に告知するよう義務づけられている（2項）。

3）不服申立の多様化
① 行政再議前置制度の廃止

公安機関の裁決に不服である場合については、05年新法は、86年条例が採っていた行政再議前置制を廃止して、1級上の公安機関の不服申立を経ずに、直接に人民法院に提訴することを認めている（108条）。これにより、処罰に対する不服の司法による救済の時期が早まることとなった。行政再議法、行政訴訟法および行政処罰法は、行政再議前置制度をすでに廃止していたので、05年新法の最初の草案においてもその制度が残されていなかった。

しかし、第3回目の審議においては、行政再議前置制度が「上級公安機関による下級公安機関への監督に有利である」という理由で、「公安部はその制度が維持されるべきだと申し立て」[35]、この制度を維持しようとしていた。この動きは、多くの常務委員からの激しい反対を受け、けっきょく不発に終わっ

た。このことから、「法案の起草が往々にして行政機関によって担当されるという立法慣行とそれに伴う『部門利益の法制化』の傾向を是正し、民衆の立法参加が欠落している立法手続を改善しよう」[36]としたと評価されうる。立法機関であるはずの全国人民代表大会及びその常務委員会は、上程された法案をほとんど審議もせずに素通りさせ、単なる法案を認可しているという意味で「ゴム印」と揶揄されるが、そのようなイメージが少しは払拭されたと言える。

② 聴聞手続の導入

公安機関による許可証の取消及び2000元以上の過料の場合については、被処罰者は、公聴会の開催を求める権利を有する（98条）。なお、本制度は、不服申立の段階で行われるため、異議聴聞の制度に属する。公聴会の運用に関する詳細な規定は、行政処罰法（42条、43条）および公安部の「処理手続の規定」第8章聴聞手続（97条-129条）による。

聴聞手続の導入によって、被処罰者に弁明の機会を与えることに大きな意味が有するが、適用の範囲、参加者の範囲などにおいては不備な点がある[37]。

4）その他

その他、救済制度としては、警察の職権濫用行為に対し、公安機関、人民検察院および行政監察院に告発しまたは告訴することができるという制度がある（104条）。

4. 05年新法の主な内容

上述した改正内容以外の主な内容を要約すると、以下の通りである。なお、治安管理違反行為の説明については、重複している部分があるが、行為の分類がどのようになされているのかを列挙しておくこととする。

（1）総則

1）教育と処罰を結合させる原則

　刑法典には、「犯罪を懲罰し、人民を保護する」(1条) という指導原則があり、犯罪を罰することを強調している。これに対し、治安管理処罰法規は、57年条例以来、「教育と処罰を結合させる」(新法5条3項) という原則を一貫して維持してきた。犯罪行為と治安管理違反行為とでは、それに対する政策が使い分けされているように見える[38]。

　教育と処罰との関係については、毛沢東の「二種の矛盾論」に基づいて説明されてきた。矛盾には、「敵味方の間の矛盾」と「人民内部の矛盾」とがある。前者に対しては独裁の手段、すなわち処罰を用いるが、後者に対しては民主的方法、すなわち教育、批判、説得を用いる。治安管理違反行為は、犯罪行為と異なり、つねに「人民内部の矛盾」に属するので、治安管理処罰法における処罰はあくまで教育のため、あるいは教育の一手段として用いられる。しかし、犯罪に対しては独裁の方法が用いられるが、教育が行われないわけではなく、教育改造、思想改造が積極的に活用されなければならないとしている。また、「人民内部の矛盾」に対しても死刑を適用しうる[39]ので、死刑を科された「人民」にとって、教育を受ける余地は絶たれることになる。したがって、「二種の矛盾論」によって、犯罪行為と治安管理違反行為との区別、また処罰と教育との区別を説明しえたとは思えない[40]。

　05年新法も、「治安管理法」ではなく、「治安管理処罰法」と名付けており、意図的に「処罰」という文言を残している[41]ことを考えると、教育が付随的なものにすぎないと解される。

2）調解[42]（調停）の原則

　第9条には、「民間紛争によって引き起こされた喧嘩、殴り合いや他人の財物の毀損等の治安管理違反行為について、情状が比較的軽い場合」に、当事者の同意を前提とし、公安機関の主導により、場合によっては地域関係者、当事

者の知人の参加を呼びかけて「調解を用いてこれを処理することができる」とし、「当事者間が合意に達した」という結果になった場合は、処罰をしないという調解の原則を設けている。この種の調解は、「治安調解」ともいう。また、「調解を経ても合意に達しなかった場合若しくは合意に達したがこれを履行しなかった場合は、公安機関は本法の規定に基づいて治安管理に違反する行為に処罰を与え」るとしていることから、加害者側に心理的な圧力をかけている。

刑事訴訟法第172条[43]にも、親告罪や自訴に係わる軽微な刑事事案の場合は、調解を行うことができるとしている。

民間の紛争による治安管理違反事案や軽微な刑事事案が、「人民内部の矛盾」に属しており、つねに処罰を適用するのではなく、説得・教育を以て調解するのは、「二種の矛盾論」の理論あるいは現政権（2011年）の「調和のとれた社会［和諧社会］」のスローガンによっても説明がつくが、しかし、関係機関、被害者、加害者、コミュニティが一緒になって話し合い、一度壊されたコミュニティ関係が再建されるという点から、中国型の修復的司法（Restorative Justice）とも言いうるのではなかろうか。

3）組織体による治安管理違反行為

組織体[44]の治安管理違反行為に対する処罰規定は、設けられているが、両罰規定とはなっていない。すなわち、組織体が治安管理違反行為を行った場合は、その直接責任を負う主管人員およびその他の直接責任者に対して処罰するだけに止まり、組織体自体に対しての処罰はなかった（18条）。ただし、組織体に対しての公安機関による許可の取消は、組織体に対する処罰にほかならないのである（54条3項）。もともと、公安部の草案では、組織体自体に対し、2000元以上10万元以下過料の罰則規定が設けられていた[45]。それに対して、組織体を処罰対象とする治安管理違反行為は、すでに他の法規に規定しているという理由から、公安部草案の当該部分は第2回目の審議において削除された。これにより、公安機関と他の行政機関との管轄権をめぐる問題が回避できたことにとどまらず、同一行為に対し異なる機関がそれぞれ処罰権を発動した

り、代表者と組織体が同一の小規模な組織体に対して両罰したりすることによって生じかねない二重処罰の問題も解決したと考えられる。

(2) 人道的配慮

05年新法では、人道的な配慮をした規定としては、次のようなものがある。
1) 満14歳以上16歳未満の者、治安管理関連規定にはじめて違反した満16歳以上18歳未満の者、満70歳以上の者、妊娠中又は1歳未満の自分の嬰児に授乳している者に対しては、行政拘留の対象外としている（21条）。

しかし、公安部の解釈では、刑事責任年齢で刑事処罰に付さない満14歳以上16歳未満の者（刑法17条2項）に対し、必要と認められたときには、「治安管理処罰法」の関連規定に照らして治安管理処罰を与えることができるとしている（「執行解釈（2）」3条）。その場合の治安管理処罰には、行政拘留を含むかどうかが不明である。
2) 16歳未満の年少者に対する尋問は、その両親およびその他の監護者の立ち合いを必要としている（84条3項、85条3項）。
3) 女性への身体の検査は、女性職員が行わなければならない（87条2項）。

(3) 治安管理違反行為の類型

05年新法では、238種類の治安管理違反行為があるが、行為の類型（ある程度共通しているものを一つの行為類型として扱う）を挙げると、次のようなものである。加えて、刑法典の行為類型と比較するため、類似した刑法の条文も挙げて置くことにする。

1) 公共の秩序を攪乱する行為（23条-29条）
① 機関、団体、企業、事業体の秩序を攪乱する行為（23条1項1号）。【刑法290条（多衆社会秩序攪乱罪、多衆国家機関乱入罪）、309条（法廷秩序攪乱罪）】

② 停車場、港湾、埠頭、空港、市場、公園、展覧会場及びその他の公共場所の秩序を攪乱する行為（23条1項2号）。【刑法291条前半（多衆公共場所秩序攪乱罪）、刑法298条（集会・デモ・示威破壊罪）】
③ 公共交通手段の秩序を攪乱する行為（23条1項3号、4号）。【刑法291条後半（多衆交通秩序攪乱罪）】
④ 選挙の秩序を攪乱する行為（23条1項5号）。【刑法256条（選挙破壊罪）、刑法290条（多衆社会秩序攪乱罪、多衆国家機関乱入罪）、刑法298条（集会デモ示威破壊罪）】
⑤ 大型イベントの秩序を攪乱する行為（24条）。
⑥ 虚偽の危険情報の流布（25条1号）、偽の危険物の投棄（25条2号）、放火、爆発、危険物の投棄の揚示（25条3号）を用いて公共の秩序を攪乱する行為。【刑法291条の1（偽危険物投棄罪、虚偽恐怖情報捏造・流布罪）】
⑦ 徒党を組んで殴り合い（26条1号）、他人を追い回し又は遮り止め（26条2号）、財物の強要、毀損、占用（26条3号）、その他の言いがかりをつけてもめごとを引き起こす行為（26条4号）。【刑法292条（多衆乱闘罪）、293条（揉め事挑発惹起罪）】
⑧ 宗教の名義を利用して社会秩序を攪乱し、他人の健康を害する行為（27条）。【刑法300条1項、2項（会道門・邪教団体組織利用等による法律実施妨害罪、同致死罪）】
⑨ 無線電信を妨害する行為（28条）。【刑法288条（無線電信管理秩序妨害罪）】
⑩ 電子計算機情報システムに不法に侵入して情報処理を妨害する行為（29条）。【刑法285条（電子計算機情報システム不法侵入罪）、286条（電子計算機情報システム破壊罪）】

2）公共の安全を妨害する行為（30条-39条）
① 危険物の管理に違反する行為（30条）。【刑法125条（爆発物不法製造・売買・運送・郵送・貯蔵罪、危険物不法製造・売買・運送・郵送・貯蔵罪）、

130条（公共安全に及ぶ銃器弾薬規制刀剣危険物不法携帯罪）、338条（重大環境汚染事故罪）】

② 危険物の紛失の報告を怠った行為（31条）。【刑法136条（危険物管理事故罪）】。

③ 銃器などの規制器具の不法携帯行為（32条）。【刑法128条（銃器弾薬不法所持、隠匿罪、銃器不法貸出・賃貸罪）、130条（公共安全に及ぶ銃器弾薬規制刀剣危険物不法携帯罪）、297条（武器規制刀剣爆発物不法携帯集会デモ示威参加罪）】

④ 石油・ガスパイプ施設などの公共設備を窃取し又は毀損する行為（33条1号）。【刑法118条、119条（易燃易爆設備破壊罪、電力設備破壊罪）、124条（電信施設破壊罪、放送設備破壊罪）、刑法323条（恒久測量標識破壊罪）、264条、265条（窃盗罪）、275条（財物損壊罪）】

⑤ 国境の標識、走向を毀損する行為（33条2、3号）。【刑法323条（国境標石・標柱破壊罪）】

⑥ 航空設備を窃取し、損壊し、若しくは使用中の航空設備を無断で移動する行為（34条1項前半）。【刑法116条（交通手段破壊罪）、117条（交通設備破壊罪）、264条（窃盗罪）、275条（財物損壊罪）】

⑦ 強引に航空機の操縦室に立ち入った行為（34条1項後半）、使用中の航空機の安全航行を脅かす器機使用行為（34条2項）。

⑧ 鉄道の施設及び設備、機関車の車輌部品、又は安全標識を窃取し、毀損した等往来を妨害する行為（35条）。【刑法117条（交通設備破壊罪）、264条（窃盗罪）、275条（財物損壊罪）】

⑨ 無断に線路に立ち入りなどによる列車の安全運行に影響を与える行為（36条）。

⑩ 無断または安全規定に違反して送電網を設置し、あるいは使用する行為（37条1号）。

⑪ 道路工事の安全規定に違反する行為（37条2号前半）。

⑫ 被覆物、防護柵若しくは指示標識を毀損し、又は移動する行為（37条2号

後半)。【刑法117条（交通設備破壊罪）、264条（窃盗罪）、275条（財物損壊罪）】
⑬ 路面のマンホールの蓋、照明等の公共施設を窃取し又は毀損する行為（37条3号）。【刑法117条（交通設備破壊罪）、264条（窃盗罪）、275条（財物損壊罪）】
⑭ 大型イベントの安全規定に違反する行為（38条）。
⑮ 旅館、映画館、競技場などの公衆の活動に供する場所の安全規定に違反する行為（39条）。

3）個人の人身の権利及び財産上の権利を侵害する行為（40条-49条）
① 16歳未満の者又は身体障害者を組織し、脅迫し、又は誘惑欺罔して、恐怖、若しくは残忍な演技をさせる行為（40条1号）。
② 労働強制行為（40条2号）。【刑法244条（労働強制罪）】
③ 不法拘禁行為、住宅の不法侵入行為、身体の不法捜索行為（40条3号）。【刑法238条（不法拘禁罪）、245条（不法捜索罪、住居不法侵入罪）】
④ 迷惑となる物乞い行為（41条）。
⑤ 脅迫状などによる脅迫行為（42条1号）。
⑥ 侮辱行為、誹謗行為（42条2号）。【刑法246条（侮辱罪、誹謗罪）】
⑦ 誣告陥害行為（42条3項）。【刑法243条（誣告陥害罪）】
⑧ 証人及びその近親者に対する報復行為（42条4号）。【刑法308条（証人打撃報復罪）】
⑨ 迷惑メールの送信行為（42条5号）。
⑩ 窃視、盗撮などによる他人のプライバシーへの侵害行為（42条6号）。【刑法284条（盗聴、盗撮専用機材不法使用罪）】
⑪ 殴打行為、傷害行為（43条）。【刑法234条（傷害罪）】
⑫ 猥褻行為、公然猥褻行為（44条）。【刑法237条（（女性）猥褻罪、児童猥褻罪）】
⑬ 家族構成員に対する虐待行為（45条1号）。【刑法260条（虐待罪）】

⑭ 自立で生活能力のない被扶養者を遺棄する行為（45条2号）。【刑法261条（遺棄罪）】
⑮ 強引な取引行為（46条）。【刑法226条（取引強要罪）】
⑯ 民族間の怨恨、差別をあおり、又は出版物若しくはインターネットにおいて民族を差別し、侮辱する内容を掲載した行為（47条）。【刑法249条（民族間怨恨・民族差別煽動罪、250条（少数民族差別、侮辱作品出版罪）】
⑰ 他人の郵便物に対する侵害行為（48条）。【刑法252条（通信自由侵害罪）】
⑱ 窃盗、詐欺、掠奪、公然奪取、恐喝、公私財物毀損の行為（49条）。【刑法264条、265条（窃盗罪）、328条（古文化遺跡・古墳盗掘罪、古人類化石・古脊椎動物化石盗掘罪）、192条（集金詐欺罪）、193条（融資詐欺罪）、194条（手形詐欺罪、金融証書詐欺罪）、195条（信用証書詐欺罪）、196条（クレジットカード詐欺罪）、197条（有価証券詐欺罪）、198条（保険金詐欺罪）、266条（詐欺罪）、268条（多衆掠奪罪）、267条（公然奪取罪）、274条（恐喝罪）、275条（財物損壊罪）】

4）社会管理秩序を妨害する行為（50条-76条）

① 作為又は不作為による公務執行妨害行為（50条）。【刑法278条（法律実施暴力妨害煽動罪）、277条（公務妨害罪）】
② 公務員などを詐称して詐欺を働く行為（51条）。【刑法279条（国家機関公務員詐称騙取罪）】
③ 国家機関、人民団体、企業、事業体及びその他の組織体の公文書などの偽造、変造、売買行為（52条1号）、同売買、行使行為（52条2号）。【刑法174条（金融機構営業許可書・承認文書偽造、変造、譲渡罪）、280条（国家機関公文書・身分証明書・印章偽造、変造、売買罪、会社・企業・事業体・人民団体印章偽造罪）】
④ 乗車券等の切符の偽造、変造行為、ダフ屋行為（52条3号）。【刑法227条（有価切符偽造、偽造有価切符転売罪、乗車券乗船券転売罪）】
⑤ 船舶ナンバープレート等の偽造、変造行為、同売買、行使行為（52条4

号)。
⑥ 船舶の禁止水域等への侵入行為（53条）。
⑦ 社会団体の登記規定に違反する行為（54条1項1、2号）。
⑧ 無許可営業行為（54条1項3号）。【刑法225条（不法経営罪）】
⑨ 不法な集会、デモ、示威を煽動し又は画策する行為（55条）。【刑法296条（不法集会、デモ、示威罪）】
⑩ 旅館業の従業者の管理規定違反行為（56条）。
⑪ 家屋賃貸人の管理規定違反行為（57条）。
⑫ 騒音による迷惑行為（58条）。
⑬ 質屋業従業者等の禁制品を買い付ける行為（59条）。【刑法312条（贓物隠匿、移転、買付、販売罪）、341条（貴重瀕滅野生動物・貴重瀕滅野生動物製品不法買付、運送、販売罪）、345条3項（盗伐・濫伐林木不法買付罪）】
⑭ 差押物の隠匿（60条1号）、証拠隠滅、偽証（60条2号）、贓物隠匿（60条3号）等による行政作用への妨害行為。【刑法314条（差押・押収・凍結財産不法処分罪）、305条（偽証罪）、306条（弁護人・訴訟代理人証拠壊滅、偽造、証言妨害罪）、307条（証言妨害罪、証拠壊滅、偽造幇助罪）、312条（贓物隠匿、移転、買付、販売罪）】
⑮ 管制、政治権利の剥奪若しくは執行猶予、治療のため一時出所等の社会内処遇者等の監督管理規定違反行為（60条4号）。【刑法38条（管制の期間及び執行機関）、39条1項（管制受刑者の遵守事項）、54条（政治的権利剥奪の内容）、58条2項（(政治的権利剥奪受刑者の遵守事項)、75条（執行猶予中の遵守事項）、76条（執行猶予の執行）、77条2項（執行猶予の取消）、刑事訴訟法214条（社会内処遇の要件及び監督）】
⑯ 密出入国者の集結、運送行為、同幇助行為、密出入国行為（61条、62条）。【刑法318条（国（辺）境越境組織罪、319条（出国証明書騙取罪、321条（偽造・変造出入国証明書提供罪、出入国証明書販売罪）】
⑰ 文化財、名所古跡の損壊行為（63条）。【刑法324条（文物損壊罪、名所古跡損壊罪、過失文物損壊罪）】

第5章　犯罪概念規定但書の射程範囲―治安管理処罰法を中心に―

⑱ 自動車の盗用行為（64条1号）。【刑法264条（窃盗罪）】
⑲ 航空機、船舶の無免許運転、盗用行為（64条2号）。
⑳ 墳墓、遺骨、遺灰の損壊行為（65条1号）。【刑法302条（死体窃取、侮辱罪）】
㉑ 死体の迷惑放置等の行為（65条2号）。
㉒ 売春行為、買春行為（66条1項）[46]。
㉓ 公共の場で売春のための客引き行為（66条2項）。
㉔ 売春の勧誘、収容、周旋行為（67条、76条）。【刑法358条（売春組織罪、売春強制罪、売春組織幇助罪、359条1項（売春勧誘、収容、周旋罪）、361条（特定業界人員売春組織、強制、勧誘、周旋行為の処置）】
㉕ 猥褻物の頒布行為（68条、76条）。【刑法363条1項（猥褻物製作、複製、出版、販売、頒布図利罪）、364条1項（猥褻物頒布罪）、366条（両罰規定）】
㉖ 猥褻な画像の組織的上映（69条1項1号）、猥褻な上演を組織し又は行う行為（69条1項2号）、多数集合した淫行活動への参加（69条1項3号）、上記活動への便宜提供行為（69条2項）。【刑法364条2項（猥褻音声画像製品組織的上映罪）、365条（猥褻上演組織罪）、366条（両罰規定）】
㉗ 賭博への条件提供、賭博行為（70条、76条）。【刑法303条（賭博罪）】
㉘ 規制薬物の栽培、売買、所持、吸食等の行為（71条、72条）、規制薬物の吸食教唆（73条）。【刑法351条（規制薬物原植物不法栽培罪）、352条（規制薬物原植物種子・苗不法売買、運送、所持、保有罪）、348条（規制薬物所持罪）、354条（規制薬物吸食者収容罪）、353条（規制薬物吸食誘引、教唆、欺瞞罪）】
㉙ 旅館業等の従業者による捜索情報漏洩行為（74条）。
㉚ 動物の飼育による迷惑行為（75条1項）、動物使嗾行為（75条2項、43条1項）。

　各治安管理違反行為について、行政拘留が設けられていない条項は、36条、56条1項、57条1項、58条、75条1項に止まっている。

(4) 処罰の手続

05年新法の処罰手続（第4章）は、調査、決定、執行の三つの節からなっている。

1）調査の手続

調査の手続（第1節）については、治安案件の受理と登録（77条）、調査の始動（78条）、違法収集証拠の禁止と排除（79条）、守秘義務（80条）、回避制度（81条）、召喚手続（82条）、尋問査証の時間及び家族への告知（83条）、尋問調書の作成及び年少者への尋問の両親等の立ち合い（84条）、被侵害者及びその他の証人への尋問（85条）、尋問の言語、通訳（86条）、捜索（87条）、捜索調書（88条）、押収及び押収物の取り扱い（89条）、鑑定（90条）、の各規定が設けられている。

2）決定の手続

決定の手続（第2節）については、処罰の決定機関（91条）、未決拘束日数の算入（92条）、証拠原則・自白の補強法則（93条）、被処罰者権利への告知・被処罰者の陳述権（94条）、調査終了後の処理（95条）、処罰決定書の作成（96条）、処罰決定書の送達（97条）、公聴会の手続（98条）、事案の処理期限（99条）、簡易処罰手続の適用範囲（100条）、簡易処罰の手続（101条）、処罰に対する法的救済（102条）、の各規定が設けられている。

裁決機関に関しては、86年条例第33条第2項後段に「農村において、公安派出所のないところでは、公安機関は郷（鎮）人民政府に裁決を委託することができる。」という非公安機関への委託規定が設けられていた。05年新法では、この裁決委託規定が削除され、「治安管理処罰は、県レベル以上の人民政府公安機関によって決定する。その中の警告、500元以下の過料は、公安派出所によって決定することができる。」（91条）としているので、治安管理処罰の決定機関が公安機関だけになった。

3）処罰の執行手続

　処罰の執行手続（第3節）については、行政拘留の執行（103条）、過料の執行（104条）、警察官の徴収した過料の上納期限（105条）、警察官の徴収した過料の領収書交付（106条）、行政拘留の執行の一時中止（107条）、保証人の条件（108条）、保証人の法的義務（109条）、保証金の没収（110条）、保証金の返還（111条）、の各規定が設けられている。

　行政拘留の執行の一時中止に関する規定は、86年条例よりも後退しているように見受けられる。つまり、「被処罰者が行政拘留の処罰決定に不服し、行政再議を申し立て又は行政訴訟を提起した場合は、公安機関に行政拘留の執行の一時猶予を申し立てることができる。」とした05年新法の規定は、86年条例とほぼ同様である。しかし、この場合、86年条例では、保証人を立たせまたは保証金を納付させるという条件で、行政拘留を一時中止することができるとしていたが、05年新法では、「公安機関は、行政拘留の執行を一時猶予しても社会的危険を生じせしめないと認めた場合」という公安機関の裁量を新たな条件として加えた。

(5) 警察活動に対する監督

　第5章は、公安機関および人民警察の活動に対する管理監督の制度について定めたものであり、第1条後段の規定の狙いと同様に、警察活動への監視を目的として新設されたものである。

　本章では、警察活動の一般原則（112条）、陵辱の禁止（113条）、社会による監督（114条）、過料の決定と徴収との分離の原則（115条）、警察並びに公安機関の禁止行為とその責任、（116条）、職権濫用に対する謝罪と損害賠償（117条）、の各規定が設けられている。

　本章の規定は、警察活動に関する一般的行為規範であるが、治安管理処罰法規上の特有のものではなく、「人民警察法」等に規定されているものと重複している。しかし、治安管理処罰法は、一般の公民を名宛人とする行為規範であり、警察の裁決規範でもあるが、本来、警察の行為規範ではないはずである。

警察の職権濫用等による違法行為は、刑罰や「行政処分」[47]によって処せられるが、行政処罰の対象ではないのであろう。本章の規定を治安管理処罰法の中に取り込むことは、警察の行為規範が遵守されにくいという現実を背景に、それを改めて強調するためものであると思われる。しかし、警察の職権濫用の原因は、警察権を有効にコントロールする体制が未だ確立されていないことにあり[48]、とりわけ、処罰の手続において司法の介入が一切できないことが主な原因の一つであるのではなかろうか。

5. 若干の考察

(1) 治安管理処罰法の性格

　中国では、形式上、治安管理処罰の性質を行政警察による秩序罰とし、その法形態は、行政処罰法の特別法として位置づけられている。これらの点から見ると、治安管理処罰法は行政法であり、治安管理処罰は行政法上の秩序罰であることになる。しかし、その制裁、規制の内容および手続を検討してみると、そうではないことが明らかである。

1）制裁の内容

　制裁としては、警告、過料のほかに、行政拘留があるが、それは最高20日間の人身自由の剥奪を認める重い処罰である。この制裁の重さから、行政拘留を行政法上の秩序罰と位置づけることには、躊躇を覚える。中国刑法典では、主刑に、管制[49]、拘役、有期徒刑（有期懲役）、無期徒刑（無期懲役）、死刑の5種類がある（刑法33条）。これらの主刑と比べると、行政拘留の重さは、拘役（1月以上6月以下）より軽いが、非拘禁刑である管制より重いということになる。それは、日本刑法の拘留（1日以上30日未満）より少し低い程度ではあるが、けっして軽い処罰ではないのである。けっきょく、行政拘留という制裁は、秩序罰の域を越えており、実質的には刑罰との差異を見ることは困

難である。

2) 規制の内容

治安管理処罰法の規制内容を見ると、その内容は、日本の特別刑法や行政刑法の内容を含み持っている。すなわち、この内容は、日本の軽犯罪法、売春防止法、銃砲刀剣類所持等取締法、ストーカー行為等の規制等に関する法律等に規定されているものや、各都道府県の「公安条例」に規定されているものと類似している。さらには、特別刑法や行政刑法の内容以外に、伝統的犯罪である窃盗、詐欺、傷害等の行為をも規制の対象としている。

また、日本では、刑法典と特別刑法の行為類型は異なっているが、それに対して中国では、上述の4（3）で示したように、治安管理処罰法の行為類型は、大部分が刑法典と重なっている。そのため、一般的・抽象的な行為類型によっては、刑法典と治安管理処罰法を区別することができない。また、治安管理違反行為の定義に社会的危害性を導入している[50]ことから、治安管理違反の実質が、犯罪の実質の場合と同様に、ともに社会的危害性に求めることになった。そうすると、中国においては、自然犯と法定犯の区別や刑事犯と行政犯の区別の理論を用いて、倫理や文化などの実質的観点から、刑法典と治安管理処罰法の区別を説明することは、およそ不可能である。

このように、治安管理処罰法と刑法典の区別は、行為類型や実質的観点から区分するのが困難であるため、社会的危害性の量的な軽重に頼らざるをえない。治安管理処罰法は、行政処罰法でありながら刑法典の部分的な役割を担っていると言える。

3) 警察裁判権

治安管理処罰法は、行政法の体系に属しているため、日本の行政刑法や特別刑法の場合とは異なり、その処罰の手続は、刑法総則の拘束を受けず、刑事手続の保障もない。刑事手続はもとより、司法の事前審査も必要とせず、調査、裁決、執行の一連の手続は、すべて公安機関のみによって行われる。その警察

による制裁の決定という点で、戦前の日本の違警罪即決処分に類するものである[51]。しかし、戦前の日本の違警罪即決処分の対象は、警察犯処罰令に限定されていた。一方、中国では、警察による裁決は、05年新法だけで238種類の治安管理違反行為の類型を対象にしており、広範にわたる[52]。また、それらが刑法典との同種のものが多いため、同一の違反行為に対し刑事手続によって刑罰を求めるのか、それとも行政処罰で済ませるのかについての第1次的な判断（抽象的管轄権）も、公安機関の裁量の範囲内にある。

　以上の1）と2）に検討したように、治安管理処罰法は、もはや行政法に属さず、刑事法的色彩を帯びるに至っており、刑法典の周辺にあるものと位置づけることができ、周辺刑法の性質を有していると言える。治安管理処罰法は、実質的に刑事法の性質を持ちながら、3）に検討したように、刑法総則と刑事訴訟法の適用がなく、警察裁判権を認めていることから、刑罰の行政化という性格を有していると言いうるのではなかろうか[53]。

(2) 処罰についての法定主義

　処罰についての法定主義は、05年新法に明記されていないが、この原則を否定するわけではない。行政処罰法（第3条）には、すでに規定されており、改めて設ける必要がないとしたためである[54]。しかし、「手続なければ刑罰なし」の適正手続が保障されない限り、処罰についての法定主義は成り立たない。

　また、処罰規定の明確性に関して、05年新法には白地処罰規定が多いことが目立つ。漠然と「国家の規定に違反して」（28条、29条、30条、32条、54条、59条、63条）、違反の対象となる規定が不明確なまま「規定に違反して」（38条、56条）や「安全の規定に違反して」（39条）などといった白地規定が多用されている。

(3) 犯罪概念規定但書の意義

　中国刑法典の第13条には、「国家の主権及び領土の保全と安全に危害を与え

……公民の人身の権利、民主的権利及びその他の権利を侵害し、またはその他社会に危害を与える行為で、法律に基づいて刑罰による処罰を受けなければならないものは、すべて犯罪である。ただし、情状が著しく軽く危害が大きくない場合は、犯罪としない。」という実質的犯罪概念規定が設けられている。この但書の部分だけに注目すると、それは処罰を限定しており、評価されるべきものであるように見える[55]。社会的危害性概念を擁護する立場から、但書規定に積極的な意義を見つけようという動きがある。その動きには、第13条の但書規定が刑法の謙抑性の理念を現しており、非犯罪化の考えに繋がっていると主張する見解がある[56]。

確かに、刑法が人権を抑制しやすいという危険な面を考えると、刑法が謙抑的でなければならないことが要請される。刑法の謙抑性の具体化として、ウルティマ・ラティオ（ultima ratio）と呼ばれる原則が生まれた。つまり、「刑法には法益を保護する機能があるが、刑法による法益の保護は、その手段としては最後のものと考えるべき」であり、刑法が「最後の手段」でなければならないことを意味する[57]。刑法の謙抑主義や最後の手段の原則の見地から、欧米においては、1950、60年代より非犯罪化の動向が見られる[58]。なお、近年のヨーロッパでは、刑事手続を終結させるには、警察が裁量によって金銭的制裁や警告を行うことが認める国が出ている[59]。日本においても、警察段階による微罪処分、検察段階による起訴猶予、裁判段階による執行猶予、いわゆるディヴァージョン（diversion）が広く行われている[60]。

中国刑法第13条但書の「情状が著しく軽く危害が大きくない」という文言のみを見る限りでは、軽微な違法行為を犯罪から除外するとしているから、それは非犯罪化の考えと合致すると言える。実際に刑法各則の個々の犯罪類型の規定も、但書規定を裏付けている。例えば、傷害の場合、傷害罪（刑法234条）になるには、「軽傷」[61]以上の傷害でなければならないとされている[62]。また、窃盗の場合、「額が比較的高い」場合以上でないと窃盗罪（刑法264条）にはならないとされている。必ずしも軽くない違反行為でも、犯罪としない場合があるのは、確かである。ただし、このような場合、秩序罰で済ませるのな

らば、かえって法益保護を軽視することになるようにも見受けられる。治安管理処罰法の狙いは、刑法第13条の犯罪概念規定但書あるいは第37条の非刑罰措置[63]の規定を根拠に、刑法典から格下げされた社会的危害性のある行為を行政処罰に付すことにある。

本来、犯罪とするものを刑法典から除外して行政罰に置き換えた点に注目するならば、行政処罰と位置づけている行政拘留は、表向きには非犯罪化・非刑罰化を示しているように見える。しかし、行政拘留は、その刑罰的性格から明らかにしたように、非犯罪化の考え方とは程遠いものである。今回の全面改正が見られるように、処罰対象が大幅に拡大され、そのほとんどは行政拘留を用いているので、非犯罪化とは正反対になっている。行政拘留は、非犯罪化・非刑罰化というよりも刑罰の行政化といった方が的を射ている。犯罪概念規定但書は、むしろ刑罰の行政化を裏付けるものとも思われる。

6. 結語

治安管理処罰法は、労働教養、収容教育の制度に比べて、相対的に大きな問題を抱えているとは言えない。治安管理処罰法は問題がないというのではなく、労働教養や収容教育の方があまりにも問題が大きくて明瞭なのである。本章は、現代中国における治安管理処罰法規の経緯を概観し、主に05年新法の改正の紹介に重点を置きつつ、刑法典との相互関係を考察し、中国刑事的制裁体系の一角を浮き彫りにしようとしたものである。

中国における治安管理処罰法規が、57年条例からスタートし、86年条例、94年改正条例を経て、現行の05年新法に至ったように、着実に改善してきたことは疑う余地がない。特に、救済の手続においては、57年条例の司法介入の拒絶から、86年条例の行政再議前置制度に変わり、そして05年新法では、行政再議前置制度を廃止して直接に行政訴訟を求める途を開くことになった。また、警察による自由裁量の幅を縮小させることにより、警察権の行使が若干制限された。

第5章　犯罪概念規定但書の射程範囲―治安管理処罰法を中心に―

　しかし、治安管理処罰法の基本的な性格は変わっていない。その規制内容の大部分は刑事的であり、その制裁の手段である行政拘留は刑事罰的である。すなわち周辺刑法としての性質を持ちながら、手続上は、警察裁判権を認めているものとなっている。ここでは、刑罰の行政化が図られていると見ることができる。治安管理処罰法の実態を直視せずに、犯罪概念規定但書およびその正当化根拠を提供する社会的危害性論が刑法の謙抑性や非犯罪化の理論と合致すると解するのは、基本的に間違っている。

　今回の05年新法の制定は、刑法典と整合性を図ることが強調されているが、両者はなお調和しているとは言えない。刑法典では、1997年の全面改正を契機に、それまで拒否し続けていた罪刑法定主義をついに導入した。しかし、罪刑法定主義を導入してから10年以上を経たものの、罪刑法定主義と調和しにくい法制度や刑法理論体系が大きく変動するようには見えない。刑罰の行政化を図っている治安管理処罰法もその一つである。05年新法制定により、当分の間、治安管理処罰法は全面的に改正されないであろう。中国に罪刑法定主義が定着するには道遠しの感がある。治安管理処罰法の規制対象となっている行為類型やそれに対する制裁の実態を直視し、罪刑法定主義の定着に向けて、なお一層の改正が望まれる。

注

(1)　本法の日本語訳については、拙訳「中華人民共和国治安管理処罰法―翻訳および用語注」専修法研論集第44号（2009年）169頁以下参照。

(2)　中国において、清朝末期に制定された「違警律」は治安管理に関する法的規制の最初の試みである。その「違警律」は実施されないまま、清朝の終焉を迎えたが、後の北洋政府と民国政府によって継承された。現在、台湾で実施されている「中華民国社会秩序維持保護法」(1991年6月29日）は、「違警律」との脈絡をもっている。詳しくは、金如根「中国における行政処罰制度の法的研究（1）」法政論集200号（2004年）192-194頁参照。

　　ところが、第1章と第2章において述べたように、新生の共産党政権は中華人民共

和国が成立するに先立ち、旧法を一切継受しないという措置を取ったので、旧政権下の治安管理処罰法規は継承されていないと考えられる。

(3) 韓延龍・常兆儒編『中国新民主主義革命時期根拠地法制文献選編』[第3巻] 中国社会科学出版社 (1981年) 261頁以下。

(4) 韓延龍ほか編・『中国新民主主義革命時期根拠地法制文献選編』[第3巻] 270頁以下。

(5) 第2次国共合作期 [1937年-1945年] において、国民党と共産党は、対日共闘を遂行するため、内戦を停止させ、共産党の中華ソビエト共和国を中華民国の「特区」となり、共産党の紅軍を国民革命軍に改編し、さらに、各地に存在したソビエト区を「辺区」と改称した。辺区では、表向き労農民主独裁を放棄して中華民国の法令に従属することとなった。それを受け、類推規定を設けていなかったと考えられる。夏目文雄「中国刑法における罪刑法定主義観の変遷について (1)」愛知大学国際問題研究所紀要110号 (1998年) 156-157頁参照。また、辺区の刑法思想について、飯田忠雄「中華人民共和国における刑法思想と刑事制度 (2)」神戸学院法学5号 (1974年) 62頁以下参照。

(6) 単行刑法は、第1章に述べたように、懲治反革命条例 (1951年1月)、国家貨幣妨害懲治暫行条例 (1951年4月)、汚職懲治条例 (1952年4月) の三つだけに止まり、いずれも政権の存立に関わるものである。

(7) 田中信行「(立法紹介) 中華人民共和国治安管理処罰条例」外国の立法27巻3号 (1988年) 115頁、小口彦太・木間正道・田中信行・國谷知史『中国法入門』三省堂 (1991年) 132頁 (田中信行執筆)。

(8) 中国共産党第8期全国代表大会の「関於政治報告的決議」(1956年9月27日)。

(9) 田中・「(立法紹介) 中華人民共和国治安管理処罰条例」117頁。

(10) 当時、人民法院および人民検察院より、公安機関の地位が優位にあった。1960年11月に、最高人民法院や最高人民検察院が、業務処理において公安部に統合され、公安部の党組織の指導下に置かされたので、公安機関の行為に対する審査は、現実上も不可能であった。

(11) 平野龍一・浅井敦編『中国刑法と刑事訴訟法』東京大学出版会 (1982年) 48頁 (浅井敦執筆)。

(12) 田中・「(立法紹介) 中華人民共和国治安管理処罰条例」117頁。

(13) 例えば、重慶市が1979年9月1日に制定した治安管理法規について、浅井敦「『重慶市治安管理辨法』を読む」(法律のひろば33巻8号 (1980年) 66頁以下) の紹介がある。

(14) この時期の治安情勢に関する実証的なデータ及び犯罪激増の原因分析について、王雲

第 5 章　犯罪概念規定但書の射程範囲─治安管理処罰法を中心に─

海「中国における犯罪激増原因の社会学的分析」一橋論叢 109 巻 1 号（1993 年）22 頁以下参照。
(15) なお、労働教養の決定等の具体的行政行為に対する不服な場合につき、司法による審査手続の導入は、「中華人民共和国行政訴訟法」（1989 年 10 月 1 日）の実施を待たなければならなかった。
(16) 田中・「（立法紹介）中華人民共和国治安管理処罰条例」118 頁。
(17) 労働教養制度およびその問題点については、第 2 章において指摘した。
(18) ここでは、刑事手続を排除し、警察に裁判権を与えるという意味で使っている。「警察裁判権」の用語は、内田誠「明治前期における行政警察的取締法令の形成──違式違条例から旧刑法第四編違警罪へ──」早稲田法学会誌第 33 巻（1982 年）285 頁以下において用いられている。
(19) 周坤仁「全国人大法律委員会関於『中華人民共和国治安管理処罰法（草案）』修改情況的匯報」（2005 年 6 月 26 日、全国人民代表大会常務委員会公報 2005 年第 6 期 456 頁以下）第 1 款。
(20) 犯罪概念規定について、本書の前述した各章で述べたとおり、1979 年の旧刑法は第 10 条にあったが、1997 年の現行刑法は、それを踏襲して第 13 条に規定している。いずれも最初に社会的危害性の要素を挙げている。
(21) 藤田勇『ソビエト法』東京大学出版会（1986 年）293 頁。また、1980 年の「ソ連邦及びソ連邦構成共和国の行政上の法違反に関する立法原則」の全容については、原隆「ソ連邦及びソ連邦構成共和国行政違反の基礎」法学志林 78 巻 3 号（1981 年）73 頁以下参照。
(22) 「社会的危害性」を行政法規に取り入れるのは、行政処罰法規の一般法に当たる「行政処罰法」（1996 年 3 月 17 日に採択され、同年 10 月 1 日より実施された）第 4 条の処罰の裁量基準に関する規定においてすでに現れた。つまり、その第 4 条第 2 項は、「行政処罰の設定と実施は、必ず事実に依拠し、違法行為の事実、性質、情状及び社会に危害を与えた程度と相当するものでなければならない。」と規定されている。この規定は処罰の裁量基準の原則に関するものであるため、「社会に危害を与えた程度」（原文では、「社会危害程度」）の要素が、行政違反行為に対する行政処罰の軽重の参考材料に止まり、行政処罰その自体の成否に関するものではない。これに対し治安管理処罰法では、行政処罰法第 4 条第 2 項のような処罰の原則に関する第 5 条第 1 項規定のほか、治安管理違反行為の定義、つまり治安管理違反行為の成否に関する第 2 条の規定に、「社会的危害性」を取り入れている。
(23) 中国憲法の人権条項新設については、石塚迅「『人権』条項新設をめぐる『同床異夢』

　　　　―中国政府・共産党の政策意図、法学者の理論的試み―」安田信之・孝忠延夫編集代表『アジア法研究の新たな地平』成文堂（2006 年）338 頁以下に詳しい。
(24)　野木新一・中野次雄・植松正『註釈軽犯罪法』良書普及會版（1949 年）104 頁以下。
(25)　天児慧ほか編『岩波現代中国事典』岩波書店（1999 年）「総合治理」の項目、656 頁（小口彦太）。また、坂口一成「現代中国における『司法』の構造（3）――厳打：なぜ刑事裁判が道具となるのか？」北大法学論集 57 巻 4 号（2006 年）122 頁以下参照。
(26)　「社会治安綜合管理を強化することに関する中共中央、国務院の決定」（1991 年 2 月 19 日）第 2 款。
(27)　中央社会治安綜合治理委員会（略称は「中治委」）は、治安政策を統括するために、1991 年 3 月 21 日により設置された治安対策の「総合司令塔」である。
(28)　中国では、「拘留」という用語は、多義的に用いられている。行政法上の処罰としての行政拘留のほかに、刑事手続上の公安機関による緊急強制措置である刑事拘留、人民法院による法廷等の秩序を乱しまたは民事裁判の義務を履行しなかった者に科す短期間の自由罰としての司法拘留がある
(29)　拘役は、刑法 42 条から 44 条に規定している半開放式の懲役刑である。刑期は、1 月以上 6 月以下で、月に 1、2 日間帰宅することが許される。
(30)　労働教養制度の法改正をほのめかし、現段階では、強制的教育措置は、労働教養の措置を指す（「執行解釈」7 条）。
(31)　ただし、幾つかの重要な用語は、刑事訴訟法と区別して使用されている。刑事訴訟法上の「被害者」および「受害者」を、治安管理処罰法においては「被侵害者」とし、「訊問」を「尋問」とし、「捜索」を「調査」としている。だが、治安管理処罰法では、被疑者あるいは容疑者にあたる用語が見当たらず、容疑段階においても、一貫して治安管理違反行為者と称しているので、有罪推定の嫌いがある。
(32)　周坤仁・「全国人大法律委員会関於『中華人民共和国治安管理処罰法（草案）』修改情況的匯報」第 7 款。
(33)　周坤仁「全国人大法律委員会関於『中華人民共和国治安管理処罰法（草案）』審議結果的報告」（2005 年 8 月 23 日、全国人民代表大会常務委員会公報 2005 年第 6 期 460 頁以下）第 10 款。
(34)　中華人民共和国公安部令第 88 号により公布され、2006 年 8 月 24 日から施行された。2003 年 8 月 26 日に施行された同名の規則が廃止することになった。
(35)　周坤仁・「全国人大法律委員会関於『中華人民共和国治安管理処罰法（草案）』審議結果的報告」第 11 款。
(36)　葉陵陵「中国における治安管理処罰法の制定と行政処罰制度の改革――中国の行政行

為に関する手続と法（2）」熊本法学112号（2007年）128頁。
(37) 葉陵陵・「中国における治安管理処罰法の制定と行政処罰制度の改革——中国の行政行為に関する手続と法（2）」156頁以下。
(38) 中国の刑事政策は、「懲罰と寛大を結合させる」としているが、厳罰主義に傾いていることに変わりはない。1983年から断続的に続けられている「厳打」（刑事事件厳重に取締り）キャンペーンは、その象徴的なものである。
(39) 毛沢東「論人民民主専政」『毛沢東選集』（第四巻）外文出版社（1972年）551頁。
(40) 政治的権利の剥奪を伴うかどうかによって判断するのは、より便利かもしれない。刑法第58条後段の規定によると、すべての犯罪者に政治的権利の剥奪を附加しなければならない。そのため、犯罪者は「人民」ではないことになる。

　なぜならば、人民民主主義独裁の理論によると、人民民主主義独裁とは、人民の内部で民主を実行し、人民の敵に対して独裁を実行すると解されている。人民の敵には、民主的・政治的権利が享受されない。民主主義の基本は、選挙権にあるので、選挙権が剥奪されたら、法的に「人民」ではなくなるという結果になるはずだからである。

　政治には、味方と敵との関係がありうるが、法においても、同様に妥当であるかどうかは、別の問題であろう。「敵味方の間の矛盾」を法に押し込むのは、法益侵害の危険性の範囲を広げることに繋がる。体制あるいは権力者に単に批判的な意見を述べただけで、それを国家政権転覆煽動罪（刑法第105条第2項）として刑罰を科したことが、しばしば報道される。国家政権転覆煽動罪等における「敵」は、国家（法体系）ではなく、政治上の敵と把握されているからであろう。
(41) 複数の常務委員から、法律のタイトルから「処罰」の文言を削除すべきという意見が出されたが、「本法は、主に刑法と整合させて犯罪を構成しない治安管理違反行為に対し処罰の規定を設けることにより、社会秩序を維持するものである」という法律委員会の「建議」で、その委員らの意見が採用されなかった（周坤仁・「全国人大法律委員会関於『中華人民共和国治安管理処罰法（草案）』審議結果的報告」第12款）。
(42) 調解は、日本で言う「調停」に相当するが、調停とは若干の差異がある。調解の対象は、民事事件や労働争議事件のほかに、軽微の刑事事件、本法のような行政処罰に係る事件も含まれる。
(43) 刑事訴訟法第172条は、次のように規定している。すなわち、「人民法院は、自訴案件について、調解を行うことができる。自訴人は、判決が宣告されるまでは、被告人と和解し、又は自訴を撤回することができる……」と定めている（2012年の新刑事訴訟法第206条では、それと同様の内容を規定している）。
(44) 原語では、「単位」である。「単位」は、もともと、非農民の人々が所属し、並びに管

227

理される国家機関、国営または集団所有企業、学校、軍等の公的な組織体を意味していたが、「単位犯罪」の導入、とりわけ1997年刑法典が「単位犯罪」(30条)を導入したことによって、「単位」の意味が拡大され、公的組織体だけでなく、私的な法人または非法人企業等の組織体も含むようになった。日本で言う組織体とほぼ同じ意味になっている。

(45) 田期玉「関於『中国人民共和国治安管理処罰法（草案)』的説明」(2004年10月22日、全国人民代表大会常務委員会公報2005年第6期453頁以下)第2款。

(46) 売買春の者については、収容教育措置に付される可能性がある。なお、収容教育制度の内容および問題点については、第2章で論じた。

(47) 「行政処分」とは、国家機関の内部において、規律に違反したその構成員に対する懲戒である。日本で言う行政処分と異なり、懲戒処分に当たる。

(48) 馮鎮柱ほか『中華人民共和国治安管理処罰法釈義与実用指南』中国人民公安大学出版社(2005年)302頁。

(49) 管制は、刑法38条から41条に規定している主刑の一種類。刑期は3月以上2年以下で、一定の政治権利や行動の自由が制限される非拘禁刑である。建国初期、行政罰であったが、1952年の汚職処罰条例により刑事罰とされた。

(50) 新法が制定される前に、すでに「治安管理違反行為」の定義に「社会的危害性」の要素を採り入れたものがある。天児慧ほか編・『岩波現代中国事典』「治安管理処罰条例」の項目、766頁（鈴木賢）、高見澤磨『現代中国の紛争と法』東京大学出版会(1998年)179頁。その一方、「社会的危害性」を犯罪のメルクマールと解していると思われるものもある。金如根「中国における行政処罰制度の法的研究(2)」法政論集205号(2004年)93頁。

(51) 平野ほか編・『中国刑法と刑事訴訟法』48頁（浅井敦執筆）。

(52) そのほかに、新法の特別法である住民身分証法、道路交通安全法などにも公安機関による行政拘留を含む行政処罰が設けている。さらに、収容教育、強制戒毒、労働教養についての裁決も、公安機関によるものである。

(53) 松尾浩也博士は、中国の治安管理処罰法規が刑事司法を補完するものであると指摘している（松尾浩也「中国の刑事訴訟法について」ジュリスト1109号(1997年)45頁、同『刑事司法の地平』有斐閣(2006年)302頁以下所収)。

(54) 周坤仁・「全国人大法律委員会関於『中華人民共和国治安管理処罰法（草案)』審議結果的報告」第2款。なお、「執行解釈」15条では、遡及処罰を禁止するとしている。

(55) 日本においても、実質的犯罪概念や可罰的違法性理論との関係で、中国刑法の犯罪概念（旧刑法10条）の但書規定を積極的に評価しているものがある（前田雅英『可罰

第 5 章　犯罪概念規定但書の射程範囲―治安管理処罰法を中心に―

的違法性論の研究』東京大学出版会（1982 年）466 頁、板倉宏『現代型犯罪と刑法の論点』学陽書房（1990 年）79 頁）。なお、前田教授は、軽微な犯罪は治安管理処罰条例によって行政罰が科される可能性があるとも指摘している。

(56) 例えば、張永紅『我国刑法第 13 条但書研究』法律出版社（2004 年）19 頁。なお、張副教授は、治安管理処罰や労働教養を行政処罰と見て、これらの処罰は行政法の役割であると主張している（同書 159 頁以下）。

(57) 日髙義博『刑法総論講義ノート』〔第 3 版〕勁草書房（2005 年）19 頁。なお、日髙教授は、ウルティマ・ラティオの原則は、罪刑法定主義、責任主義と並んで近代刑法の三つの基本原則の一つと位置づけ、その重要性を強調している。

(58) 藤本哲也「非犯罪化の概念構造」法学セミナー 310 号（1980 年）30 頁。

(59) イェルク＝マルティン・イェーレ／葛原力三訳「起訴法定主義の終焉――ヨーロッパ諸国との比較におけるドイツの状況」刑法雑誌第 47 巻第 2 号（2008 年）7 頁以下。

(60) 『平成 19 年度犯罪白書』によると、平成 18 年度において自由刑の実刑判決は、検挙件数の 2.2 パーセント程度に止まる。

(61) 最高人民法院・最高人民検察院・公安部・司法部の「人体軽傷鑑定標準（試行）」（1990 年 4 月 20 日）2 条は、「軽傷とは、物理的、化学的及び生物的等の各外来の要素が人体に作用を与え、組織、器官の構造に一定程度の損害又は部分的な機能障害を生じさせ、重傷に至らないが、軽微な傷害でない損傷である。」（下線は筆者による）と規定しているので、中国でいう軽傷の程度は、軽いけがを意味せず、もはや日本でいう暴行に止まらず傷害に当たる。日本でいう暴行に近いのは、他人を殴打する行為（新法 43 条 1 項前半）である。

(62) 劉家琛主編『刑法（分則）及配套規定新釈新解［中］』人民法院出版社（2002 年）1370 頁。

(63) 刑法第 37 条は、「犯罪の情状が軽微で、刑を科す必要のない場合は、刑事処罰を免除することができる。ただし、それぞれの事件の状況に基づいて、訓戒を与えるか、改悛誓約、謝罪表明若しくは損害賠償を命じるか、又は主管部門によって行政処罰若しくは行政処分に付することができる。」と規定している。犯罪が成立したものの、情状が軽微な場合には、（刑法典上の）刑罰を免除するとしている点から、要罰性理論に似ているが、中国では、刑罰の名称がついていない刑罰があるため、第 37 条の規定は要罰性理論と根本的に異なっている。

終　章　総括と展望

本章は、本書の考察によって得た結論をまとめ、今後の課題を展望する。

1. 本書の総括

本書の考察によって得た結論は、次のように要約できよう。
① 現代中国刑法における犯罪概念史は、実質的犯罪概念と形式的犯罪概念との対抗と妥協の歴史であった。その妥協の結果、イデオロギーに重きを置いている刑法典に、罪刑法定主義が導入されることとなった。
② マルクス主義の法の階級性原理を担う社会的危害性論は、法への政治介入を正当化し、法秩序の自律性を奪うものであって、罪刑法定主義と対峙するものである。社会的危害性論は、非論理的なものである。この理論は、分析せずに直観的な結論を正当化するためのレッテルにすぎず、これによって得られた結論を検証しまたは反証することは不可能である。
③ 犯罪概念特徴論は、犯罪の本質を究明しようとするもので、実念論的性格を持っているが、犯罪の成立要件を構築しようとするものではない。また、犯罪概念の中での形式的犯罪概念である刑事違法性という概念は、社会的危害性の対概念であり、同様に犯罪の成立要件を構築する理論ではない。
④ 中国刑法における犯罪成立要件の理論である犯罪構成論の構造は、段階的・順次的な構造ではなく、平面的・総合的な構造である。中国の伝統的犯罪論体系は、犯罪構成論のみによって構築される体系ではない。この体系は、

上下関係にある社会的危害性論（ないし犯罪概念論）と犯罪構成論との二つの理論によって構築されている「二重構造的犯罪論体系」である。すなわち、伝統的犯罪論体系は、社会的危害性論の支配下に置かれている体系である。

　　伝統的犯罪論体系の問題点を解決するために、改善論や全面的再構成論が提起されているが、それらの見解は抜本的なものではない。そこで、中国において罪刑法定主義の定着を図るために、筆者は、伝統的犯罪論体系を放棄して、ドイツや日本のような犯罪論体系を直接に導入すべきだと提案した。なお、導入するに際しては、形式的犯罪概念一元論と形式的犯罪論を強調すべきだと考えた。

⑤　犯罪概念規定但書の受け皿の一つとして、社会的危害性論によって正当化されている具体的制度である治安管理処罰法は、刑罰の行政化の性格を有しているものである。この点を直視するならば、治安管理処罰法は刑法の謙抑性や非犯罪化の理念と程遠いものであることが分かる。将来的には、立法的な改正を視野に入れるべきであろう。

　以上が本考察の結論である。

2. 今後の課題の展望

　今後の課題の展望としては、次のような考えを持っている。
　本書は、主に現代中国刑法における犯罪概念および伝統的犯罪論体系を批判的に考察し、その上でドイツや日本のような犯罪論体系を直接中国に導入すべきだと提案した。そして、中国において罪刑法定主義の定着を図るために形式的犯罪概念一元論と形式的犯罪論を強調するという方向性を打ち出したに止まっている。しかしながら、ドイツや日本の犯罪論体系には、さまざまな形態が存在しており、そのいずれが中国刑法に適切なのかは検討を要する。また、構成要件論についても諸類型が展開されており、その適否を究明しなければならない、などの課題が残っている。

また、中国刑法の特有の問題として、各条文に規定されている構成要件には、情節犯および数額犯と呼ばれている犯罪の成否に係わる可罰条件が多く存在している。これらの規定を如何に犯罪論体系に取り組むことが可能かという問題も残っている。
　これらの問題については、今後の課題としたい。

張　光雲（ちょう　こううん）

1972年　中国福建省に生まれる
2005年　日本大学法学部卒業
2007年　日本大学大学院法学研究科博士前期課程修了
2012年　専修大学大学院法学研究科博士後期課程修了、博士（法学）
　　　　専修大学社会関係資本研究センター　リサーチ・アシスタント（2009年7月-2012年3月）
2013年3月より　四川師範大学法学院副教授

中国刑法における犯罪概念と犯罪の構成
――日本刑法との比較を交えて――

2013年2月28日　第1版第1刷

著　者　張　光雲

発行者　渡辺政春

発行所　専修大学出版局
　　　　〒101-0051　東京都千代田区神田神保町3-8
　　　　　　　　　　㈱専大センチュリー内
　　　　電話　03-3263-4230㈹

印　刷
製　本　藤原印刷株式会社

© Zhang Guangyun 2013　Printed in Japan
ISBN 978-4-88125-273-4